U0498997

 2022—2023年中国工业和信息化发展系列蓝皮书

2022—2023年
中国电子信息产业发展蓝皮书

中国电子信息产业发展研究院 **编 著**

张 立 **主 编**

温晓君 陆 峰 张金颖 **副主编**

電子工業出版社·
Publishing House of Electronics Industry
北京·BEIJING

内 容 简 介

本书从推动当前产业创新发展、助推新型工业化和现代化产业体系建设的目标出发，深入剖析了我国电子信息产业发展的特点与问题，并根据产业发展情况，对2022年产业运行、行业特征、重点领域、区域发展、企业近况、趋势热点进行了全面阐述，并对2023年的产业整体情况进行了展望。

作为一年一度的研究成果，本书展现了中国电子信息产业发展研究院赛迪智库对电子信息产业的跟踪研究进展，为相关行业主管部门和业界人士提供了电子信息产业发展的整体现状、最新动态、趋势研判，为广大读者了解和推动电子信息产业发展提供了窗口。

图书在版编目（CIP）数据

2022—2023 年中国电子信息产业发展蓝皮书 / 中国电子信息产业发展研究院编著；张立主编. —北京：电子工业出版社，2023.12

（2022—2023 年中国工业和信息化发展系列蓝皮书）

ISBN 978-7-121-46999-2

Ⅰ. ①2⋯　Ⅱ. ①中⋯　②张⋯　Ⅲ. ①电子信息产业－产业发展－研究报告－中国－2022-2023　Ⅳ. ①F426.67

中国国家版本馆 CIP 数据核字（2023）第 250324 号

责任编辑：宁浩洛
印　　刷：北京虎彩文化传播有限公司
装　　订：北京虎彩文化传播有限公司
出版发行：电子工业出版社
　　　　　北京市海淀区万寿路 173 信箱　　邮编：100036
开　　本：720×1 000　1/16　印张：16.25　字数：310 千字　彩插：1
版　　次：2023 年 12 月第 1 版
印　　次：2023 年 12 月第 1 次印刷
定　　价：218.00 元

前 言

　　2022 年在新冠疫情反复、全球经济下滑、地缘政治冲突不断、消费市场疲软、通胀高企等压力下，我国电子信息制造业展现出强劲韧性，虽然各项经济指标较上年有所回落，但仍保持在合理运行区间，持续发挥着对国民经济"稳增长"的重要支撑作用，以及对工业经济"压舱石"和"稳定器"的作用。

一

　　全球消费电子市场下行压力依然较大。2022 年，新冠疫情期间"宅经济"带动市场短期大幅回暖，但也透支了部分消费需求。加之 2021 年全球物流紊乱、货运价格异常导致的渠道存货积压，未来全球经济短期难以恢复。在食品与能源价格高企、经济预期悲观的情况下，各国消费者更倾向于压缩电子产品和家电等消费支出，叠加消费电子创新边际减弱且产品同质化严重的影响，下游消费电子终端需求持续疲软，"砍单"现象多发，消费电子市场整体预期仍然偏弱，发展存在较大不确定性。全球经济下行将继续抑制需求回暖，电子信息产业增长点呈现青黄不接。手机、个人计算机、彩电等消费电子需求见顶，市场带动作用下降、增长动力不足，印刷电路板等元器件市场规模增长也随之放缓。汽车电子、光伏等产业受"双碳"概念带动，增速较快，但受限于产业规模，短期内很难弥补传统电子信息产业下降缺口。虚拟现实和元宇宙等新兴领域广受关注，但仍处于产业化初期阶段，总体规模仍然较小，而且欠缺深度应用场景，仍旧存在市场碎片化、规模化应用较少等问题，未能复制智能手机产业化引领效果，市场规模刺激效应显现仍需时间。

2022 年，我国电子信息制造业生产保持稳定增长，出口增速有所回落，营收增速出现小幅下降，投资保持快速增长。国家统计局数据显示，2022 年规模以上电子信息制造业增加值同比增长 7.6%，分别超出工业、高技术制造业 4.0 个和 0.2 个百分点。主要产品中，手机产量 15.6 亿部，同比下降 6.2%，其中智能手机产量 11.7 亿部，同比下降 8.0%；微型计算机设备产量 4.34 亿台，同比下降 8.3%；集成电路产量 3242 亿块，同比下降 11.6%。出口交货值同比增长 1.8%。据海关统计，2022 年我国出口笔记本电脑 1.66 亿台，同比下降 25.3%；出口手机 8.22 亿部，同比下降 13.8%；出口集成电路 2734 亿块，同比下降 12%。实现营业收入 15.4 万亿元，同比增长 5.5%；营业成本达 13.4 万亿元，同比增长 6.2%；实现利润总额 7390 亿元，同比下降 13.1%。固定资产投资同比增长 18.8%，比同期工业投资增速高 8.5 个百分点，但比高技术制造业投资增速低 3.4 个百分点。我国电子信息制造业多项创新技术经长期迭代和孵化，已经取得显著进展，进入产业化"前夜"，技术创新商业化有望实现爆发式突破，新兴领域有望加速市场化步伐，推动一批新产品、新业态兴起。工业互联网、智慧农业等传统行业赋能升级进程加速增长，远程办公、远程教育、远程医疗等生产生活方式变革及政策利好可能驱动 VR/AR 头戴显示器、超高清视频等新兴热点领域快速释放潜能。

前瞻技术创新持续活跃，新兴领域商业化驶入快车道。2022 年，汽车电子、半导体、人工智能、新能源等领域创新活跃，新概念、新技术不断推出。新型显示领域，车载显示、医疗显示、物联网显示等新兴应用市场驱动显示技术多样化发展。先进计算领域，国家整体 AI 算力比例快速提升。绿色节能技术、液冷技术、分布式架构技术等助力数据中心绿色降碳。虚拟现实领域，近眼显示、数字人、虚拟人等虚拟现实的传感、交互、建模、呈现技术不断取得突破，用户在交互、佩戴舒适感等方面的体验不断提升，整机厚度与重量极大减小。以超高清显示、先进计算、量子通信等为代表的新兴领域商业化进程进一步加速。在 Gartner 发布的《2022 年中国 ICT 技术成熟度曲线》中，元宇宙、云安全、云原生计算、边缘计算、机密计算等多项技术即将进入最吸引产业投资的重要阶段，其中元宇宙、云原生计算在业界有着极高的关注度。新兴领域将不断利用科技来提升业务能力、提高业务价值，从而进一步加快新兴领域的产业化和市场化进程。

二

以美国为首的西方国家对中国信息技术领域的制裁持续升级，加快对中国全面战略围堵的步伐。2023 年 3 月，荷兰政府以"国家安全"为由，宣布将对包括深紫外光刻机（DUV）在内的特定半导体制造设备实施新的出口管制，并加入美国对华芯片出口管制的阵营。3 月底，美国提议组建"Chip 4"半导体联盟，意欲控制全球半导体产业链，试图将中国排除出高科技网络和供应链，对中国的半导体行业发展进行进一步的围追堵截。8 月，美国颁布《芯片和科学法案》（The CHIPS and Science Act），通过立法等措施限制中国发展先进半导体，并新增半导体领域管制物项。8 月底，美国政府通知英伟达（NVIDIA）及超微（AMD），限制其对中国出口特定高端芯片产品。10月，美国以损害国家安全为由，将日本、荷兰等同盟国联合起来，禁止向中国出口尖端半导体产品和半导体制造设备。同月，美国商务部工业和安全局宣布一系列新的芯片出口管制措施，将限制中国取得先进计算芯片、发展超级计算机及制造先进半导体的能力，同时还在未经核实清单（UVL）中新增了包括长江存储在内的 31 家中国实体，并且规定在没有获得美国政府许可的情况下，美国籍公民禁止在中国从事芯片开发或制造工作。

新一轮产业转移加速，来自东亚、东南亚地区的竞争加剧。随着中国经济实力的增强，国内土地、劳动力成本不断上升，要素结构转型挤压部分产业链环节利润空间，叠加近年国际政治经济不确定性和疫情对物流的影响，电子信息制造业部分整机代工产能向东亚、东南亚地区"外迁"速度加快。以富士康为例，富士康不断提高在印度的产能以提高产品的利润并减少对中国市场的依赖。2022 年 11 月，富士康计划在两年内将印度 iPhone 工厂的员工人数增加 5.3 万人，从而将印度南部工厂的员工人数增加到 7 万人。以印度、越南等为代表的转移目标国又进一步加大经济政策优惠力度，吸引全球整机制造和上游元器件企业建厂。摩根大通预测，至 2025 年，苹果公司可能将在印度生产全球 50% 的 iPhone，其他产品中，也将有 25% 在印度、越南等地区生产。

芯片供需结构矛盾仍然存在。一方面，伴随整机终端集成化、便携化需求提升，高端 CPU、FPGA、DSP、IGBT、高速 A/D 变换器、高速 D/A 变换器、激光器件、红外器件等对外依存度较高的高端元器件保持短缺状态，价格大幅提升、供货时间大幅延长；近年国际贸易争端又普遍将先进制程作为打击重点，为相关研发、生产、销售带来混乱和拖延。另一方面，汽车、医疗、国防等行业应用驱动的芯片定制化要求较高，对供给端提出新的挑战。由于半导体产业投资建设周期长、起量慢，全球产业链供应链重构进一步加剧供需渠道对接不畅，供给结构短期难以转变，产业链供应链供需不匹配问题可能长期持续。

2022 年，电子信息产业仍是我国发展的重点产业，也是建设现代化产业体系的重要着力点。各省市围绕电子信息产业链，集中优质资源合力攻关电子信息产业关键核心技术和薄弱环节，以进一步在电子信息领域加快补齐关键短板、强化薄弱环节、提升产业链供应链稳定性及抗风险能力。同时加快人工智能、量子计算、6G 等前沿技术研发，抓住全球产业结构和布局调整过程中孕育的新机遇，布局新领域、制胜新赛道。

三

基于对国内外电子信息产业的最新研判，中国电子信息产业发展研究院赛迪智库电子信息研究所编著了《2022—2023 年中国电子信息产业发展蓝皮书》。本书从推动当前产业创新发展、助推新型工业化和现代化产业体系建设的目标出发，深入剖析了我国电子信息产业发展的特点与问题，并根据产业发展情况，对 2022 年产业运行、行业特征、重点领域、区域发展、企业近况、趋势热点进行了全面阐述，并对 2023 年的产业整体情况进行了展望。全书分为综合篇、行业篇、领域篇、区域篇、企业篇、政策篇、展望篇 7 个部分。

综合篇，从 2022 年全球和我国电子信息制造业基本发展情况、整体发展特点等角度展开分析，总结概括在内外部发展新环境下的产业整体情况。

行业篇，选取计算机、通信设备、消费电子、新型显示、电子元器件 5 个重点行业，对各重点行业在 2022 年的发展情况进行回顾，并总结各行业的发展特征。

领域篇，选取智能手机、虚拟现实、超高清视频、5G 网络及终端、人工智能、汽车电子、锂离子电池、智能传感器、数据中心、智能安防、北斗应用 11 个领域进行深入研究，分析各领域在 2022 年的发展情况。

区域篇，根据我国电子信息制造业发展的空间布局，选取长江三角洲地区、珠江三角洲地区、环渤海地区、福厦沿海地区、中部地区、西部地区 6 大重点发展区域为研究对象，对各区域的发展状况进行分析。

企业篇，选取计算机、通信设备、消费电子设备、新型显示、电子元器件行业的重点企业，对企业的经营情况、技术进展情况、专利情况、国际市场拓展情况等开展研究，展现电子信息龙头企业最新发展动态。

政策篇，介绍 2022 年我国电子信息产业的重点政策，详细分析在加快推进关键核心技术攻关、推进产业链供应链现代化、加快推进产业生态打造、提升产业公共服务能力、推进产业提质升级、大力发展新技术新产品等方面的扶持政策，围绕虚拟现实发展、北斗卫星导航系统在消费领域的应用、锂离子电池产业链供应链稳定及光伏产业链供应链协同等领域政策进行解析，判断电子信息领域最新政策动向。

展望篇，结合我国电子信息制造业发展面临的国际国内形势、发展现状与趋势，以及国内外重点研究机构的预测性观点，对我国电子信息制造业 2023 年运行情况进行展望，并预测重点行业、重点领域的发展走向。

可以预见，未来几年我国电子信息制造业高质量发展之路道阻且长，任重道远，唯有持续不断地锻长板、补短板、强基础，才能提升产业链供应链现代化水平，为构建现代产业体系、推进新型工业化提供有力支撑。

目　录

领 域 篇

区　域　篇

企 业 篇

政　策　篇

展　望　篇

综　合　篇

第一章

2022 年全球电子信息产业发展状况

第一节 发展情况

一、整体发展情况

2022 年，全球电子信息制造业止降趋稳力度仍有待加强。在新冠疫情持续反复、地缘政治冲突不断等压力下，全球经济衰退风险陡增，产业链和供应链稳定性仍不牢固，电子信息制造业发展承压。上游电子元器件产业面临去库存压力，下游需求呈现结构分化趋势，消费类需求仍然疲软，新能源汽车、光伏储能领域需求保持稳定增长。以大数据、元宇宙、人工智能、云计算、5G 等为代表的新一代信息技术的快速发展和应用，为全球电子信息产业发展注入新的动能，2022 年全球电子信息制造业持续承压发展。

二、重点行业发展情况

（一）通信设备行业发展情况

根据市场调研机构 Canalys 数据，2022 年全球智能手机市场呈现低迷下行趋势。2022 年全球智能手机市场出货量为 11.93 亿部，同比下降 12%，创 2013 年以来的最低年度出货量。其中，三星以 2.58 亿部的出货量位居首位，出货量同比下降 6%，仍占据 22%的市场份额。尽管新冠疫情带来的制造受限及需求疲软等问题导致苹果在 2022 年第四季度首次出现两位数的销量下滑，但其年出货量仍达到 2.32 亿部，同比增长1%（TOP5厂商中唯一正增长），市场份额约19%，位居第二。小米出货量近1.53亿部，同比下降20%，市场份额约13%，排名第三；OPPO出货量达1.13亿部，同比下降22%，市场份额约10%，排名第四；vivo出货量近1.02亿部，同比下降22%，市场份额约9%，排名第五。据市场调查机构Counterpoint发布的报告，尽管由于宏观经济下行，消费市场需求疲软，2022年全球智能手机整体销量同比下降了12%，但是高端消费者受到宏观经济困难的影响较小，全球高端手机（售价超过600美元）的销量反而同比增长了1%，该价格段有史以来第一次贡献了全球智能手机市场总收入的55%。苹果从华为在中国的市场份额下降中获益，其在高端市场的销售额同比增长6%，占据了该领域75%的市场份额；三星虽然在中国的业务较为薄弱，市场机会较少，但是其凭借可折叠智能手机，在2022年占据了高端手机市场16%的份额；荣耀的高端手机销售额同比增长达110%；谷歌的高端手机销售额同比增长达118%。此外，大多数中国厂商在2022年全球高端智能手机市场的份额出现了不同程度的下滑，如华为下跌2个百分点，小米下跌1个百分点。

（二）计算机行业发展情况

根据国际数据公司IDC的数据，2022年全球计算机出货量约为2.92亿台，同比下滑了约16.3%。尽管2022年的出货量依然高于新冠疫情前的几年，但随着宏观经济整体下行、通胀压力增加及消费者对全球经济回暖的信心减弱，全球计算机产业的发展势头已经被极大削弱。全球计算机市场每个季度的同比下滑情况持续恶化，出现全年超15%的整体下滑。其中2022年第一季度包括台式机、笔记本电脑和工作站在内的传统计算机的全球出货量为8050万台，虽然超过了8000万台，但同比下降5.1%，开始出现下滑趋势。第二季度全球出货量仅为7130万台，同比下降15.3%。第三季度全球出货量为7430万台，同比下降15.0%。第四季度为6720万台，同比下降28.1%。全球出货量排名前五的厂商分别是联想、惠普、戴尔、苹果、华硕。其中联想以6800万台的出货量成为全球第一，占据全球23.3%的市场份额；惠普出货量为5530万台，市场份额为18.9%，排名第二；戴尔出货量为4980万台，市场份额为17.1%，排名第三；苹果出货量为2860万台，市场份额为9.8%，排名第四；华硕出货量为 2060 万台，市场份额为 7.1%，排名第五。受到全球需求不振的影响，2022 年全球计算机市场整体呈现萎靡趋势。排名前五的厂商中只有苹果的出货量呈现正增长，其余四家均有不同幅度的下降，其中惠普跌幅最大，同比下降了 25.3%；联想和戴尔分别同比下降了 16.9% 和 16.1%；华硕同比下降了 5.7%。此外值得关注的是，笔记本电脑出货量的降幅大于台式机，其中，笔记本电脑全年出货量为 2.238 亿台，同比下降 19%；台式机全年出货量为 6130 万台，同比下降 7%。2022 年，计算机行业经历了全球经济衰退、美国和欧洲等主要市场的能源与基本物资成本上涨、消费者延长更新周期，以及公共和私营部门紧缩预算等情况，计算机行业的市场需求和支出继续受到抑制的态势已不可逆。

（三）消费电子行业发展情况

根据奥维睿沃（AVC Reco）发布的数据，2022 年全球电视机出货量为 20250 万台，同比下降 5.6%；出货面积为 14460 万平方米，同比下降 2.8%；出货平均尺寸为 48.9 英寸，同比增加 0.6 英寸。受发达市场需求下降及与液晶电视价差加大等因素影响，高端 OLED 电视出货规模增速放缓，2022 年全球 OLED 电视出货量为 670 万台，同比增长 3.2%。从具体区域来看，2022 年中国市场电视机出货规模增长 0.8%；北美市场电视机出货规模为 4500 万台，同比下降 9.7%，出货规模已低于疫情前的 2019 年；欧洲市场受到区域冲突带来的经济疲软及通货高涨影响，电视机需求大幅下滑，出货规模下降 14.2%，其中东欧下降 22.6%，西欧下降 9.9%。亚太、中东非地区等新兴市场在 2022 年上半年出货量衰退，下半年在世界杯等重要赛事的需求拉动下，出货量均有所增长，综合全年，亚太地区电视机出货量同比增长 1.1%，中东非地区同比增长 3.2%，拉美地区同比下降 5.3%。2022 年，全球电视机市场规模增长出现停滞，但各品牌表现不同。一方面，以海外市场为主的品牌厂商如三星、LG 的出货规模下降明显。三星全球出货量为 3950 万台，同比下降 5.6%；LG 全球出货量为 2310 万台，同比下降 14.5%。另一方面，以中国市场为主、积极扩展海外市场的中国头部品牌如海信、TCL、小米凭借产业链优势与成本优势，出货量均实现了不同程度的增长。2022 年，海信实现了国内、海外市场的双增长，全球出货量为 2440 万台，同比增长 15.5%；TCL 全球出货量为 2330 万台，超过了 LG 电子；小米全球出货量为 1290 万台，微幅增长 0.3%。此外，全球各品牌厂商纷纷加大对高端电视产品的布局，高端电视的市场规模逐年走高。2022 年，全球高端电视出货量达 1500 万台，占整体市场的 7.4%。三星于 2022 年开始销售 QD-OLED 电视，扩充高端产品布局，高端 QLED、8K、Mini LED、80+超大尺寸产品出货量均居市场首位。TCL 电视机尺寸结构进一步优化，Mini LED 电视在中国的市场份额处于领先地位，在显示技术布局上，TCL 也继续强化 Mini LED 战略地位。高端电视的显示技术格局正在逐步形成。

（四）新型显示行业发展情况

2022 年，全球新型显示行业面临着前所未有的压力，市场重新步入下行周期。2022 年，新型显示行业出现了产值、出货量、出货面积均下降的局面。根据中国光学光电子行业协会液晶分会统计数据，在全球显示市场，2022 年全年行业产值约 1998 亿美元，同比下降超 20%。其中，显示器件（面板）产值约 1100 亿美元，同比下降近 27%；显示材料产值约 766 亿美元，同比下降近 13%；显示装备产值约 120 亿美元，同比下降超 9%。CINNO Research 发布的报告显示，2022 年全球显示面板出货面积同比下降约 7%，出货量同比下降超过 8%，叠加面板价格大幅下降的影响，2022 年全球显示面板企业产值同比下滑约 23%。但是，中国新型显示行业在全球经济下行、新冠疫情影响、需求下滑等诸多因素的挑战下，仍展现出强劲韧性，继续引领全球新型显示产业发展。2022 年，中国新型显示行业全年产值接近 5000 亿元，全球市场份额超过 38%。中国市场的投资继续保持活力，投资结构有了明显的改善。在显示材料方面的投资首次超过了显示器件，且优化了投资的重点，投资方向从 LCD 向 OLED、Micro LED 及部分产业链上游转移。此外，各国厂商争相布局上游 MLED（Mini/Micro LED）芯片，发展 MLED 产业。京东方和华灿光电围绕 MLED 产业展开合作；ams OSRAM 于 4 月宣布将在马来西亚建造新的 8 英寸 LED 前端工厂，以进一步提升产能，满足先进 LED 和 Micro LED 的预期增长。

（五）光伏行业发展情况

2022 年，在应用市场需求拉动下，全球光伏产业保持高速增长态势，市场规模持续扩大。根据中国光伏行业协会（CPIA）统计，2022 年全球新增光伏装机容量为 230 吉瓦，同比增长 35.3%。从具体区域来看，各国纷纷加速产能扩张。根据国家能源局的数据，2022 年中国新增光伏装机容量为 87.41 吉瓦，同比增长 59.3%，增速提高 45 个百分点，分布式光伏成为光伏装机的重要增长点。根据欧洲光伏产业协会发布的数据，欧盟 27 国新增光伏装机容量为 41.4 吉瓦，同比增长接近 50%。其中，德国 2022 年以 7.9 吉瓦的新增光伏装机容量位居首位；其次是西班牙，新增光伏装机容量为 7.5 吉瓦。巴西矿业和能源部的统计数据显示，巴西光伏总装机容量在 2022 年达到了 22.0 吉瓦，新增光伏装机容量为 9.0 吉瓦，新增装机容量同比大幅增长了 73.3%。根据印度光伏咨询机构 JMK 的调研数据，2022 年印度安装了 13.96 吉瓦的太阳能光伏系统，同比增长近 40%。根据 Fitch 及美国能源信息署（EIA）的统计数据，2022 年日本光伏装机容量达到了 77.6 吉瓦，同比增长 4.4%，新增光伏装机容量为 3.1 吉瓦。

此外，电池组件效率提升技术不断取得突破。德国哈梅林太阳能研究所（ISFH）的科学家设计了一种集成光子晶体的多晶硅氧化物（POLO）叉指背接触（IBC）太阳能电池，这种架构有可能实现 28% 以上的功率转换效率；德国卡尔斯鲁厄理工学院（KIT）的研究人员开发出一种基于钙钛矿及铜/铟/硒（CIS）薄膜的叠层太阳能电池；南京大学谭海仁及其科研团队研制的全钙钛矿叠层太阳能电池稳态光电转换效率高达 28.0%；晶科能源自主研发的 182N 型高效单晶硅电池技术取得重大突破，全面积电池转化效率达到 25.7%。

第二节　发展特点

一、强化关键核心技术政策补贴，维护国家战略安全

2022 年，世界各经济体持续强化对高端芯片等战略领域的补贴力度，以强化半导体供应链安全。2 月，欧盟委员会公布《欧盟芯片法案》，

提供 430 亿欧元①补贴增进欧洲芯片产能，强调加强半导体生态系统、提高供应链弹性和安全性、减少外部依赖的紧迫性，并重申到 2030 年将其全球半导体生产份额提高到 20%的目标。韩国也于 2 月修订税法，对投资半导体、电池、疫苗三大领域国家战略技术研发的中小企业，最多可给予投资额 50%的税额抵扣优惠，大企业最多可抵扣 30%～40%。5 月，德国经济部长罗伯特·哈贝克（Robert Habeck）透露，德国将投资 140 亿欧元，以吸引芯片制造商前往德国参与德国半导体产业布局。韩国也于 5 月提出"K-半导体"战略，表示在未来十年，韩国政府将携手三星电子、SK 海力士等 153 家韩国企业，投资 510 万亿韩元，以将韩国建设成全球最大的半导体生产基地，引领全球半导体供应链。6 月，日本政府正式批准台积电在日本建立晶圆厂的计划，并为其提供 4760 亿日元的补贴。8 月，美国出台《芯片和科学法案》，对美国本土芯片产业提供 520 亿美元补贴，吸引高端芯片产能回流本土，激励美国半导体制造业发展，此外，还规定在美国建立芯片工厂的企业将获得 25%的减税，相关刺激政策涉及的总金额达 867 亿美元。同月，韩国政府通过 2023 年预算计划，将集中投资 1 万亿韩元到半导体产业，以确保其在半导体领域的竞争力，其中半导体人才培养资金由 1800 亿韩元提升至 2023 年的 4500 亿韩元，并将花费 570 亿韩元建设半导体学院。10 月，日本向美国大型芯片制造商美光提供高达 466 亿日元的补贴，以支持其在广岛工厂生产先进内存芯片的计划。11 月，中国台湾地区更新《产业创新条例》，面向半导体等产业技术创新型公司提供税收优惠政策，大幅补贴岛内半导体企业。

二、前沿技术不断突破，重大成果竞相涌现

2022 年，各国纷纷支持探索基础科学和前沿技术，涌现了一批原创性重大成果。

量子计算领域。量子计算机理论性能大幅提升，量子位增加及纠错

---

① 汇率换算：1 欧元≈7.9542 元；1 美元≈7.2933 元；1 韩元≈0.0055 元；1 日元≈0.0501 元；1 新加坡元≈5.3861 元；1 澳元≈4.7099 元。

能力提升，实用化进程加速。2 月，英国 QuantrolOx 公司使用机器学习控制量子位，能够更快地调整、稳定和优化量子比特，可应用于几乎所有标准的量子计算技术。3 月，加拿大光量子计算公司 Xanadu 宣布与美国半导体公司格芯（GlobalFoundries）达成合作，将共同推进通用光量子芯片和容错光量子芯片的量产。Xanadu 将利用格芯 Fotonix 新平台提供的精密丰富的功能与服务，设计并制造 300mm 硅光子器件，以实现量子纠错。中国阿里巴巴达摩院量子实验室也于 3 月宣布成功研制出两比特量子芯片，实现了单量子比特操控精度 99.97%，两量子比特 iSWAP 门操控精度最高达 99.72%。11 月，美国 IBM 公司推出量子计算机 Osprey，其具有 433 量子比特，相比 2021 年宣布的有 127 量子比特的 Eagle 处理器，Osprey 的量子比特数量超过 Eagle 处理器近 2.5 倍，是迄今为止功能最强大的量子计算机。德国马普量子光学研究所首次实现 14 个光子有效纠缠，为研发新型量子计算机奠定了基础。12 月，谷歌量子计算机创建了只需要 7 量子比特和数百个操作的全息虫洞。

人工智能领域。1 月，美国人工智能实验室 OpenAI 推出了 DALL-E 算法，实现了通过自然语言描述创造逼真图像和艺术的技术。2 月，Meta 公司宣布推出新的人工智能项目 CAIRaoke，以推动构建元宇宙。此人工智能项目通过构建完全端到端的神经模型，从而使人类能够与语音助手更自然地交流。5 月，阿里巴巴达摩院发布新型联邦学习框架 FederatedScope，该框架支持大规模、高效率的联邦学习异步训练，能兼容不同设备运行环境，且提供丰富的功能模块，大幅降低了隐私保护计算技术开发与部署难度。7 月，英国 DeepMind 公司宣布，其开发的人工智能程序"阿尔法折叠"已预测出约 100 万个物种的超过 2 亿种蛋白质的结构，涵盖科学界已编录的几乎所有蛋白质，破解了生物学领域最重大的难题之一。

三、加大对新兴领域布局，抢占前沿技术高地

2022 年，全球主要国家积极布局人工智能、量子计算等新兴领域，在前沿技术上的竞争仍然激烈。

人工智能领域。美国国防部在于 2 月发布的备忘录中明确将人工智能列为对维护美国国家安全至关重要的关键技术领域。3 月，日本政府

召开新资本主义实现会议，讨论了科学技术领域的增长战略，并表示将制定与人工智能及量子技术等尖端技术相关的国家战略。6 月，英国国防部发布《国防人工智能战略》，明确提出要以一定的速度和规模应用人工智能技术，以获得国防战略优势。7 月，英国国防科技实验室宣布成立人工智能研究国防中心，专注于研究与实现人工智能能力发展相关的基础问题。美国参议院也于 7 月正式通过涉及总额高达 2800 亿美元的《芯片和科学法案》。该法案于 8 月初经美国总统拜登签署生效，提出将投资 2000 亿美元加强人工智能、机器人技术、量子计算等领域的研究。中国于 7 月出台了《关于加快场景创新以人工智能高水平应用促进经济高质量发展的指导意见》，鼓励在重点行业深入挖掘人工智能技术应用场景，从而推动新一代人工智能发展水平。

量子计算领域。2 月，欧盟为"天基量子密码卫星宽带项目"拨款 20 亿欧元，使欧洲能够接触到基于天基量子的密码学提供的安全通信。新加坡政府于 2 月为"国家量子安全网络项目"投资 850 万新加坡元以开发一种方法，为关键基础设施提供强大的网络安全，包括政府通信系统、能源网络等关键基础设施，以及在医疗保健和金融等领域的敏感数据。4 月，澳大利亚政府发布《国家量子战略：问题报告》(*National Quantum Strategy: Issues Paper*)，启动国家量子战略制定工作，提出将投资 1.11 亿澳元开发国家量子战略。美国与芬兰也于 4 月发布关于量子信息科技合作的联合声明，旨在促进量子计算、量子网络和量子传感等发展。

四、砍单、缺芯现象并存，供需结构性矛盾凸显

2022 年，受全球物流恢复、消费市场疲软影响，电子信息产业上中下游砍单现象频发。不少国际芯片大厂都出现了砍单现象。联发科对第四季度 5G 芯片砍单 30%～35%，高通也对高端骁龙 8 系列产量下调 10%～15%。目前供应链厂商普遍受到来自三星、戴尔、小米、vivo、OPPO 的砍单压力。缺芯现象从全面"缺芯"向结构性"缺芯"转变。一方面，消费电子、工业通信等领域已经基本不缺芯片，整个行业增长趋平。随着全球半导体产业进入有序成长阶段，产能供应持续增加，产业链紧绷程度在一定程度上有所缓解，行业整体依然保持高景气，尤其

部分封装厂产能已经开始松动，下游个别芯片产品供应开始富余。而全球通货膨胀加剧，再加上疫情封控影响，极大地抑制了手机、个人计算机、电视等终端市场的需求，导致终端消费电子需求疲软。终端厂商砍单，使得相关半导体芯片的需求减弱，半导体厂商的库存也持续高企。另一方面，高压 BCD 和功率器件芯片供应则依旧紧张。由于汽车和新能源行业的快速增长，汽车、工业控制领域的需求依然强劲，因此主要应用于汽车、工业控制、先进计算的电源管理、微控制器（MCU）、传感器等芯片持续短缺。据 AutoForecast Solutions 统计，2022 年全球汽车产业因芯片短缺问题，减产了 450 万辆新车。

第二章

2022年中国电子信息产业发展状况

2022年是党的二十大召开之年，面对世界百年未有之大变局和新冠疫情全球大流行交织的外部环境，我国电子信息行业坚持以习近平新时代中国特色社会主义思想为指导，砥砺奋进、攻坚克难，整体延续2021年冲高回落态势，逐渐走稳，规模营收仍旧快速增长，投资增速保持稳定，"新基建""双碳"等概念带动效果显著，国产化浪潮促进支撑产业保持稳定增长，创新能力持续增强，高质量发展步伐持续迈进。纵观全局，电子信息产业发展的驱动要素、发展方式和产业结构等正在发生重大变革，美西方国家对我国的打压措施进一步升级，产业国内转移和国际迁移进程进一步加速。尽管内外部环境剧烈变化，但"新基建""双碳"将持续带动我国产业高质量发展，技术创新商业化有望实现爆发式突破，将推动我国电子信息产业高速发展。与此同时，电子信息产业仍面临需求疲软、预期长期减弱的内部隐忧和全球经贸环境复杂的外部挑战，但随着宏观调控政策利好释放，我国电子信息产业发展韧性十足。为实现电子信息产业高质量发展，推动行业平稳运行和提质升级，建议强化自主创新能力，扩大国内有效需求和国际市场，加强产业链供应链上下游协同融通，坚持高水平对外开放。

第一节　发展情况

一、产业整体情况

2022年，面对复杂严峻的国际形势，以及新冠疫情上半年多点频发、下半年集中过峰和主要消费电子产品需求不振等问题，我国电子信息产业攻坚克难，高质量发展步伐持续迈进，产业规模、营业收入双双增长，但利润增速呈现分化，电子信息制造业利润大幅下降。规模方面，2022 年，规模以上电子信息制造业增加值同比增长 7.6%，增速较 2021 年同期下降 8.1 个百分点，高于工业增加值增速 4.0 个百分点，实现营业收入 154486 亿元，同比增长 5.5%。从近十年的数据来看，电子信息制造业营业收入占规模以上工业的比重位于［7.6%，11.3%］区间，是稳定制造业规模韧性行之有效的"压舱石"。软件业务收入 108126 亿元，同比增长 11.2%。利润方面，规模以上电子信息制造业实现利润总额 7390 亿元，同比下降 13.1%，增速较 2021 年同期下降 52.0 个百分点；软件业利润总额 12648 亿元，同比增长 5.7%。

出口增速创三年来最低值。2022 年，规模以上电子信息制造业出口交货值同比增长 1.8%，增速较 2021 年同期下降 10.9 个百分点。从整机产品来看，电视机出口量快速增长，手机、笔记本电脑出口量下降。2022 年，我国电视机出口 9299 万台，同比增长 10.0%；笔记本电脑出口 1.7 亿台，同比下降 25.3%；手机出口 8.2 亿部，同比下降 13.8%。从重点器件来看，电子元器件出口额同比增长 9.5%，但受美国对我国制裁影响逐渐凸显。2022 年，集成电路出口量为 2734 亿个，同比下降 12.0%，但出口额为 10254.4 亿元，同比增长 3.5%；面板出口受全球消费电子疲软影响，2022 年液晶平板显示模组出口额为 1806.9 亿元。

投资增速有所回落但韧性犹存。从 2022 年全年看，行业投资增速处于五年来的次高水平，2022 年固定资产投资同比增长 18.8%，增速较 2021 年同期下降 3.5 个百分点，但较 2020 年、2019 年分别提升 6.3 个、2.0 个百分点。分季度看，第一季度投资迅猛增长，第二季度回落，第三、第四季度保持平稳，累计增速降幅接近 50%。第二季度增速回落主要由于上海地区 4 月疫情影响导致长三角地区产业链遭受冲击，市场投资被迫放缓。

二、重点产业情况

因需求疲软，消费电子产销增速下降，同时持续向上游传导，加速元器件产业下行。2022 年，计算机行业结束了 2020—2021 年的超高速增长，累计产量为 45314.8 万台，同比下降 8.1%。手机再次进入负增长区间，2022 年国内市场手机产量 15.6 亿部，同比下降 6.2%。彩电重回疫情前水平，产量 19578.3 万台，同比增长 6.4%，为近四年来最高水平。集成电路产量受关键装备和上游原材料进口限制及配套设备投资延迟或减少而有所下降。2022 年，我国集成电路累计产量 3241.9 亿块，同比下降 11.6%。全球面板价格下跌导致我国面板行业产值下降，显示面板出货面积 16084 万平方米，与上年基本持平，但全球液晶面板产业进一步向我国集中，海信、TCL 进入全球四强，面板产业投资重点向 OLED、Micro LED 及产业链上游延伸。

传统领域技术仍在不断突破，新兴领域技术加速落地带动产业持续增长。折叠屏手机、5G、物联网、汽车电子、能源电子等成为重要引领。手机领域虽然整体增长缓慢，但折叠屏手机解决了铰链、屏幕等技术瓶颈和成本控制难题，在概念诞生后十年成为手机领域新兴增长点，占整体智能手机市场的份额提高至 1.1%。国内智能手机主要厂商为突破同质化竞争、强化技术优势，加大自研芯片投入，提高影像、音频等方面的用户体验。5G、物联网等新型基础设施加速商用，智慧家庭场景下的智能门锁、智慧安防、智能家居领域场景化解决方案不断创新，产品成熟稳定，同时带动上游基础电子元器件产品快速增长。新能源汽车引领能源电子和汽车电子大幅增长，动力电池产业技术创新引领全球，充电和换电技术创新加快基础设施布局，智能驾驶技术快速发展，加速汽车芯片寻求扩张。

第二节 发展特点

一、产业发展驱动要素越发依靠技术创新

当前世界经济增长持续放缓，百年未有之大变局加速演变的特征更趋明显，我国经济下行压力增大，正处在转变发展方式、优化经济结构、转换增长动力的攻关期，宏观经济增长动力、增长方式发生深刻转变。受此底层经济逻辑变化影响，电子信息产业的核心要素驱动方式也在发生根本性的变革。从产业发展的需求动力看，由投资、出口向消费特别

是内需消费转变。2021 年最终消费支出对经济增长的贡献率为 65.4%，消费重新成为经济增长第一拉动力。服务型消费和发展享受型消费占比持续提升，内需市场消费升级为电子信息产业转型升级提供新契机。大量外贸导向型制造企业为适应外贸转内销需求，围绕内需市场逻辑开展了大量产品服务、供应链管理和商业模式创新。从产业发展的要素动力看，由劳动力向技术创新转变，数据和智力逐渐成为核心生产要素。其中劳动力成本、劳动生产率、土地成本、能源成本等要素的重要性逐渐削弱，技术创新和结构健全的人才体系成为电子信息产业发展的根基和核心要素。数据作为新型生产要素，是数字化、网络化、智能化的基础，成为电子信息产业规模持续扩大的新驱动要素。

二、美西方国家对我国的打压措施进一步升级

随着中美战略科技竞争日益白热化，美国拜登政府为维持美国的世界经济领先地位并转移民众对国内党派斗争的关注，选择性扬弃特朗普政府战略，在加强出口管制的基础上通过立法等司法手段，强化对我国尖端科技打击力度。美国对我国制裁领域由贸易领域向多方面的"超贸易"领域扩散，制裁方式由单一部门制裁转向多部门联合制裁，制裁主体由单边逐渐走向多边。自 2022 年下半年以来，美西方国家加速出台一系列针对我国半导体产业的打压政策，试图遏制我国尤其是重点企业取得技术突破。11 月 25 日，美国联邦通信委员会（FCC）以"对美国国家安全构成不可接受的风险"为由，禁止在美国销售或进口华为、中兴通讯、海康威视、海能达及浙江大华五家公司的设备。此外，美西方国家对我国的打压呈现"合围之势"，2022 年 3 月，美国提出组建"芯片四方"（Chip 4），将中国大陆排除在全球半导体产业链外；2022 年下半年，美国再度向日本、荷兰施压，要求荷兰禁止对我国出口光刻机、日本禁止对我国出口人工智能相关半导体，美国通过科技外交不断打压我国半导体产业发展。

三、产业国内转移和国际迁移进程进一步加速

产业国内转移呈现围绕专业化特色集群集聚特征，产业国际迁移则

呈现经济规律作用下的客观转移和地缘政治因素影响下的被动转移双重交织特征。在产业国内转移方面，一是伴随着"大湾区一体化""长三角一体化""成渝一体化"等区域一体化战略的实施，在大湾区、长三角、成渝地区形成了区域内部要素高效流转、平衡，进一步促进产业升级，逐渐打造世界级产业集群。二是由于边疆地区临近市场，如新疆临近中亚，云南、广西临近东盟、南亚，黑龙江临近俄罗斯、东北亚，形成了加工组装业基地。三是围绕交通运输动脉、电子信息基础设施枢纽、用工人口密集地、高校、科研院所等进行了生产力的布局，形成了长江经济带、京九产业带、中原、福厦、成渝、哈长等产业集群和城市集群，出现了具有地方特色的专业化产业集群。在这一轮转移中，重点不再是高投入集成电路、新型显示、智能终端等产线的布局，而是围绕上游材料、设备、器件、新能源产能、行业应用结合，根据传统产业基础转型升级驱动方向，进行产业转移和产业链延伸。例如，湖北东风汽车在原产业链附近引入车规级芯片生产；株洲中车在原产业链优势基础上拓展 IGBT 芯片生产。在产业国际迁移方面，由于我国劳动力、安全和环境保护、关税成本上升，叠加美西方国家"去中化"政策的推行，各地产能外迁情况明显增多，和硕、华勤等代工企业将部分产能向越南、印度、墨西哥等地转移。

四、"新基建""双碳"将持续带动产业高质量发展

"绿色复苏"已成为当前全球发展共识，电子信息制造业作为经济转方式、调结构、聚新能的"先遣军"，对国民经济转型升级、高质量发展的引领带动作用持续体现，"新经济""新赛道"持续发力，新产品、新技术加速涌现。在"新基建"投资和"双碳"目标的引导下，通信系统设备、新能源汽车、光伏等行业持续增长。在通信"新基建"方面，2022 年我国新建 5G 基站 88.7 万个，总数已达 231.2 万个，占全球比重超过 60%，全国在用数据中心机架总规模超过 650 万标准机架，移动物联网连接数占全球总数的 70%，"新基建"持续推动我国传统产业数字化转型，并带来大量算力需求。在新能源"新基建"方面，2022 年我国新增充电基础设施约 269.3 万台，桩车增量比为 1∶2.7，桩车比提高至 1∶2.5，私人充电基础设施呈现爆发式增长，公共充电基础设施仍有

进一步增长空间。新能源汽车和储能产业加快带动上游汽车芯片、锂离子电池产销快速增长，2022 年我国动力电池产量为 545.9GWh，同比增长 148.5%；销量达 465.5GWh，累计同比增长 150.3%。同时，各行业碳减排、碳中和升级极大刺激了光伏发电新增装机增长，2022 年我国光伏发电新增装机 87.4GW，同比增长 60.3%，距各省"十四五"光伏发电装机总量仍有较大增长空间，将持续带动光伏产业发展。

五、技术创新商业化加快突破

我国电子信息产业多项创新技术经长期迭代和孵化，已经取得显著进展，进入产业化"前夜"，有望在未来几年迎来市场爆发。新型显示领域，我国在光源设计、光机模组和整机设计等激光显示领域已经取得重大技术突破，近眼显示、激光工程投影等技术可能形成新的消费增长点。先进计算领域，数据中心、智算中心的部署将进一步加快，AI 算力能效相较于传统计算架构大幅提升，国家整体 AI 算力比例将快速提升。太空数据中心、海底数据中心等多种形态满足不同场景部署需求的数据中心为数字经济发展提供新动能。虚拟现实领域，用户在交互、显示、佩戴舒适感等方面的体验不断提升，头部品牌均发布采用了 Pancake 光学方案的 VR 一体机，众多国内 AR 产品成为全球 AR 市场增长主力军；AR 在旅游、购物、室外导航、医疗保健、教育、娱乐、智能制造、智能驾驶等领域的应用愈加广泛。

行　业　篇

第三章

计算机行业

第一节　发展情况

一、产业规模

2022 年，我国微型计算机设备产量累计值达 43418 万台，期末总额比上年累计下降 7%。2013—2022 年我国微型计算机设备产量如图 3-1 所示。

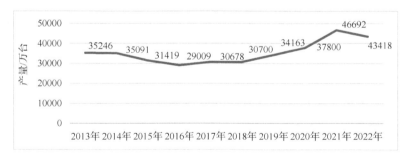

图 3-1　2013—2022 年我国微型计算机设备产量
（数据来源：工业和信息化部，赛迪智库整理）

二、产业结构

个人计算机方面。Gartner 数据显示，2022 年全球个人计算机出货量为 2.862 亿台，同比下降 16.2%，创下了史上同比最大下滑幅度。新冠疫情引发的个人计算机市场的繁荣热潮已经结束，但据 IDC 数据，2022 年的总出货量仍高于疫情前（2019 年）7%。2022 年年末，全球个人计算机市场表现低迷，第四季度台式机和笔记本电脑的总出货量同比下降 29%，跌至 6550 万台。2022 年，笔记本电脑出货量为 2.238 亿台，同比下降 19%；台式机出货量为 6130 台，同比下降 7%。2022 年第四季度，笔记本电脑出货量同比下降 30%，跌至 5140 万台；台式机表现稍好，出货量同比下降 24%，跌至 1410 万台。

图 3-2 所示为 2022 年全球个人计算机各厂商出货量占比（基于 IDC 数据），联想排名第一，出货量 6900 万台，同比下降 17.3%，市场份额 24.1%；惠普排名第二，出货量 5556 万台，同比下降 25.1%，市场份额 19.4%；戴尔排名第三，出货量 5001 万台，同比下降 16.0%，市场份额 17.5%；苹果排名第四，出货量 2791 万台，同比增长 3.6%，市场份额 9.8%；Asus 排名第五，出货量 2066 万台，同比下降 4.5%，市场份额 7.2%；Acer 排名第六，出货量 1871 万台，同比下降 22.9%，市场份额 6.5%。

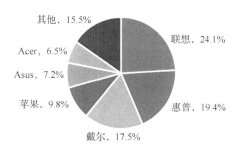

图 3-2　2022 年全球个人计算机各厂商出货量占比

（数据来源：IDC 中国，赛迪智库整理）

服务器方面。随着信息化时代的到来，人们工作、生活都越来越离不开网络。服务器既广泛应用于政府机关、教育系统和各类型企业的办公、管理等方面，又提供搭建门户网站、在线游戏、防火墙、数据库服务、邮件服务等各种网络服务。根据 Counterpoint 的全球服务器销售跟踪报告，2022 年全球服务器出货量达 1380 万台，同比增长 6%；出货金额为 1117 亿美元，同比增长 17%。此外，根据 IDC 发布的《2022 年中国服务器市场跟踪报告》，中国服务器行业规模快速增长，2022 年中国服务器市场出货量达 434.1 万台，市场规模增长至 273.4 亿美元，同比增长 9.1%。中国服务器市场规模全球占比为 24.5%，中国正成为全球最主要的服务器增长市场，市场规模由 2019 年的 182 亿美元增长至 2022 年的 273.4 亿美元，复合年均增长率达 14.5%。2018—2022 年中国服务器市场出货量如图 3-3 所示。

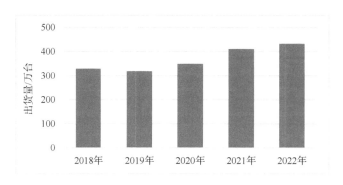

图 3-3　2018—2022 年中国服务器市场出货量
（数据来源：IDC 中国，赛迪智库整理）

2022 年中国服务器市场各厂商出货量占比如图 3-4 所示。浪潮市场份额 28.1%，同比下降 2.7 个百分点，收入 530.63 亿元。新华三市场份额 17.2%，同比下降 0.3 个百分点，收入 324.8 亿元。超聚变市场份额 10.1%，同比增长 6.9 个百分点，收入 190.73 亿元。宁畅市场份额 6.2%，未变化，收入 117.08 亿元。中兴市场份额 5.3%，同比增长 2.2 个百分点，收入 100.08 亿元。戴尔市场份额 5.1%，同比下降 2.1 个百分点，收入 96.31 亿元。联想市场份额 4.9%，同比下降 2.6 个百分点，收入 92.53 亿元。

平板电脑方面。因易于便携、屏幕清晰、操作易上手等特点，平板电脑逐渐由最初的主打娱乐功能转变为兼具学习功能、商务功能及其他新式功能于一体，适用范围越来越广。IDC 数据显示，2022 年中国平板电脑市场整体出货量约为 3005 万台，同比增长 5.2%，自 2019 年以来连续四年实现增长。2015—2022 年中国平板电脑市场出货量如图 3-5 所示。

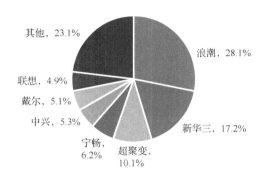

图 3-4　2022 年中国服务器市场各厂商出货量占比

（数据来源：IDC 中国，赛迪智库整理）

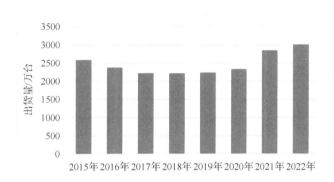

图 3-5　2015—2022 年中国平板电脑市场出货量

（数据来源：IDC 中国，赛迪智库整理）

据 IDC 数据，2022 年，在中国平板电脑市场出货量排名前五的厂商中，苹果以全年 36.4% 的市场份额蝉联第一名，但较 2021 年的 37.1% 有所下降；华为、荣耀、小米和联想分别以 24.1%、8.8%、7.9%、7.6% 的市场份额紧随其后，其他品牌共计占据 15.3% 的市场份额。前五大厂商中，苹果、荣耀、小米三家实现了正向增长，华为、联想则面临一定的市场份额下跌。2022 年中国平板电脑市场各厂商出货量占比如图 3-6 所示。

超级计算机方面。在 2022 年 6 月发布的全球超算 Top500 榜单中，中国超级计算机数量共 173 台，占比 34.6%，与上期持平，连续 9 次（每年发布两次）位居全球第一。根据中国计算机学会 HPC 专业委员会统计，中国超级计算机性能从 2002 年至 2022 年已增加 4 万多倍。中国超级计算机发展迅速，已应用在各细分领域与学科，在峰值速度、持续性能和绿色指标等方面不断实现突破。在超算供应商算力方面，美国慧与科技算力以断层式实力排名第一，2022 年 6 月算力为 1 928 596 704 GFLOPS，算力排在第二、第三名的分别是富士通和联想。从总体趋势来看，2017—2022 年 6 月联想超算数量呈稳定增长趋势，而中科曙光制造的数量则呈缓降趋势。

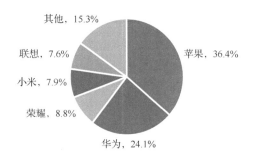

图 3-6　2022 年中国平板电脑市场各厂商出货量占比
（数据来源：IDC 中国，赛迪智库整理）

三、产业创新

计算硬件、软件、算法、架构等多维度技术创新百花齐放、百家争鸣；X86、ARM、RISC-V 等计算体系多路径发力；异构计算、存算一体等新型计算模式加速兴起；E 级超算、人工智能计算中心、一体化大数据中心等算力基础设施加快形成，算力体系向高速泛在、集约高效、智能敏捷的方向加速演进；液冷、余热利用、AI 能效管理等绿色计算技术为助力实现"双碳"目标添砖加瓦；量子计算、类脑计算等颠覆性计算技术成为创新突破的前沿新阵地。

第二节　发展特点

一、算力规模持续扩大，智能算力成为主要动力

从基础设施侧看，我国数据中心、人工智能计算中心加快部署，截至 2022 年年底，全国在用数据中心机架总规模超过 650 万标准机架，算力总规模达到 180EFLOPS，近五年年均增速超过 25%，位居全球第二，存储能力总规模超过 1000 EB。在当前的算力规模中，有超过 20%的算力是智能算力。截至 2022 年年底，全国投入运营、在建的人工智能计算中心达 23 个，其中上海成为首个智算超算双中心。从人工智能服务器产业链看，浪潮、联想、新华三等国内厂商的产品已经占到全球市场 30%以上的份额；支撑服务器的基础软件环节，如阿里巴巴、腾讯、百度的操作系统，也都基于开源自主研发；数据库方面，集中式数据库国外品牌占据了 90%以上的市场份额，但国内外的分布式数据库规模已经基本相当。

二、算力产业蓬勃发展，算力创新能力不断提升

当前我国已形成体系较完整、规模体量庞大、创新活跃的计算产业，计算产业规模约占电子信息制造业的 20%，规模以上企业达 2300 余家，整机市场份额不断攀升，形成覆盖底层软硬件、整机系统及应用的产业生态，涌现一批先进计算技术创新成果，计算芯片、计算系统、计算软件等持续取得突破，新兴计算平台和系统加速创新，前沿计算技术多点突破。

三、发展环境持续优化，行业赋能效益日益显现

我国网络基础设施能力稳步提升，省际出口带宽扩容力度不断加大，5G 网络建设持续推进，算网协同体系快速发展。算力投资继续扩大，"东数西算"工程带动西部地区投资力度明显增强。数据产量快速增长，数据资源开放共享步伐不断加快。我国消费市场和行业应用算力需求增长迅猛，互联网依然是最大的算力需求行业，算力消耗占比近

50%，电信、金融是算力应用较大的传统行业，制造业算力需求有较大提升潜力。

四、算力助推经济增长，各地加快发展步伐

截至 2022 年年底，我国算力核心产业规模达到 1.8 万亿元，算力产业年复合增长率近 30%，算力总规模位居全球第二。在算力驱动下，我国数字经济规模持续增长，预计到 2025 年其规模有望超过 60 万亿元，数字经济在我国经济发展中的地位越发重要。京津冀、长三角、粤港澳大湾区、成渝双城经济圈等区域算力发展处于领先水平，其中广东、北京、江苏、浙江、上海、山东位于第一梯队。中西部核心省份算力发展日益崛起，但目前仍面临技术产业薄弱、发展环境亟待优化、算力需求少等问题。

五、创新算力技术不断涌现，加速推动数字经济高质量发展

算力作为数字经济时代的发展基石，呈现形式多样化、智能化、服务场景化等发展趋势。面对人工智能、数字文旅、元宇宙等新兴产业的快速崛起，各种创新算力技术应运而生，逐渐在各行各业彰显创新技术优势，被越来越多的行业关注到。创新算力在诸多数字化转型升级的垂直领域得到认可和广泛应用，与传统算力相比具有高并行算力、高能效比、高性价比的优势，成为新一代数字经济发展的核心算力，大幅提升了行业全要素生产率。

六、人工智能热潮催生算力需求爆发

人工智能的三大核心要素是算力、数据（算据）和算法，而算力则是其中最重要的基石。对于任何一个 AI 模型而言，算力就意味着时间、效率、金钱乃至"生命"。越是强大的模型，就越要匹配强大的算力来完成训练。大模型发展的背后是庞大的算力支撑，而 AI 模型对于算力的巨大需求，反过来也推动了芯片产业的高速发展。据 OpenAI 测算，自 2012 年开始，全球 AI 训练所用的计算量呈现指数增长，平均每 3.43

个月便会翻一倍。IDC 与浪潮信息联合发布的《2022—2023 中国人工智能计算力发展评估报告》显示，中国人工智能算力继续保持快速增长，2022 年人工智能算力规模达到每秒 268 百亿亿次浮点运算，超过通用算力规模，预计未来 5 年中国人工智能算力规模的年复合增长率将达到52.3%。

第四章

通信设备行业

第一节　发展情况

一、产业规模

移动电话用户规模保持增长态势，5G 用户数量进一步扩大。2022 年，全国电话用户净增 3933 万户，总数达到 18.63 亿户。其中，移动电话用户总数 16.83 亿户，全年净增 4062 万户，普及率为 119.2 部/百人，比上年末增加 2.9 部/百人。5G 移动电话用户总数达到 5.61 亿户，占移动电话用户总数的 33.3%，比上年末提高 11.7 个百分点。固定电话用户总数 1.79 亿户，全年净减 128.6 万户，普及率为 12.7 部/百人，比上年末减少 0.1 部/百人。

固定宽带接入用户数量稳步增长，千兆用户数量持续提高。截至 2022 年年底，三家基础电信企业的固定宽带接入用户总数达 5.9 亿户，全年净增 5386 万户。其中，100Mbps 及以上接入速率的用户数为 5.54 亿户，全年净增 5513 万户，占固定宽带接入用户总数的 93.9%，占比较上年末提高 0.8 个百分点；1000Mbps 及以上接入速率的用户数为 9175 万户，全年净增 5716 万户，占固定宽带接入用户总数的 15.6%，占比较上年末提高 9.1 个百分点。

固定资产投资小幅增长，5G 投资增速放缓。2022 年通信业统计公报数据显示，2022 年，三家基础电信企业和中国铁塔股份有限公司共完成电信固定资产投资 4193 亿元，比上年增长 3.3%。其中，5G 投资额达 1803 亿元，受上年同期基数较高等因素影响，同比下降 2.5%，占全部投资的 43%。

5G 网络建设稳步推进，网络覆盖能力持续增强。2022 年通信业统计公报数据显示，截至 2022 年年底，全国移动通信基站总数达 1083 万个，全年净增 87 万个。其中 5G 基站 231.2 万个，全年新建 5G 基站 88.7 万个，占移动通信基站总数的 21.3%，占比较上年末提升 7 个百分点。

数据中心机架数量稳步增长。2022 年通信业统计公报数据显示，截至 2022 年年底，三家基础电信企业为公众提供服务的互联网数据中心机架数量达 81.8 万个，全年净增 8.4 万个。

二、产业结构

手机市场方面，国内品牌出货量呈下滑趋势。数据显示，2022 年全年，智能手机出货量 2.64 亿部，同比下降 23.1%，占同期手机出货量的 97.1%，创下有史以来最大降幅。2022 年，智能手机上市新机型累计 351 款，同比下降 13.1%，占同期上市新机型数量的 83.0%。2022 年 12 月，智能手机上市新机型 33 款，同比下降 28.3%，占同期上市新机型数量的 78.6%。2022 年，国产品牌手机出货量累计 2.29 亿部，同比下降 24.7%，占同期手机出货量的 84.2%；上市新机型累计 386 款，同比下降 11.9%，占同期手机上市新机型数量的 91.3%。

交换机市场快速增长。云计算业务和云流量的快速增长，带动数据中心进入快速发展通道，交换机在数据中心市场迎来巨大发展空间。从市场规模来看，2022 年中国交换机行业市场规模为 501 亿元，同比增长 17.33%。2022 年，数据中心以太网交换机的收入同比增长 22.6%，端口出货量增长 12.2%。高速以太网交换机市场继续保持强劲增长趋势，2022 年 200/400GbE 交换机的市场收入全年增长超过 300%，100GbE 交换机的市场收入全年增长 22.0%，25/50GbE 交换机的市场收入全年增长 29.8%。部分低速交换机显示出强劲的实力，1GbE 交换机的市场收入全年增长 12.6%，2.5/5GbE 交换机（多千兆以太网交换机）的市场收入同比增长 122.1%，环比增长 53.1%。

路由器市场持续稳定。2016 年至 2022 年，我国路由器市场规模由 220.8 亿元增长至 242.2 亿元，其间年均复合增长率为 1.55%。国内路由

器市场基本被国产品牌占据，部分高端领域路由器还需要从国外进口。2022 年我国路由器行业进口金额为 10.8 亿元，同比增长 17.4%；出口金额为 185 亿元，同比下降 1.44%。我国路由器线上渠道销售额增长迅速，2022 年线上渠道销售额占比为 49.07%，线下渠道销售额占比为 50.93%。

WLAN 模组应用于家庭、工业等领域，如 Wi-Fi、ZigBee 等。随着 5G 技术的发展和商用，蜂窝网络模组市场将会得到进一步的发展，物联网应用的不断增多，WLAN 模组市场也将会持续增长。

三、产业创新

（一）6G 技术研发全面推进，融合应用空间广阔

6G 技术的研发和商用已经提上日程。中国航天科工二院二十五所在北京完成国内首次太赫兹轨道角动量的实时无线传输通信实验。三大运营商均对外表示正在加快 6G 技术研发，推动商业化落地。中国是 6G 通信技术专利申请的主要来源国，专利申请占比 35%（1.3 万余项，约合 1.58 万件），居全球首位。目前我国已在 6G 超大规模 MIMO[①]、太赫兹通信、通感一体、内生 AI 通信、确定性网络、星地一体化网络等关键技术研究方面均取得重要进展。6G 技术在成熟后将会在导航、信号和预警等领域发挥重要作用。当前，技术领先国家纷纷制定 6G 战略规划，并启动布局 6G 研究。我国"十四五"规划纲要明确提出，要"前瞻布局 6G 网络技术储备"，先后成立国家 6G 技术研发推进工作组和总体专家组、IMT-2030（6G）推进组，推进 6G 各项工作。随着 5G 不断普及，通信面向未来的需求更加明确，云计算、大数据、区块链、人工智能等新技术与通信技术不断融合，这迫切需要结合最新变化和发展趋势推动 6G 的发展。

（二）移动物联网迎来重要发展期，产业生态加快培育

物联网建设发展在经历概念炒作后已进入产业系统平台开发、应用

---

① MIMO：Multiple Input Mulitple Output，多输入多输出。

创新阶段，5G、云计算、人工智能等数字技术加速万物互联进程，截至 2022 年，中国移动、中国电信、中国联通三家基础电信企业发展蜂窝物联网用户 18.45 亿户，全年净增 4.47 亿户，较移动电话用户数多 1.61 亿户，"物"连接超过"人"连接。当前，我国 5G 网络加快部署，万物互联基础不断夯实，巨头不断拓展物联网生态，行业规模化连接效果显著，物联网与新技术融合初显成效，蜂窝物联网终端广泛应用于公共服务、车联网、智慧零售、智慧家居等领域。我国建成全球连接规模最大的移动互联网络，产业生态也日渐繁茂。目前，我国已形成涵盖芯片、模组、终端、软件、平台和服务等环节的较为完整的移动物联网产业链。

（三）光通信新技术日益完善，助力推动产业升级

新技术日益完善，产业发力升级。通信用光器件从分离式向集成化方向加速发展。传统的通信用光器件主要基于 III-V 族化合物半导体材料研制，近年来在尺寸、成本、功耗及"与电芯片一体化"等方面面临挑战。硅基光电子集成技术（简称"硅光技术"）是光子集成的重要方向。其基于硅材料，并借鉴大规模集成电路工艺中已成熟的 CMOS 工艺进行光器件制造，具有低成本、低功耗、微小尺寸和"与集成电路工艺一体化"的优势。此外，新一代薄膜铌酸锂调制器芯片技术制备出的薄膜铌酸锂调制器，具有高性能、低成本、小尺寸、批量化生产、与 CMOS 工艺兼容等优点，是未来高速光互连有竞争力的解决方案。

第二节　发展特点

一、5G+千兆光网赋能传统产业转型发展，网络供给能力持续增强

5G、千兆光网等新型信息通信设备建设增加，行业规模持续扩大。截至 2022 年，全球共有 96 个国家/地区的 243 家运营商开通 5G 商用服务，5G 覆盖率超过全球人口的四分之一。我国 5G 基站共有 231.2 万个，2022 年新建 5G 基站 88.7 万个，5G 网络建设稳步推进；千兆光网"追

光计划"初见成效,目前共建成 110 个千兆城市,网络覆盖能力持续增强,5G、千兆光网不断赋能传统产业数字化、网络化、智能化转型发展。2023 年 2 月,中共中央、国务院印发《数字中国建设整体布局规划》,提出打通数字基础设施大动脉,加快 5G 网络与千兆光网协同建设。数字经济时代,以 5G、千兆光网为代表的新型信息通信技术逐步与实体经济深度融合,成为推动经济社会数字化发展的关键。

二、网络基础设施优化升级,全光网建设加快推进

网络基础设施进一步优化。2022 年,新建光缆线路长度 477.2 万千米,全国光缆线路总长度达 5958 万千米。其中,长途光缆线路、本地网中继光缆线路和接入网光缆线路长度分别达 109.5 万、2146 万和 3702 万千米。截至 2022 年年底,互联网宽带接入端口数达 10.71 亿个,比上年末净增 5320 万个。其中,光纤接入(FTTH/O)端口数达 10.25 亿个,比上年末净增 6534 万个,占比由上年末的 94.3%提升至 95.7%。截至 2022 年年底,具备千兆网络服务能力的 10G PON 端口数达 1523 万个,比上年末净增 737.1 万个。

三、行业经济运行态势良好,新兴业务收入增势突出

电信业务量收呈较快增长态势。2022 年,我国电信业务收入累计 1.58 万亿元,比上年增长 8.0%,保持自 2014 年来较高增长水平。按照上年不变单价计算,全年电信业务总量完成 1.75 万亿元,比上年增长 21.3%。业务结构进一步优化。数据中心、云计算、大数据、物联网等新兴业务快速发展,2022 年合计完成业务收入 3072 亿元,同比增长 32.4%,在电信业务收入中占比由上年的 16.1%提升至 19.4%,拉动电信业务收入增长 5.1 个百分点。其中,数据中心、云计算、大数据、物联网业务收入比上年分别增长 11.5%、118.2%、58%、24.7%。

四、行业投资和融合应用发力,拉动数字经济需求增长

行业投资保持增长。2022 年通信业完成固定资产投资总额 4193 亿元,同比增长 3.3%。投资进一步向"新基建"倾斜,其中完成 5G 投资

超 1803 亿元，占比达 43%；互联网及数据通信投资增长最快，同比增长 26.2%。数据流量消费活跃，2022 年移动互联网接入流量达 2618 亿 GB，同比增长 18.1%，月户均接入流量（DOU）达到 15.2GB/（户·月），同比增加 1.84GB/（户·月）；固定宽带的接入流量增速达 47.2%；物联网终端的接入流量增速达 64.4%。融合应用不断拓展，2022 年全国投资建设的"5G+工业互联网"项目数超 4000 个，打造了一批 5G 全连接工厂。电信企业利用 5G 切片技术提供了超 1.4 万个 5G 虚拟专网，助力各行业加快数字化转型。

第五章

消费电子行业

第一节　发展情况

一、产业规模

2022 年，我国彩电的销量和销售额均下滑明显。根据奥维云网数据，2022 年我国彩电市场销量为 3634 万台，同比下降 5.2%；销售额为 1123 亿元，同比下降 12.9%。其中，人工智能电视、OLED 电视和激光电视销量分别占比 70.5%、0.6% 和 0.3%。OLED 电视销量为 20.6 万台，同比下降 29.9%；激光电视销量为 12.1 万台，同比下降 7.4%；8K 电视销量为 9.5 万台，同比增长 24.5%。彩电尺寸方面，55 英寸、65 英寸、75 英寸彩电的市场份额分别为 23.6%、22.6%、13.5%。产量方面，根据国家统计局数据，2022 年我国彩电产量为 1.9578 亿台，同比增长 6.4%。市场格局方面，根据 Omdia 数据，2022 年全球彩电市场销量前八位的品牌依次是三星、TCL、LG、海信、小米、创维、索尼、VIZIO，市场份额分别为 19.6%、11.7%、11.7%、10.5%、6.2%、3.4%、3.4%、2.6%，合计约 69.1%。

2022 年，我国智能音箱市场销量快速下滑，首次跌破 3000 万台。根据洛图科技数据，2022 年我国智能音箱市场销量为 2631 万台，同比下降 28%；销售额为 75.3 亿元，同比下降 25%。市场格局方面，市场已形成稳定的寡头垄断格局，行业集中度不断提高，在售品牌从 2022 年的 34 个减少至 2023 年的 27 个，前四大品牌分别是百度、小米、天猫精灵、华为，市场份额分别是 35%、31%、27%、4%。产品方面，带屏智能音箱向更大尺寸演进，2022 年在售的带屏智能音箱的市场份额约 22.3%。其中，8 英寸是带屏智能音箱的主流尺寸，占比约 35%；10 英寸及以上的产品份额约 17.9%。

二、产业创新

2022 年，我国电视产品画质不断升级迭代，高亮度、高对比度、高分辨率产品迭出。TCL、海信、创维等均推出 Mini LED 电视，对比度、色彩表现、峰值亮度、背光分区数量等性能明显提升。TCL 推出的 Q10G Mini LED 电视搭配了自研的领曜芯片 M1，采用了微米级点阵式控光技术，其中 85 英寸有 448 个分区，支持 120Hz+MEMC+VRR 刷新率。8K 显示作为高端产品性能提升的必然方向，已在投影仪、激光电视等超大尺寸产品上落地。海信推出 120 英寸 8K 激光电视，超大屏幕搭配 8K 分辨率进一步提升了消费者的视觉体验。我国电视品牌的全球市场份额不断提升，海信、TCL 2022 年彩电出货量首次超过 LG，出货量分别排名全球第二、第三。海信的激光电视出货量排名全球第一，市场份额为 50.9%，海外市场销售同比增长 143%。2022 年，TCL 全球市场出货量达 2378 万台，同比增长 0.8%，其中 65 英寸及以上电视出货量同比增长 75.7%，高端产品 TCL Mini LED 电视出货量同比增长 26.8%。

2022 年，信息技术赋能消费电子产品创新迭代，提升消费体验。随着 AI、5G、4K/8K、云计算、大数据、互联网等技术在消费电子领域持续渗透，智能机器人、智能家居设备、智慧健康养老产品等功能型消费电子产品在产品定义、外观设计、服务品质和功能应用等方面不断创新迭代。智能机器人方面，人工智能、4K 技术助力家用机器人功能升级，可以为老年人、儿童提供安全守护和危险行为预警，为年轻人提供陪伴、娱乐互动、在线聊天、教育等服务。赋之科技推出的家庭守护机器人可同时提供安全守护、远程陪伴和娱乐互动服务。智能家居设备方面，智慧家庭产品线品类不断丰富，从单品智能进化到场景智能，家居控制中心可实现全场景设备互通。智慧健康养老产品方面，顺应人们对于健康、养老愈加关注的现实需求，厂商们推出了具有场景创新、智能化、网络化、高性价比等特征的智慧健康养老产品。

2022 年，我国消费电子产品市场呈现出细分化、多元化的特点。消费电子产品对用户需求的感知能力更加敏锐、交互性更加自然舒适，大幅提高了产品的使用便捷性和场景适应性。折叠显示开启消费电子产品形态创新新纪元，折叠屏打破各类电子终端的物理形态局限，作为手机及平板电脑的功能集合体，拓展了大尺寸显示的应用场景。随着消费电子市场从增量时代进入存量时代，市场竞争不再以价格为导向，转而更加关注精细化、场景化的消费需求。游戏机品牌与彩电品牌联动也成为驱动游戏电视销量增长的重要因素，主打大屏游戏、体育观赛等高性能影音娱乐功能的产品和商务型、游戏型等细分领域笔记本电脑应运而生。

三、存在的问题

产业新兴增长点尚待培育，新技术行业赋能效应有待提升。一方面，手机、计算机等传统优势行业增速放缓，亟待加快选择新的产业增长点。另一方面，虚拟现实、可穿戴产品、智能驾驶等新兴业态层出不穷，但由于产业规模较小、市场化方向不确定、投资风险大等原因，新兴领域仍需加快培育和壮大，直至成为支撑行业增长的主导力量。另外，超高清视频、虚拟现实等新技术的应用场景开发不够，尚不能解决垂直行业发展的痛点，行业赋能效果未完全释放。支撑超高清视频、虚拟现实等新技术行业应用的 5G 网络、数据中心边缘云计算平台、人工智能算法等数字化基础设施仍不完善，在技术、产品、市场等方面缺少应用型、互动型、功能型解决方案，盈利模式尚不清晰，限制了超高清视频、虚拟现实等应用规模化落地。

二手消费电子市场不成熟，产品检测认证标准亟待规范。首先，我国二手消费电子市场面临回收渠道不完善、交易流通效率低、质检定价标准缺乏和隐私数据泄露等问题。通过二手市场盘活存量拉动增量，提高二手产品的流通和置换率，是激活消费电子市场内生动力的新举措。但目前我国二手消费电子产品回收渠道分散，市场主要由零售商、品牌商、电商平台及各类小商户组成，多层价值链导致中间商交易次数增多，交易过程冗长且效率低下，从最初回收到完成二次销售需要 25 天以上。

其次，缺乏二手产品质检、评级、定价等行业标准，导致二手产品质量和价格不透明，消费者对二手产品质量信心不足，购买意愿低。最后，消费电子产品普遍包含敏感用户信息，即便恢复出厂设置清除所有数据仍可找回，如何避免隐私数据泄露是推动二手交易市场健康有序发展的关键。

电商平台话语权相对较强，整机品牌商盈利空间受压制。线上购物已成为我国居民消费的重要渠道，在如今我国消费电子市场下行的情况下，品牌商希望把握住销售渠道提高销量，电商平台借此机会掌握商品定价权，压缩了品牌商的利润空间，严重扰乱了消费电子产品的价格体系。每年的"618""双十一"等电商节，各大电商平台通过优惠券、满额返现等方式进行价格补贴，电商平台持续低价竞争的背后是品牌商的让利促销，这将导致"低价产品低质销售，高价产品低价竞争"，也使得消费者产生"线上比线下更便宜"的认识，降低线下购物积极性。

第二节　发展建议

一、多措并举提振消费信心扩内需

尽早出台新一轮促消费系列政策，提振消费信心。借鉴此前家电下乡、以旧换新、节能惠民等补贴政策，对购买消费电子产品的消费者给予补贴。鼓励地方创新消费节、消费月、消费周等活动形式，多频次多品类多渠道进行促销。鼓励消费电子企业积极推出新产品、参与"双品网购节"及各平台自发组织的各类网络促销活动，吸引更多消费者购买。

二、提升消费电子企业国际影响力

培育消费电子龙头企业，提升企业全球竞争力。对消费电子领域骨干企业给予优惠政策，遴选消费电子新赛道"小巨人"企业并对其加大投入力度，力争培育一批产业链韧性强、竞争优势突出的龙头企业。引导消费电子龙头企业做好专利布局，围绕创新水平高、不可替代性高的技术持续推动核心专利族群布局，提升风险应对力和国际标准话语权。

三、创新办展办会促进国际交流合作

统筹协调多方资源，立足本土打造具有国际影响力的全球消费电子展。对标国际一流展会，汇集各地各行业资源，在扩大参展国别和参展公司数量质量上下功夫。采用线上线下双结合模式，同步打造元宇宙消费电子展，不断拓展参展领域，为全球企业提供便捷的展示机会和平台，为消费者、媒体等提供良好的体验，促进消费电子技术交流和商贸合作。

第六章

新型显示行业

第一节 发展情况

一、产业规模

受前期"宅经济"透支和全球经济下行压力加大影响,全球新型显示产业自2021年下半年开始进入下行周期,截至2023年2月,TFT-LCD面板价格自最高点下降超50%,出货量下降近10%,AMOLED面板也进入降价竞争阶段,全球主要显示企业营收、利润大幅回调。根据中国光学光电子行业协会液晶分会统计,2022年全球新型显示产业总产值约1985亿美元,同比下降18%,其中显示面板产值约1101亿美元,同比下降27%。我国新型显示产业面对复杂多变的国内外形势和市场下行挑战,表现出较强的韧性和稳定性。2022年,我国大陆地区新型显示产业产值约4899亿元,同比下降14%,其中显示面板产值约3668亿元,同比下降19%,降幅低于全球平均水平。

从进出口情况看,2022年,我国液晶平板显示模组累计进口额151.4亿美元,进口数量15.2亿个,累计出口额272.1亿美元,出口数量16.5亿个,贸易顺差达到120.7亿美元;有机发光二极管(OLED)平板显示模组累计进口额244.5亿美元;进口数量5亿个,累计出口额96.9亿美元,出口数量2.4亿个。受税则号列调整影响,显示面板2022年进出口数据与上年同期不可比,但面板出口量快速增长趋势仍然明显,受国内高端消费电子产品占比增加影响,高端面板进口情况近年也有一定增长。

从国际区域布局看，韩国企业加速退出 TFT-LCD 领域。三星 LCD 生产线已于 2022 年 6 月全面关停。有消息称，LG 显示也于 2022 年 12 月关停坡州 P7 生产线，并可能于 2023 年年底全面关停韩国本土 LCD 生产线，上述两家企业都将 AMOLED 作为其保持领先地位的重要选择，持续扩大大尺寸 AMOLED 投入。日本近年来在面板制造领域业务收缩严重，但凭借长期技术积累，在上游显示材料和显示设备方面优势仍然明显。我国台湾地区在 21 世纪初 TFT-LCD 产业发展较快，但后续投资不足，未能赶上 AMOLED 建设周期，如今选择 Micro LED 为突破重点，正加紧推进研发和相关产业化投入。我国大陆地区作为全球最大的显示面板生产基地，受益于近年多条高世代 TFT-LCD 面板生产线和柔性 AMOLED 面板生产线的陆续投产上量，在全球产能和产值中的占比进一步扩大，2022 年我国大陆地区 TFT-LCD 面板出货面积占全球比重达到 70% 以上，AMOLED 面板出货面积占比超 35%。

从国内区域布局看，我国新型显示产业在快速发展过程中已经形成了四大产业集聚区的空间布局，包括以北京为核心的环渤海地区，以合肥、苏州等为代表的长三角地区，以深圳、广州、厦门为代表的珠三角地区，以及以重庆、成都、武汉为代表的中西部地区。这四大产业集聚区特点鲜明，优势各异，环渤海地区产学研结合紧密，技术创新能力相对较高；长三角地区产业链基础良好，在上游材料、设备、元器件领域集聚了大量配套企业，形成较为完善的产业集群；珠三角地区具有贴近下游用户的优势，是显示面板和整机产品的主要出海口；中西部地区则通过加快生产线建设，形成了我国新型显示产业新的增长极。截至 2022 年年底，我国大陆地区已建主要面板生产线情况见表 6-1，按照产能来看，广东、安徽、四川是我国产能规模最大的三个省份，合计占全国比重超 60%。

表 6-1　我国已建主要面板生产线情况（截至 2022 年年底）

序号	企业	地点	生产线世代	面板技术	设计产能（万片基板/月）
1	京东方	安徽合肥	6	TFT-LCD	8
2	中国电子	江苏南京	6	TFT-LCD	6

续表

序号	企业	地点	生产线世代	面板技术	设计产能（万片基板/月）
3	TCL 华星	广东深圳	8.5	TFT-LCD	16
4	京东方	北京大兴	8.5	TFT-LCD	13
5	TCL 华星	江苏苏州	8.5	TFT-LCD	11
6	LG 显示	广东广州	8.5	TFT-LCD	23
7	京东方	安徽合肥	8.5	TFT-LCD	11
8	京东方	江苏南京	8.5	TFT-LCD	6
9	TCL 华星	广东深圳	8.5	TFT-LCD	15.5
10	京东方	重庆北碚	8.5	TFT-LCD	12
11	TCL 华星	湖北武汉	6	TFT-LCD	4.5
12	天马	福建厦门	6	TFT-LCD	3
13	友达	江苏昆山	6	TFT-LCD	2.5
14	京东方	福建福州	8.5	TFT-LCD	6
15	华佳彩	福建莆田	6	TFT-LCD	3
16	京东方	四川成都	6	柔性 AMOLED	4.8
17	惠科	重庆巴南	8.6	TFT-LCD	10
18	天马	湖北武汉	6	刚性/柔性 AMOLED	3.75
19	京东方	安徽合肥	10.5	TFT-LCD	15.5
20	中国电子	陕西咸阳	8.6	TFT-LCD	12
21	京东方	四川成都	8.6	TFT-LCD	12
22	维信诺	河北廊坊	6	柔性 AMOLED	3
23	和辉光电	上海金山	6	柔性 AMOLED	3
24	TCL 华星	广东深圳	11	TFT-LCD	9
25	惠科	安徽滁州	8.6	TFT-LCD	18
26	LG 显示	广东广州	8.5	柔性 AMOLED	6
27	富士康	广东广州	10.5	TFT-LCD	9
28	TCL 华星	湖北武汉	6	柔性 AMOLED	4.5
29	京东方	四川绵阳	6	柔性 AMOLED	4.8
30	京东方	湖北武汉	10.5	TFT-LCD	15.5
31	惠科	四川绵阳	8.6	TFT-LCD	15
32	TCL 华星	广东深圳	11	TFT-LCD	9
33	维信诺	安徽合肥	6	柔性 AMOLED	3

序号	企业	地点	生产线世代	面板技术	设计产能（万片基板/月）
34	惠科	湖南长沙	8.6	TFT-LCD/柔性 AMOLED	13.8
35	京东方	重庆北碚	6	柔性 AMOLED	4.8
36	天马	福建厦门	6	柔性 AMOLED	4.8
37	TCL 华星	广东广州	8.6	TFT-LCD	18

数据来源：赛迪智库整理，2023 年 5 月。

二、产业结构

从技术结构看，TFT-LCD 和 AMOLED 仍为当前新型显示产业的主流技术，两者占据 90%以上的市场份额。TFT-LCD 作为目前最成熟的显示技术，产业基础和技术体系完善，性能持续优化，成本不断下降，虽然近年在中小尺寸领域受 AMOLED 挤压而市场份额有所降低，但仍占有主要市场地位，2022 年全球 TFT-LCD 面板出货面积 2.2 亿平方米。AMOLED 自 iPhone X 发布以来，在手机面板领域的市场占比五年内从不足 20%攀升至接近 50%，产业生态基本完善，工艺技术持续改进，柔性形态应用不断扩展，2022 年全球 AMOLED 面板出货面积 1400 万平方米。LED 显示受新冠疫情期间线下会展收缩影响，竞争日趋白热化，主要企业加速向 Mini/Micro LED 领域转型，高分辨率安防监控、3D 公共显示等高端领域长期发展仍然向好，2022 年全球 LED 显示行业产值约 80 亿美元，同比下降近 20%。激光显示凭借尺寸灵活、色彩丰富的优势，长期以来聚焦电影放映、教育显示、景观显示等超大尺寸显示领域。电子纸凭借不插电显示的优势近年来在会议桌签、零售价签等领域逐渐普及。虽然整体规模有限，但激光显示和电子纸显示近年在细分领域发展态势持续向好。

从产品结构看，受消费电子市场持续低迷影响，三大整机用面板出货均有不同程度的下降。智能手机面板领域，2022 年全球智能手机面板出货约 18 亿片，同比下降 8%，其中 AMOLED 手机面板出货约 6 亿片，同比下降约 10%。国内企业 AMOLED 智能手机面板的市场占比达到 30%，逆势提升近 10 个百分点。电视面板领域，2022 年全球电视面板出货约 2.7 亿片，与上年基本持平，其中 TFT-LCD 电视面板出货约 2.6 亿片。凭借 Mini LED 等背光技术升级，TFT-LCD 近期在高端大尺寸面积市场的占比有所回升。个人计算机面板领域，2022 年全球桌面显示器面板出货约 1.6 亿片，同比下降 9%；笔记本电脑面板出货约 2.2 亿片，同比下降 26%；平板电脑面板出货约 2.6 亿片，同比下降 10%。笔记本电脑和平板电脑市场在"宅经济"中透支最为严重，供应链上下游需求修复过程较长。

三、产业创新

面对市场下行压力，新型显示产业技术创新持续演进，高端化、差异化、集成化趋势进一步加速。AMOLED 领域，LTPO 背板技术快速普及，无偏光片、屏下摄像头、屏下传感器等技术仍在持续演进，无 FMM 光刻等与半导体工艺结合的新技术成为市场新热点。近年来产业对于大尺寸 AMOLED 的关注不断提升，2021 年 11 月 30 日，三星 QD-OLED 面板生产线举行出货仪式，我国多家企业也在加紧研究 8 代 OLED 面板生产线建设可能性。Mini/Micro LED 领域，伴随 Mini LED 工艺良率的快速提升和 Micro LED 产业化进程持续推进，产业链纵向整合成为打通上下游壁垒、进一步促进融合创新发展的重要手段。2022 年 11 月，京东方投资 21 亿元成为华灿光电控股股东，打通了 Mini/Micro LED 全产业链布局。2023 年 1 月，海信集团成为乾照光电控股股东，进一步加快其在 Mini LED、Micro LED 等领域的研发和产品推广。在元宇宙等概念的带动下，以硅基 OLED（Micro OLED）为代表的微显示技术市场化进程提速，据 Omdia 统计，2022 年全球硅基 OLED 产品出货达到 67 万片，应用于十数款 AR 眼镜产品。

第二节　发展特点

一、新兴市场逆势快速增长

在传统整机市场低迷状态下，新兴应用领域仍保持快速增长。随着汽车电动化、智能化水平的不断提高，仪表显示屏和车载娱乐屏向大尺寸、高分辨率、触控一体、曲面异型等趋势发展，据 Sigmaintell 统计，2022 年全球前装车载显示面板出货 1.76 亿片，同比增长 7.8%。伴随 5G、物联网技术的进一步普及，智能产品接口进一步打通，智能家居市场从单一智能产品转向全屋智能。智能家居中控屏需求近年快速攀升，2022 年在家居市场整体疲软的情况下，智能家居中控屏面板出货近 60 万片，同比增长超 100%。在传统整机领域，高端差异化产品也逆势取得大幅增长，据 Canalys、IDC 等机构统计，2022 年全球折叠屏手机出货 1420 万部，同比增长 77%，其中我国出货 330 万部，同比增长 118%。据 AVC 统计，2022 年 Mini LED 电视销量达 39.5 万台，同比增长 385.3%，市场渗透率快速超过 OLED 电视与激光电视。

二、骨干企业国际地位稳步提升

经过十数年的耕耘努力，我国新型显示骨干企业国际地位不断巩固，在市场下行周期仍保持较高的市场占有率和创新能力。京东方 2022 年实现营业收入 1784.14 亿元，同比下降 19.28%，实现归母净利润 75.51 亿元，同比下降 70.91%，其在智能手机、平板电脑、显示器、电视等五大应用领域的 TFT-LCD 面板出货量已连续五年保持全球第一；智能手机面板出货量同比增长超 30%，居全球第二；先后发布 TFT-LCD 超高刷新率 ADS Pro 技术、AMOLED 蓝钻像素排列技术等升级方案，并发布行业首款 LTPS P0.9 玻璃基 MLED 显示产品。TCL 华星 2022 年实现营业收入 562.56 亿元，净利润亏损 83.5 亿元，在 8K 和 120Hz 高端电视面板市场、交互白板市场、电竞显示器市场的份额均居全球第一。天马 2022 年实现营业收入 314.47 亿元，同比下降 6.87%，实现归母净利润 1.13 亿元，同比扭亏为盈。其车载 LTPS 产品销售额同比翻番，车载 Mini LED 产品也进入量产阶段。维信诺 2022 年实现营业收入 74.77 亿元，同比增长 20.31%。其在折叠屏形态优化、新型像素排布、屏下集成等多个技术方向持续推出创新解决方案。

三、产业链供应链加速完善

在多条面板生产线需求和泛半导体领域国产化浪潮带动下，我国新型显示产业上游材料和设备领域发展进一步加速，产业链供应链配套能力进一步提升。国内多家企业新建、扩产显示材料项目陆续建成，高端材料生产、研发水平快速提升。2022 年 5 月，国内首条 G8.5+大吨位液晶基板玻璃生产线在彩虹股份合肥产业基地实现批量生产；9 月，合肥鼎材 OLED 高纯有机材料和彩色光刻胶材料生产项目建成投产；11 月，山东奥莱电子精密金属掩膜板生产线建成；2023 年 6 月，杉金光电张家港超宽幅偏光片生产线项目正式投产。设备领域，我国后段激光切割、AOI 检测、搬运、清洗、包装领域设备市场占比已达到较高水平，前段曝光、显影、蒸镀、湿法刻蚀设备等多个关键核心设备开发也在稳步推进，喷墨打印、巨量转移等新技术路线设备研究与国际保持同步水平。

四、知识产权纠纷日益增多

新型显示产业技术密集度高，在过去几十年发展过程中历经数次制造重心转移，积累形成大量基础专利，部分专利掌握在日韩企业手中，部分专利流向以专利诉讼为主要经营手段的"非执行实体"（NPE）。我国新型显示产业近年快速崛起，国际竞争力和知名度不断提升，但也引起了国际竞争对手和NPE的关注。2020 年，爱尔兰 NPE 公司 Solas OLED 在德国对包括京东方在内的全球多家面板和整机企业发起专利诉讼。2023 年 1 月，美国国际贸易委员会针对三星提出的投诉发起 337 调查，虽然并未直接涉及我国面板企业，但主要针对"使用廉价的中国面板"的美国零部件批发商。三星还多次通过媒体发声，指责我国企业侵犯其 OLED 技术专利。在近年复杂的国际政治经济形势下，我国企业未来面临的知识产权纠纷可能进一步增多，亟须产业各界提升重视程度，加强知识产权布局和风险预研，推动跨企、跨界合作，形成合力以应对挑战。

第七章

电子元器件行业

电子元器件是支撑信息技术产业发展的基石，也是保障产业链供应链安全稳定的关键，广泛应用于智能终端、汽车电子、5G 通信、物联网以及航空航天、能源交通、军事装备等领域，其质量、水平和可靠性直接决定了电子系统和整机产品的性能。

第一节 发展情况

一、整体情况

（一）电子元器件基石作用不断加强

我国作为全球电子信息制造大国，经过多年平稳快速发展，主要电子信息产品的产量居全球前列，中国制造产品持续出口海外，带动国内电子元器件行业不断发展壮大。在政策引领下，产业构建自立自强基础电子生态的进程加快，自主保障水平明显提升。本土企业在下游急需关键电子元器件产品领域重点发力，取得较大进步。目前，我国已成为全球电子元器件第一大生产国。大部分产品产销量均居全球前列，本土供应链总体完善，产品门类较为齐全，基本可覆盖现有市场需求。

（二）产业规模在波动中增长

我国电子元器件产业发展成绩斐然，已经形成世界上产销规模较大、门类较为齐全、产业链基本完整的电子元器件工业体系，我国电声器件、磁性材料元件、光电线缆等多个门类电子元器件的产量居全球第一，电子元器件产业整体规模已突破 2 万亿元，在部分领域达到国际先进水平。电子元器件行业下游应用领域广泛，包括通信设备、消费电子、汽车电子、智能家居、工业控制、军事安防等多个领域。不同于 2021 年的全行业需求旺盛局面，2022 年下游行业需求呈现分化走势。以手机和计算机为代表的传统电子应用需求转为疲软，对全行业需求冲击较大；通信设备和数据中心需求保持增长但成长或将放缓；数字化转型及人工智能技术发展带动下的工业及物联网应用需求稳定增长；新能源汽车市场加速发展可以抵消部分消费端市场的下滑，并为长期需求增长提供支撑。自 2022 年以来，由于海外需求下降以及国内疫情防控政策对物流和生产的影响，中国主要电子产品如智能手机、计算机设备、集成电路等产量均有不同程度的下降，规模以上电子信息制造业出口交货值增速同比降幅明显。根据海关总署数据，电子元件（统计范围包括印刷电路、二极管及类似半导体器件、集成电路等）出口金额同比增速由 2021 年的 21.9% 降至 2022 年的 9.5%。

（三）政策环境不断完善

为了推动我国电子元器件行业快速平稳发展，完善我国电子元器件产业链，我国政府发布一系列利好政策，鼓励电子元器件产业产品研发和技术升级，推动我国电子元器件国产化进程，规范市场竞争，提高我国电子元器件的竞争力。2021 年 1 月，工业和信息化部发布了《基础电子元器件产业发展行动计划（2021—2023 年）》，首次将基础电子元器件产业的高质量发展问题提升到国家战略高度，并明确了"到 2023 年，基础电子元器件产业规模将不断壮大，行业销售总额有望达到 2.1 万亿元；在关键产品技术方面将迎来突破，专利布局更加完善；培育一批大型企业，争取有至少 15 家企业营收规模突破 100 亿"的发展目标，为电子元器件产业高质量发展注入强劲动力。在"十四五"开局之年，该行动计划的发布有助于吸引社会资源，加速产品迭代升级。未来几年，我国将培育出一批阻容感等基础元器件国际巨头企业，产业生态体系建设也将逐渐完善，为我国电子信息行业的繁荣发展保驾护航。2022 年，工业和信息化部、国家发展改革委和商务部联合批复成立电子元器件和集成电路国际交易中心，通过市场准入的方式，打造高质量市场体系，服务于高端、高质、高新的现代产业。2022 年 12 月 30 日，电子元器件和集成电路国际交易中心股份有限公司在深圳注册。交易中心由中国电子信息产业集团有限公司和深圳市投资控股有限公司领衔，联合 11 家央企、国企和民企共同设立，致力于打造市场化运作的电子元器件、集成电路企业和产品市场交易平台。各地方政府积极招商引资，在土地和税收上给予行业内企业优惠，支持企业形成产业集群，提升行业运行效率和产业规模，使得行业产能集中度不断提高，促进行业头部企业高端技术、产品研发进程。

二、存在的问题

目前，我国正处于由电子工业大国向电子工业强国的转型过程中，在部分关键环节和领域已实现全球领先的技术和产品布局，但就整体而言，我国电子元器件产品附加值仍不高，自产自用产品或出口产品仍以中低端为主，大多数中高端技术被国外厂商垄断，核心 IC、基础电子材料、设备等仍存在进口依赖，与国际先进水平存在差距，产品研发、技术升级投入及产出效益有待提升。

（一）产业规模大而不强

我国基础电子元器件产业长期存在规模大而不强、龙头企业匮乏、创新能力不足等问题，"卡脖子"风险依然存在，严重影响了信息技术产业链供应链安全，制约信息技术产业高质量发展。我国在铝电解电容、印制电路板、半导体分立器件等部分中低端产品领域已达到国际先进水平，但在高端片式阻容感、射频滤波器、高速连接器、光电子器件等高端电子元器件领域仍与国际先进水平存在较大差距，难以有效满足下游终端市场需求。此外，部分高端电子陶瓷粉体、电子浆料等关键材料仍对国外企业依赖度大，高端电子元器件的关键工艺装备和检测设备的国产化程度有待进一步提升。以在电子信息产业中用量最大的 MLCC 为例，日韩系厂商全球市场占有率接近 80%，而中国大陆的 MLCC 企业全球市场占有率不足 4%。

（二）电子专用材料研发周期长，创新能力不足

我国电子元器件行业快速发展，但技术水平与国际先进厂商相比仍有一定差距。电子专用新材料从概念走向规模化应用需要专业人员长期从事研发和生产工作。新材料"开发—小试—客户送样测试—中试—产业化—量产"环节通常需要 10 年以上时间，较长的研发和生产周期导致电子专用材料企业难以快速盈利。此外，较长的产业化周期导致较高的新材料投资成本和风险，这将影响电子专用材料企业和外部投资者的投资意愿。智能终端、5G、工业互联网和数据中心，新能源和智能网联汽车，工业自动化设备和高端装备制造，是未来要瞄准的几个重要市场。

（三）上游原材料、零部件价格上涨过快，影响企业经营

上游原材料、零部件价格上涨过快仍是困扰当前我国电子元器件行业的主要问题。各种原材料价格仍保持在上涨区间，尤其是 2022 年 2 月底俄乌冲突爆发以来，金、银、钯等贵金属及铝、镍等贱金属价格均出现大幅飙升态势。可以预见，随着俄罗斯对德国等工业强国停供天然气和石油，必然导致西欧、北欧等工业强国的关键原材料价格继续上涨。由于不少电子元器件所需的高端上游原材料（如工程塑料）等仍需要从欧洲进口，这必然导致我国电子材料和元器件企业的成本增加，影响企业经营。

第二节　发展特点

一、小型化、微型化是未来发展方向

基础电子元器件由于涉及的材料品种较多、工艺各异而难以集成，多以分立器件的形式使用，这使得电子元器件在电路中的比例越来越大，构成电子整机重量、尺寸及能耗的主要部分，也成为制约电子系统进一步向小型化、高性能发展的主要瓶颈。基础电子元器件的微型化、片式化、薄膜化、集成化技术一直是发达国家竞相发展的战略前沿技术。新型电子元器件体现了当代和今后电子元器件向高频化、片式化、微型

化、薄型化、低功耗、响应速率快、高分辨率、高精度、高功率、多功能、组件化、复合化、模块化、智能化等的发展趋势。

二、绿色与环保将更加重要

电子元器件行业位于产业链的中游，其发展速度、技术水平和生产规模不仅直接影响电子信息产业发展，还对发展信息技术、改造传统产业、提高现代化装备水平、促进科技进步具有重要意义。很多国家立法禁止使用有毒有害的物质，绿色环保电子元器件制造业蓬勃发展。开发绿色安全环保的电子元器件决定了产品的市场份额和发展前景，对电子元器件制造业提出了更高要求。

领 域 篇

第八章

智能手机

第一节　发展情况

一、产业规模

　　与 2021 年中国智能手机市场总体波动情况类似，2022 年中国智能手机市场仍呈现出"前高后低"的节奏。根据国际数据公司 IDC 发布的季度跟踪数据，2022 年第四季度中国智能手机出货量约为 7292 万部，与上年同期相比下降 12.6%。2022 年中国智能手机出货量约为 2.86 亿部，同比下降 13.2%，为智能手机市场有史以来最大降幅，这也是 10 年以来，中国智能手机出货量首次跌破 3 亿部大关。尽管 2022 年第一季度环比 2021 年第四季度出货量明显下降，却仍然是全年出货量最高的一个季度。第二季度在新冠疫情反弹、管控严格的背景下，创下近 10 年最低的单季度出货量纪录。第三季度智能手机市场有所回暖，第四季度在消费节的带动下出货量继续回升，但整体市场仍然处于低迷状态。近年来的新冠疫情对中国智能手机市场的影响属于"雪上加霜"，在新冠疫情暴发之前，中国智能手机市场就已经出现了连续下滑趋势，造成中国智能手机市场疲软的主要原因还是市场饱和、换机周期加长、新品创新不足、"杀手级"应用缺乏、性能过剩、5G 推动作用低于预期、消费信心不足等一系列行业问题。展望未来，在上述问题未得到全面解决的 2023 年，虽然疫情管控政策已经结束，但中国智能手机市场的前景依然难言乐观，行业回暖不会一蹴而就。

二、市场结构

从品牌来看，苹果在 2022 年第四季度的出货量排名中国市场首位。虽然 11 月工厂意外停工使得 iPhone 14 Pro&Max 在一段时间内供应不足，但 12 月末生产已基本恢复。iPhone 14 Pro&Plus 的市场需求在"双十一"促销后下降明显，最终苹果在 2022 年第四季度的出货量低于预期。从 2022 年全年来看，苹果在国内市场总出货量排名第四位，全年同比下降 4.4%。vivo 第四季度在国内市场出货量排名第二位。凭借在 X 系列上多代产品的坚持投入，vivo 在高端市场上的口碑逐渐建立，新款 X90 系列在线下市场取得不错的市场表现。子品牌 iQOO 全年出货量同比增长 26.9%，增强了 vivo 在线上渠道的竞争力。线上线下的合理布局，使得 2022 年 vivo 国内市场份额保持第一。荣耀第四季度排名第三位。2022 年，主要厂商中只有荣耀实现同比增长，增幅达到 34.4%，全年总出货量上升到第二位。产品线布局的逐渐完善，帮助荣耀彻底恢复，经过一年的快速增长，市场份额达到历史新高。OPPO 2022 年国内市场出货量超过 4800 万部，排名第三位。不管是马里亚纳芯片、潘塔纳尔系统，还是安第斯智能云，OPPO 持续在自研科技上加大投入，厚积薄发，未来有望推出更多差异化的产品。第四季度发布的 Reno9 系列，继续在 2000～4000 元价位段市场表现强劲，而 A1 pro 系列，与老款 A97 和 A58 系列，帮助 OPPO 巩固了线下渠道 2000 元以下价位段的市场份额。小米新品红米 Note 12 系列的市场欢迎度高于预期。小米 13 系列延续了下半年小米 12S Ultra 系列的不错口碑，在 4000 元以上价位段的高端市场表现有明显提升。而红米数字系列继续保持稳定的市场表现，这几款产品在第四季度，尤其是在 12 月成为推动小米出货的主力军。

从手机类型来看，折叠屏产品再次成为市场亮点，2022 年第四季度，中国折叠屏产品单季出货量再创新高，出货量超过 110 万部。全年出货量近 330 万部，同比增长 118%，增速高于预期。折叠屏产品在国内智能手机市场中的占比从 2021 年的 0.5%上升到 2022 年的 1.2%。虽然折叠屏依然是一种小众的产品形态，但 2022 年头部安卓厂商全部发布了相关产品，形成"直板机+折叠屏"的双旗舰产品战略。不少厂商已经或马上实现"横折+竖折"双折叠屏产品布局。其中，竖折屏产品凭借携带方便的特点，特别受到女性用户的青睐，价格也相对横折屏产品更加便宜，而操作系统和 App 应用也与直板机相同，不用特别适配，所以用户更容易接受。2022 年，竖折屏产品的市场份额已占折叠屏市场的 42.3%。目前，折叠屏产品已成为各家头部厂商重点关注和长期布局的产品，折叠屏产品的市场关注度也一直居高不下。2022 年，华为牢牢占据国内折叠屏市场第一的位置，市场份额达 47.4%，优势明显；三星排名第二位，占据 16.5%的市场份额；凭借 Find N 系列全年的稳定表现，OPPO 获得 13.8%的市场份额，排名第三位，虽然 Find N2&Flip 临近 2022 年年底才上市，但首销情况超过上一代产品；vivo 第一款折叠屏产品 X Fold 系列帮助其在折叠屏市场稳居第四位，市场份额为 7.7%；荣耀和小米市场份额接近，分别排名第五和第六位；联想只有一款竖折屏 Razr 系列，市场份额排名第七位。

三、产业创新

（一）北斗导航逐步成为国内智能手机标准配置

中国卫星导航定位协会发布的《2023 中国卫星导航与位置服务产业发展白皮书》指出，2022 年，我国卫星导航与位置服务产业总体产值达到 5007 亿元，较 2021 年增长 6.76%。其中，由卫星导航应用和服务所衍生带动形成的关联产值同比增长 7.54%，达 3480 亿元。2022 年，国内智能手机出货量达 2.64 亿部，其中 2.6 亿部手机支持北斗应用，占比约 98.5%。过去一年里，北斗系统进一步融入百姓的日常生活，形成了更多应用场景，有力拓展了北斗大众市场的应用规模。百度地图与高德地图先后宣布正式切换为北斗优先定位，北斗定位服务日均使用量已超过 3600 亿次。此外，目前国内大多数涉及地图服务、导航和购物等的手机 App 中，大部分已经支持北斗应用。全球首款支持北斗三号区域短报文通信服务的手机已正式发布，用户不换卡不换号不增加外设就能通过北斗卫星发送短信。

（二）更多国内手机厂商入局手机芯片研发

随着移动通信技术更新迭代，手机芯片技术越来越密集，门槛也随之不断抬高。3G 时代已有一些芯片厂商退出这一市场；在 2014 年 4G 商用之初，手机芯片行业还处在群雄逐鹿的状态，但 4G 时代的残酷竞争，让众多芯片巨头难以承受；进入 5G 时代后就形成了高通、联发科、紫光展锐三大公开市场芯片厂商和苹果、三星电子两大手机巨头自研芯片统领市场的格局。近两年，越来越多的国内手机厂商开始入局手机芯片研发。2022 年年初，OPPO 在 Find X5 系列上就首次搭载了自研芯片"马里亚纳 X"。作为兼具 ISP+NPU+内置缓存子系统的芯片，"马里亚纳 X"专注于以更高的能效比去解决大计算量影像处理的连续算力需求。2022 年年底，OPPO 再接再厉，推出了自研蓝牙芯片"马里亚纳 Y"，旨在实现无线耳机领域"真 HiFi"音质，以及端侧计算音频体验的突破。与其他手机厂商相比，vivo 在手机影像芯片方面的起步其实更早一些。早在 2021 年秋季，vivo 就发布了其首款自研影像芯片 V1，并很快将其搭载到 X70 系列机型上。到了 2022 年，vivo 更是先后推出了两款新的自研影像芯片，先是上半年的"小改款"V1+，后续在秋季更是带来了架构全新设计、引入独立 AI 单元的 V2。换句话说，单看换代速度，vivo 的自研芯片是目前国内手机行业里最快的。小米在整个 2022 年更为人所知的，反而是其澎湃 P1、G1 两颗与电池、快充相关的自研芯片。除了上面提到的几家头部厂商，在硬核游戏手机领域，红魔也成为少数具备自研芯片方案的品牌之一。只不过其自研芯片既不用于影像，也不用于快充，而是专门瞄准了游戏手机的操控和交互体验优化。红魔的自研芯片被称为"红芯"系列，它最早出现在 2022 年 2 月亮相的红魔 7 系列上。虽然芯片本身的架构至今不明，但其功能相当丰富，既能优化手机的触控响应速度，又能控制振动马达实现更精确的振感模拟，还能用作手机 LED 灯效、游戏音效的低延迟控制中枢。

第二节 发展特点

一、市场下滑仍在持续

根据 IDC 数据，2022 年中国智能手机出货量约为 2.86 亿部，同比下降 13.2%，为智能手机市场有史以来最大降幅。2022 年，中国智能手机市场的整体出货量再创新低，下跌仍是 2022 年中国智能手机市场的主旋律。这背后有新冠疫情、用户换机周期加长等因素，但创新乏力仍是不争的事实。持续"堆料"已经难以激发用户的购买欲，做出真正能打动用户的产品才能真正提振智能手机市场。

二、折叠屏手机成为智能手机市场"新宠"

与智能手机市场整体不景气形成鲜明对比的是折叠屏手机的"一枝独秀"。作为智能手机的一个新品类，折叠屏手机对手机厂商而言无疑是一片新的蓝海。2022 年，主流厂商纷纷推出自己的折叠屏产品，并在铰链、影像、软件等核心技术上下足功夫。折叠屏手机变得更轻，性能却更强，价格也在稳步下调，其普及速度也在大幅提升。公开数据显示，目前折叠屏手机约占整体智能手机市场份额的 1.2%，而随着屏幕折痕、软件适配等问题的逐步解决，折叠屏手机将会占据更大的市场份额。知名市场调查机构 Counterpoint 预测，2023 年全球折叠屏手机出货量将同比增长 52%，达 2270 万部。

三、国内厂商自研技术开花结果

为了突破同质化竞争的桎梏，各品牌都在自研技术上投入了大量的人力、物力、财力，而到了 2022 年，这些投入也开始逐渐开花结果。尤其是在自研芯片上，取得了不错的成果。OPPO 早在 2021 年 12 月就发布了首款自研芯片"马里亚纳 X"，这是一款影像 NPU，基于 AI 算法、AI 降噪、实时 RAW 计算等能力，为 OPPO 追求"自然、舒适、符合记忆"的手机影像理念提供算力算法支持。OPPO 于 2022 年 12 月发布的"马里亚纳 Y"则是一款蓝牙音频 SoC 芯片，通过更高的传输速率和无损压缩率更高的编解码技术，更好地满足高分辨率流媒体的传输要求。2022 年 12 月 20 日，OPPO 在 INNO DAY 上正式发布了其三大核心技术，即马里亚纳芯片计划（硬件）、潘塔纳尔计划（软件）和安第斯计划（基础服务）。OPPO 同时拥有自研芯片、智慧跨端和云服务的整合能力，这为其在健康、VR/AR、元宇宙等方向的未来发展打下基础，也预示着 OPPO 正在成为一家更硬核、更系统、更人文的全球化科技公司。vivo 在 2021 年 9 月推出了自研独立 ISP 芯片 V1，作为通用处理器难以满足用户个性化或重度拍摄需求的补充。目前，vivo 的自研 ISP 芯片已经迭代至第三代。2022 年 vivo 打了几场硬仗，其在底层技术上的布局开花结果，高端产品能力显著突破。据介绍，vivo 中央研究院下设的用户创新实验室、XR 实验室、芯片实验室及对外合作中心等组织在 2022 年被创新激活。经过几年在底层技术上的战略性投入，vivo 在设计、影像、系统、性能四个长赛道迎来质变，"护城河效应"初显。这为 vivo 2022 年在高端市场的持续突破注入了巨大推动力，市场结果持续向好。

四、合作与并购促进跨行业共赢

2022 年 12 月 29 日，魅族科技有限公司股东变为仅武汉星纪魅族科技有限公司，这被外界视作魅族受创始人控制的时代正式结束。2022 年 7 月 4 日，吉利汽车旗下湖北星纪时代科技有限公司与魅族科技有限公司正式签约，星纪时代持有魅族 79.09% 的控股权，并取得对魅族的单独控制。这是一个共赢的合作，吉利汽车可为魅族带来更充足的资金继续智能手机事业，而魅族的操作系统设计和人机交互体验，也将为吉利汽车的下一代智能座舱赋能，帮助吉利汽车补齐短板。OPPO 和一加也于 2022 年年底正式开启双品牌时代。一加定位更加明确，将作为 OPPO 旗下主打性能的旗舰品牌，代表 OPPO 线上产品线，除了允许一加硬件综合净利润率可以为零、入驻 OPPO 全国门店和售后，OPPO 还将为一加投入百亿扶持资金。

第九章

虚拟现实

第一节　发展情况

　　我国虚拟现实产业发展迅速，已经形成较为完善的虚拟现实产业生态。国家"十四五"规划纲要将"虚拟现实和增强现实"列入数字经济重点产业。中央各部委和各地方相继出台了多项虚拟现实产业相关政策，持续提升对虚拟现实技术研发、人才培养、产品消费、市场应用的支持力度。国家政策红利、5G 快速商用化、"非接触式"经济的新需求、"元宇宙"概念火爆等利好因素推动我国虚拟现实产业加速落地。虚拟现实应用加速普及，产业发展进入新一轮快速增长期。

一、终端设备

　　IDC 数据显示，2022 年全球 VR/AR 头戴式显示器（简称"头显"）出货 880 万台，同比下降 20.9%。Meta 的市场占有率为 80%左右，牢牢占据榜首位置。PICO 以 10%的市占率位列第二，大朋 VR、HTC 和爱奇艺分别位列第三至第五。在全球 VR/AR 头显出货量下滑的背景下，我国 VR/AR 头显出货量实现了正增长。2022 年，我国 VR/AR 头显出货 120.6 万台，其中 AR 出货 10.3 万台，VR 出货 110.3 万台，VR 头显首次突破百万台大关。2022 年发布或者曝光的 VR 和 AR 产品超过 40余款，既有联想、TCL、华为、OPPO、小米等传统消费电子龙头企业，也有雷鸟创新、Nreal、小派科技、梦想绽放等创新企业。从国内市场

份额来看，VR 头显出货量前五的型号分别为 PICO Neo3、PICO 4、Nolo
CM1、奇遇 Dream Pro、奇遇 Dream，2022 年出货量分别为 50.5 万台、
21.7 万台、6.6 万台、5.4 万台和 2.4 万台。我国 AR 眼镜厂商 Nreal、
Rokid、TCL 在全球消费级 AR 头戴设备市场中表现出色，2022 年全球
消费级 AR 眼镜出货量前五的品牌中我国品牌占据其三，国外品牌仅有
微软旗下的 MSFT 和日本品牌 EPSON。

二、软件工具

　　国外企业已建立深厚的技术壁垒，我国企业未推出市场主流产品。
我国在此方面起步晚于国外优质同行 15 年以上，当前我国尚无与全球
领先企业抗衡的企业。现阶段较为知名的企业为美国的 Unity
Technology 和 Epic Games，两家企业均有 15～25 年的发展历程，主流
软件开源且历经多轮迭代功能完善，在动画效果、影视渲染、物理及光
影效果上明显优于其他产品。国内曼恒数字、睿悦信息、中视典推出相
关软件，但存在商用成熟度不高、可扩展性有限、应用范围较窄、市场
渗透率较低等问题。国内头部游戏厂商如腾讯、网易、完美世界等均有
自研引擎，但仅限于内部游戏使用。从细分领域来看，3D 建模技术目
前主要包含静态扫描技术与动态光场重建两类。静态扫描技术仍为主
流，其中相机阵列扫描重建快速发展，目前可实现毫秒级高速拍照扫描
（高性能的相机阵列精度可达到亚毫米级），该技术在国际上已成功商业
化，广泛应用于电影、游戏创作。相比静态扫描技术，动态光场重建在
搭建精细几何模型之外，还可获得动态数据，高品质呈现光影效果。

三、内容制作与分发

　　游戏内容方面，国内大厂以轻度游戏为主，着重布局健身场景。从
PICO Top10 热门付费应用榜单来看，主要集中在运动、休闲、音乐类，
玩法上均偏轻量化。从 PICO 的发布会来看，PICO 对于健身的布局力
度持续加强，上线集私教、节奏音乐、瑜伽等于一体的《超燃一刻》，
未来还将联合超级猩猩、帕梅拉等头部 IP 打造 VR 健身内容。此外，
节奏音乐类游戏《闪韵灵境》，VR 搏击应用《莱美搏击操》，运动休闲

游戏《多合一夏季运动 VR》《实况钓鱼》也上线 PICO 平台。PICO 4 还搭载了自研的 CalSense 体能监测算法，根据用户的身体数据和轨迹能较准确地计算消耗的卡路里，还配套推出可穿戴的追踪器。

视频内容方面，IP 赛事、演唱会直播等免费内容成为国内厂商实现弯道超车的关键。短期国内用户习惯于免费下载，并在使用中充值付费，付费能力与付费意愿相较海外用户仍然有较大差距。因此推出音乐、视频等类型的免费应用是做大用户体量、培养用户消费习惯的关键。2022 年，PICO 在 IP 引入方面加大力度，先后上线王昕、郑钧、汪峰演唱会；在赛事合作方面，上线 2022 年北京冬奥会，德甲、卡塔尔世界杯；在影视方面，上线三体 VR 版本、灵笼 VR 版本及荒野求生 VR 版本。PICO 于 2022 年 6 月与迪士尼和索尼影视等头部影视公司联手打造"PICO 3D 大片重燃计划"，合计 100 多部 3D 经典影片将登陆 PICO 视频，包括漫威复仇者联盟系列、X 战警系列等全球重磅 IP。

四、应用与服务

工业制造领域，数字孪生与智能工厂助力工业元宇宙先行一步。工业 4.0 的概念最早出现在德国，指利用信息物理系统（Cyber Physical System，CPS），将生产中的供应、制造、销售信息数据化、智慧化，最后达到快速、有效、个人化的产品供应。工业 4.0 与前三次工业革命有本质区别，其核心是信息世界和物理世界的深度融合，即把传感器等智能装置嵌入各种物体和环境中，并且通过网络加以连接，形成物联网，再通过超级计算机和云计算将物联网和互联网整合起来，实现人类社会活动与物理系统的整合。而数字孪生技术是 CPS 的技术核心。工业 4.0 提出的智能制造是面向产品全生命周期，实现泛在感知条件下的信息化制造。基于工业 4.0 构思的智能工厂将由物理系统和虚拟的信息系统组成，称为信息物理生产系统（Cyber Physics Production System，CPPS）。

教育培训领域，虚拟现实技术打破空间阻隔为线下教育与线上教育带来革新。教育元宇宙可以实现云端智慧教育的统合，教师和学生以数字身份参与课堂，在虚拟教学场所中进行互动。在元宇宙课堂上，VR 设备的引入能够充分重塑教学内容的展现形式，让学生沉浸在知识中。此外，虚拟空间的可塑性也催生了如虚拟实验室、虚拟集会等场景，将元宇宙从课堂延伸至课后活动。元宇宙和教育之间，具有天然的平行性和覆盖率，在元宇宙时代，人类进入"生活就是学习，学习就是生活"的历史阶段，学习变成了终身的、全天候的内容。

医疗健康领域，VR、AR、MR等技术在医学成像、手术辅助、医学教育、远程医疗、康复训练、药物研发等方面彰显价值。在医学影像方面，借助全息/虚拟现实显示的影像数据，可以全面观察病灶细节、深度挖掘影像信息，有助于医生削减读片时间、降低误诊率，同时患者能更直观地了解病灶情况和治疗方案，促进医生和患者之间的沟通。在手术方面，通过VR、AR、MR等技术可提高外科手术效率，如全息影像技术可实现全息显示效果，能弥补微创手术视野受限等问题，减少术中风险，降低术后并发症。

政府服务领域，虚拟现实技术助力政务数字化转型。当前应用于政务服务中比较普遍的可视化大屏、一网通办等技术，为政务服务带来了极大便利，但交互感不强、人性化服务程度不高。元宇宙政务服务，将打破时空界限，打造全新的交互模式，增强政务服务的体验感。引入"数字人"，结合沉浸式数字城市和数字政务大厅建设，以具体的城市文旅、城市政务服务等元宇宙场景应用，进一步提升城市治理水平、城市服务能力，同时也为市民办事带来更好的便利性和体验感。当下，"元宇宙+政务"仍处在发展早期阶段，政府牵头元宇宙相关布局，应加强监管力度，并尽可能地做好配套措施，如技术研究、政策法规及相关标准的制定等，保障其健康有序发展。

第二节　发展特点

一、核心技术走向成熟

国内外科技巨头持续发力虚拟现实产业，虚拟现实的传感、交互、建模、呈现技术不断取得突破，用户在交互、显示、重量等方面的体验感不断提升。在传感技术方面，眼动追踪、表情捕捉、头部/肢体动作捕捉等技术进入应用阶段。在建模技术方面，GPU加速器技术、FPGA加速器技术和5G传输技术走向成熟，带动图像引擎和渲染算法优化发展。在交互技术方面，视觉、触觉、听觉、动作等多感官多通道交互技术发展迅速，六自由度基本普及，多人协同交互开始应用。在呈现技术方面，4K 超高清显示成为主流趋势。

二、VR 轻量化内容生态丰富

我国 VR 内容市场增长迅速，轻量化内容生产有望拓展使用场景。2023 年，中国 VR 内容的市场规模预计达到 391 亿元，游戏内容占据最大份额，约为 43.7%。VR 的产品及服务仍以 VR 头戴设备和 VR 消费级内容服务为主。随着 VR 内容创作向轻量化发展，VR 内容创作走出长周期、高投入的处境后，VR 内容使用场景有望拓宽，丰富度有望提升。作为内容生产工具的 VR 摄像机发展空间大。VR 硬件和内容有望相互促进，新品硬件的发布将有助于 VR 产业链发展。据 IDC 数据，2022 年中国 VR 设备出货 110.3 万台，其中一体机头显出货 101.4 万台，在中国首次突破百万大关，预计 2021—2026 年的复合增速为 69.1%。苹果 MR 新品于 2023 年 6 月发布，新品或重新定义 VR/AR 的用户体验并拉动新一轮的硬件需求。

三、产业生态日臻完善

我国已形成较为完整的产业生态体系，虚拟现实产业政策、资金、人才等产业要素加速融通，产业进入新一轮快速发展期。在终端硬件环节，国内厂商创新能力显著提升，各类虚拟现实终端产品不断推出，体积、重量、续航、散热等指标持续优化。在关键技术环节，近眼显示、网络传输、渲染处理、感知交互、建模等技术体系不断进步。在内容制作与分发环节，虚拟现实内容的数量和质量显著提升，全方位保障高品质消费体验。在人才方面，虚拟现实人才培养体系基本建立，涵盖职业教育、本科教育、硕士/博士培养。在国家政策的支持下及各方力量的努力下，全国已有中山大学、江西科技师范大学等 20 余所高等院校开设了虚拟现实技术本科专业，近 200 家职业院校开设了虚拟现实应用技术专科专业。

四、VR 提振数字经济新业态

　　VR 技术正加速赋能千行百业，新技术、新场景、新模式、新业态层出不穷。在工业领域，VR 和 AR 成为新一代生产力工具，大量应用在研发设计、生产优化、设备运维、产品测试、技能培训、跨国跨地域协同等环节，呈现出虚实融合的智能制造新形态。在医疗领域，AR 远程会诊、AR 查房、VR 监控远程观察与指导等应用案例层出不穷，在疫情防控中发挥了重要作用。在文化领域，沉浸式的新交互模式出现在北京冬奥会、春晚舞台等各类场景中，全息显示、数字虚拟人等新技术让人目不暇接。

第十章

超高清视频

2019 年 2 月 28 日，工业和信息化部、国家广播电视总局、中央广播电视总台联合印发《超高清视频产业发展行动计划（2019—2022 年）》，明确了超高清视频产业发展总体要求、发展目标、重点任务和保障措施等。4 年多过去，在政府、企业、行业组织等大力推进下，超高清视频行业迅猛发展，硕果累累。

第一节　发展情况

一、视频生产

广播电视及文教领域，专业级设备逐步向 8K 发展，消费级设备性能提升并可替代部分专业级设备使用，镜头供应仍是我国需要攻破的主要问题。广播电视节目拍摄用的 8K 摄录产品主要由日本企业提供；国内企业自主设计研制、生产的 8K EFP 超高清摄像机系统通过了奥林匹克广播服务公司（OBS）的技术检测并参与了北京冬奥会直播，部分企业生产的电影摄影机已成功出口至国外。在消费级产品方面，手机已成为重要的采集工具，摄像头已逐步配备 HDR 功能，部分消费级照相机等已开始应用于专业拍摄。在镜头方面，缺少较大变焦比的转播级别镜头。

工业制造领域，工业相机主要包括线阵相机、面阵相机等，其精确性高、速度快，灰度级可达 256 以上，可观测微米级的目标，快门时间可达到 10 微秒左右，高速相机帧率可达到 1000 帧/秒以上。国内相关企业均针对不同行业提供了定制化采集解决方案。

医疗健康领域，我国企业在超高清内窥镜方面已取得诸多进步，实现了全链路 4K 超高清成像。4K 超高清内窥镜生成的图像分辨率是传统高清内窥镜生成的图像分辨率的 4 倍，可真实再现影像色彩，可观察到细微血管、神经及筋膜层次，还可观察到传统高清内窥镜难以探查的病变区及活检部位的细节，对于解剖层面及血管拥有更高的辨识度。基于高图像质量及清晰度，4K 超高清内窥镜可用于传统高清内窥镜难以操作的精细手术，如神经血管手术。国内企业已有超高清内窥镜及摄像系统、术野相机等产品在各大医院应用。

安防监控领域，监控摄像机与 AI 技术深度融合，面向不同场景的定制化产品不断推出，智能化趋势加速。超高清技术推动夜间监控、大视角监控发展，提高了日夜成像的共焦能力和像质。"AI+视频监控"可极大提高视频监控数据的利用效率，并助力视频监控的应用领域从安全防范拓展至更多的智能化应用。

二、网络传输

从高清到 4K/8K 超高清的转变，媒体质量高动态、高帧率等因素带来了高码率的网络需求，满足 4K/8K 超高清业务的基础网络需要支持高带宽、低延时、低丢包率、低抖动等，而 5G 网络则为 4K/8K 超高清业务在互联网上的应用特别是直播等实时应用提供了现实基础。

但媒体传输技术还存在一定的不足。在 TCP 协议方面，TCP 协议是个古老的协议，其诞生时网络状况与 5G 能提供的网络有天壤之别，协议本身的字段存在缺陷，不能充分提升 5G 网络效用。虽然现代操作系统协议栈对 TCP 协议有所改进，但适配相对受限。另外，TCP 协议的传输层拥塞控制算法没有考虑也无法保证上层实时业务的时效性。在 RTMP 协议方面，RTMP 协议诞生时间相对较长，原始协议并未考虑 HEVC 等超高清编码格式，虽然有些厂商对其进行了扩展，但仍未成为现实标准，推广应用复杂。

三、终端呈现

国家统计局数据显示，2022 年上半年我国彩电产量为 8986.4 万台，同比增长 5.8%。海关总署数据显示，2022 年上半年，我国彩电出口 4357 万台，同比增长 13.7%。根据奥维云网数据，2022 年上半年我国彩电市场零售量为 1672 万台，同比下降 6.2%，零售额为 640 亿元，同比下降 11.8%，其中 4K/8K 彩电零售量为 1240 万台，同比下降 2.8%。Trend Force 数据显示，2022 年上半年全球彩电出货量为 9272 万台，同比下降 5.8%。2022 年上半年彩电价格降幅超过 10%，仍难以促使国内市场回升，销售量、销售额齐跌。奥维云网数据显示，经过"618"促销活动后，2022 年 7 月我国彩电销量增长 11.7%，8 月前四周销量增长 2%。我国彩电销量前八的品牌（小米、海信、TCL、创维、长虹、海尔、康佳、华为）8 月内销出货量同比增长 7%。进入 2022 年下半年的消费淡季，这 8 个品牌的销量依然逆势增长。政策上的支持与各地财政上的补贴将刺激部分电视需求。2022 年 7 月 13 日召开的国务院常务会议再次明确了要加快释放绿色智能家电消费潜力，并提出在全国开展家电以旧换新和家电下乡、完善绿色智能家电标准、支持发展废旧家电回收利用等有利国内彩电消费的措施。此外，2022 年卡塔尔世界杯于 11 月开幕，一定程度上带动了全球彩电市场复苏。2022 年，全球市场电视机出货量为 2.03 亿台，同比下降 4.8%；中国市场全年出货量达到 3990 万台，同比微增 2.4%，全国彩电产量 19578.3 万台，同比增长 6.4%。

家庭以影音娱乐为中心向更丰富的家庭智慧应用领域扩展。根据工业和信息化部 2022 年 1—8 月统计公报，IPTV 大屏用户已达 3.7 亿户，比上年末净增 2190 万户，根据预测，未来几年仍会以每年约 2000 万户的速度增长。随着网络能力的持续增强、泛在通信能力的提升，面向手机的视频通话和互动能力也将逐步延展到家庭 TV 大屏上，促进移动和家庭业务的进一步融合，为 TV 大屏提供智家视频通话能力。未来，在移动和家庭业务的融合下，随着运营商视频和视频通话业务的结合，终端侧也将随之演进，基于原有 IPTV/OTT 机顶盒的高质量视频播放能力，逐步叠加摄像头、音箱、语音麦克等，形成新形态的融合终端，从而实现娱乐和通信的融合，不仅丰富视频业务体验，也将提升业务运营的黏性，为社交视频带来历史性发展机遇。

四、内容供给

超高清专区相继落户 IPTV。自 2014 年 12 月 26 日四川率先实现全球首发 IPTV 4K 超高清业务至今，中国电信四川分公司拥有 IPTV 用户 1600 万户，其中 4K 超高清用户超过 1300 余万户（截至 2022 年）。2022 年 1 月，中国电信四川分公司 IPTV 平台开通 8K 超高清专区。2015 年 5 月，广东电信与广东广播电视台联合打造的广东 IPTV，推出了 4K 超高清视频服务。由广东南方新媒体股份有限公司与 4K 花园联合打造的 8K 专区在前者旗下 IPTV 品牌"喜粤 TV"上线，成为国内首个为用户提供 8K 内容服务的 IPTV 平台。

重大活动、赛事直播、转播及纪录片制作成为超高清内容的重要来源。在重大活动方面，跨年晚会、中秋晚会、元旦晚会等基本已实现超高清制作及播出，如江苏省跨年晚会、咪咕汇等。在重大赛事方面，欧洲杯、东京奥运会、北京冬奥会均已实现超高清制作及播出，其中北京冬奥会大规模采用"5G+8K"技术对赛事进行转播，8K 内容时长约 200 小时。在纪录片方面，由 4K 花园与咪咕视讯联合出品与制作的 8K 生态人文纪录片《万物之生》在央视 9 套纪录片频道播出，咪咕视频、4K 花园同步呈现。

老旧电影内容修复成为超高清影视内容的重要补充。例如，咪咕公司针对《女篮 5 号》《地雷战》等百部红色影片，《黑猫警长》《葫芦小金刚》《舒克和贝塔》等 11 部国产经典动漫，开展 4K 修复工作，其中《天书奇谭》4K 纪念版于 2022 年 11 月 5 日在各大院线上映，不到一周票房过 1000 万元。2021 年 5 月，芒果 TV 将电影《袁隆平》转制为 4K 版本上线，广受关注。2021 年 7 月，芒果 TV 上线《建党 100 周年红色经典电影高清专题展映》专题，40 部革命主题经典电影经过修复增强后重新上线，提升了用户体验。

中、短视频逐步支持超高清，不断丰富超高清内容。2021 年 8 月 19 日，抖音宣布支持 2K 超清视频播放；2021 年 9 月 8 日，快手宣布全面支持全景 4K 视频和直播播放；2021 年 12 月 6 日，B 站（哔哩哔哩）宣布上线 8K 超高清视频画质，成为国内首家支持 UP 主上传 8K 视频的平台。B 站还面向 UP 主提供画质提升的 4K 超分功能，持续提高用户观看感受。QuestMobile 数据显示，2022 年上半年以 UGC 为主要生产方式的短视频市场进一步增长 2.3%，占比达到 28%。

五、行业应用

超高清视频与 5G、AI 等技术深度融合，助力工业制造智能化发展。超高清视频技术应用于工业制造定位、识别、测量、检测等各个环节，推动工业制造可视化，奠定了智能化发展基础。5G 助力超高清视频数据低时延传输和实时分析，在煤矿勘探、实验爆炸检测等对传输高要求的场景逐步应用。运营商搭建 5G 专网，通过多频协同、超级上行、QoS 增强、无线资源预留、切片、边缘节点等技术的灵活定制，为工厂提供支持带宽增强、低时延、数据本地卸载、业务隔离、业务加速等个性化功能。摄像头采集的视频数据通过 5G 专网传输至边缘计算中心经实时分析后下发准确指令，可提供柔性工作能力。AI 为超高清视频数据精准分析提供助力，应用于产品质量检测、制造缺陷检测等高精度场景，有效提高了生产效率。超高清视频采集的数据回传到分析平台，运用决策树、知识图谱、神经网络等增强学习、深度学习算法，对数据进行规模化分析、精准定位、提前预警，可有效识别产品质量，提前预警分析设备故障。

超高清视频在缺陷检测、质量检测、智能巡检方面率先发力，赋能电子产品制造、钢铁生产、汽车生产等高精度生产行业。在缺陷/质量检测方面，超高清视频技术通过光学元器件观察肉眼无法观测的区域，拓宽了被检测物体的观察范围。一工机器人银川有限公司的超高清检测机器人应用于汽车制造行业中的曲轴件瑕疵检测，使得企业生产效率平均提高了 25%、生产过程可追溯性提高了 70%、数据录入工作量减少了 75%、交接的纸面工作减少了 70%、成本核算准确度提升了 70%，节约了人工成本、管理成本、能源成本等近 1000 万元。在智能巡检方面，超高清视频技术应用于巡检机器人，提高了机器人的"视力"水平。中国移动天津分公司搭建面向机房巡检的机器人检测系统，基于机器人搭载的超高清摄像机，以 5G 网络实时传输图像并利用 AI 技术精准分析，识别物体的状况并提前报警，准确率达到 98%，节约人工成本超过 2000 元/年，效率提升了 3.5 倍。

超高清视频与工业制造应用的结合点和示范性不足。在不同领域应用需专用解决方案，面向不同行业的垂直解决方案较少，难以解决行业痛点。现有各个系统数据未打通，软件框架封闭，无法在不同场景中快速切换。一方面，不同摄像头采集到的数据不尽相同，另一方面，数据采集平台所整合的数据也各有千秋，各个系统无法兼容，需要先对不同场景的数据进行规整、标注。不同场景有算法适应性、通用性的差异，如面向晶圆制造质量检测、面板制造缺陷检测等场景所需的算法不一致，需要针对不同的产品单独定制不同的检测算法，现有算法难以通用，无法大规模普及。缺乏融合型、复合型人才，难以打破行业壁垒提供定制化解决方案。超高清视频技术涉及光学、人工智能、数学、集成电路等专业学科，工业制造涉及材料、机械工程、自动化等多个学科，单一学科背景人员难以解决多层次学科问题，亟须跨学科、多视角的复合型人才。

第二节　发展特点

一、人工智能技术迭代升级推动超高清视频产业智能化发展

智能化已成为超高清视频产业发展的重要趋势。视频制作方面，可利用计算机视觉技术实现视频内容图像的智能剪辑和拼接，使视频制作更加高效。语音处理方面，可以利用自然语言处理技术将文字转化为语音，并将其合成为自然流畅的语音，实现视频内容语音智能制作。内容版权保护方面，可依托区块链技术和人工智能技术，实现视频内容版权的智能保护和检测，从而有效保护视频创作者的权益。视频直播方面，可以实现视频直播内容的自动化制作和推荐，提高直播的互动性和用户的体验感。

二、超高清视频技术产品持续提升用户体验

随着以千兆光网和5G为代表的"双千兆"网络的普及应用，超高清视频得到良好的网络传输保障，用户能够享受更清晰、更流畅的超高

清视频观看体验。4K 高清晰度画面已成为电视主流，网络平台上的 4K 视频内容专区和 4K/8K 电视频道带给用户更具震撼力、感染力的观看体验。以三维声为代表的音频技术的不断进步和创新，使得人们可以享受更加逼真和清晰的声音效果。视频服务更加注重用户交互与个性化功能，根据用户的兴趣和喜好为其推荐更加定制化的视频内容。视音频产品与智能家居、智能汽车等设备实现智能化联动连接，给用户提供更加便捷、沉浸式的视音频体验。超高清视频与 VR/AR 技术的融合创新发展，用户可以在虚拟环境中体验更丰富的视听效果，获得身临其境的体验。

三、超高清视频内容产品更加多元化

超高清视频内容形式不断拓展，从传统的电影、电视剧、综艺、音乐、广播等逐渐延伸出去，涵盖了纪录片、动画片、游戏、漫画、网剧、直播、个人用户创作等领域，内容主题也更加丰富和多样化。超高清视频产品功能向着更加社交化、互动化、个性化的方向发展，除了传统的视频娱乐和新闻报道，越来越多的视频平台正在开发更多元化的功能，如在线教育、电子商务、虚拟现实、在线直播等，从娱乐向教育、商业领域扩展。除了传统的音乐、广播、播客等娱乐性质的应用，音频产品的功能趋向更加多元化，涵盖了语音助手、智能音箱、AI 翻译等多个领域，为人们的生活和工作带来了更多的便利。视频应用更加注重社交功能和分享功能的应用，除了视频观看功能，用户还可以通过社交平台分享自己喜欢的视频内容，与其他用户进行互动和交流。

第十一章

5G 网络及终端

自 2019 年下半年我国发放 5G 牌照正式开启 5G 商用至 2022 年年底，我国 5G 商用已满三年，三年来我国信息通信业实现跨越式增长，5G 新型网络基础设施也成为带动我国数字经济发展的新底座、新引擎。当前，我国正处于 5G 网络规模化部署和 5G 终端应用加快导入的关键时期，加快 5G 终端产业发展、抢占未来数字社会入口已成为产业共识。

第一节　发展情况

一、网络基础设施发展情况

我国已建成全球规模最大的 5G 网络底座。5G 作为新基建之首，正式商用已满三年，是稳投资和稳增长的重要手段。我国适度超前建设"双千兆"网络，坚持以建促用、建用结合，网络覆盖广度和深度持续优化，5G 网络新基建推进保持全球领先水平。在央地联动政策持续驱动下，基础电信运营商统筹布局，推动共建共享，5G 基站规模屡创新高。截至 2022 年 9 月底，我国 5G 基站建设超过 220 万座，已开通 5G 基站占全球 5G 基站总数的 60% 以上，全国所有地级市城区、县城城区及 96% 的乡镇镇区均已实现 5G 网络覆盖，是全球规模最大的 5G 网络。在 5G 新基建覆盖快速完善的同时，5G 用户发展也不断提速。据相关数据统计，我国 5G 登网用户达到第一个"亿"用时 12 个月，突破第四个"亿"仅用时不到 4 个月，截至 2022 年 9 月底，三大运营商 5G 套餐用户总数突破 10 亿户。此外，5G 专网建设持续推进，5G 行业虚拟专网数量已超 10000 个，"5G+工业互联网"行业专网数量超过 2500 个，5G 全连接工厂建设进一步提速。

除宏基站外，小基站成为 5G 网络部署的重要一环。在 5G 宏基站无法完美覆盖的车站、展馆、商场、酒店等室内场景，小基站作为重要的补充解决方案，直接影响 5G 室内网络的质量及应用模式。目前，国内已有数十家企业在 5G 小基站研发、制造等方面展开部署，从技术积累、研发实力、产业链掌控等方面看，5G 小基站主要设备厂商包括京信通信、华为、中国信科、中兴通讯和爱立信等，各大企业凭借芯片研发、产业链和产品线整合能力，加速推动 5G 小基站产业生态完善。

二、5G 终端设备发展情况

5G eMBB、mMTC、URLLC 三大应用能力助推 5G 加速覆盖更多行业，多样性行业应用需求驱动多形态 5G 终端商业丰富度和成熟度持续提高。据 GSA 相关数据统计，截至 2022 年 10 月底，全球已发布 1650 款 5G 终端，同比增长约 48%，类型持续多元化发展。已发布的 5G 终端主要类型有 5G 手机、室内外 CPE、模组、工业/企业路由器、热点、笔记本电脑和平板电脑、车载路由/热点、USB 模块等。其中，超过半数的终端形态为 5G 手机。

2022 年，智能手机市场行情持续低迷，全球 5G 智能手机渗透率持续提升。全球新冠疫情持续等因素致使消费持续疲软，智能手机出货量连续走低，即使在传统消费电子旺季的第三季度，全球手机出货量下滑趋势仍难以逆转，手机出货量同比下降 9%。虽然 5G 手机也难抵出货量下降的大势，但在全球范围内 5G 手机已超越 4G 手机，成为手机市场中的绝对主流。相关数据显示，截至 2022 年第二季度，5G 手机占全球手机出货量的 49.9%，首次超过 4G 手机的 49.7%。从国内市场看，虽然受华为在不可抗力的影响下不得已大幅转向 4G 产品的影响，4G 手机出货量份额略有反弹，但 5G 出货份额仍保持 70%以上的绝对优势。

从 5G 用户渗透率看，5G 的普及速度超过此前多代移动通信技术，据《爱立信移动市场报告》数据，截至 2022 年年底，全球的 5G 用户数已突破 10 亿。我国的 5G 用户数达到 5.61 亿，而三大运营商的 5G 套餐用户数更是突破了 10 亿，整体用户渗透率已达 70%。其中，截至

2023 年 4 月底，中国移动、中国电信和中国联通的 5G 套餐用户数分别为 6.99 亿户、2.87 亿户和 2.27 亿户，与 2022 年年底相比，5G 套餐用户渗透率持续提升。

第二节 发展特点

一、5G 产业呈多技术融合发展趋势

5G 终端成为大数据、云计算、AI、智能传感、新型显示、虚拟现实等技术的集大成者，呈现出网联化、智能化、泛交互和重安全等特点。5G 技术与大数据、人工智能、云计算、区块链等技术深入融合，进一步推动人与人、人与物、物与物、物与信息的互联互通，成为终端网联化的基础支撑。2022 年 6 月，5G R17 标准宣布冻结，其引入 RedCap 终端、卫星通信等新技术新特性，为低功耗物联网终端、可穿戴设备等创新预留了发展空间，为空天地一体化立体通信网络构建提供了支撑。在 5G 消费端，虚拟现实、超高清视频、智能可穿戴等终端设备的技术迭代和应用发展不断加速，给用户带来消费体验升级；在 5G 行业端，V2X 车联网、工业互联网等持续为行业数字化赋能。2022 年，阿里巴巴达摩院 XG 实验室推出"云化 5G 专网+VR"解决方案，为虚拟现实规模化落地提供了新选择。

在人工智能、物联网、模式识别等技术的创新带动下，5G 终端智能化水平飞速提升，成为万物智联的重要载体，同时为更好地满足 5G 多样化场景需求，智能化也成为终端制造商和网络运营商转型升级的关键。作为高速度、高带宽、低时延的数字底座，5G 技术的发展使虚拟世界与现实不断交融，伴随智能传感技术广泛应用，催生出"VR+教育"、"VR+CG 全景展示"、数字孪生工厂智能机器人等新型终端应用，以视觉、听觉、触觉等多种直观自然的实时感知交互手段改变人们的工作、娱乐及生活方式，5G 终端泛交互的特性越发显现。在多技术融合趋势下，网联、智能、交互等特性为 5G 终端带来新的隐私泄露隐患。例如，泛在的信息媒介在精准化服务的同时也在获取受众的个人信息，消费者安全意识、行业风险意识的提升也要求 5G 终端高度注重安全。

二、5G 终端类型多样化水平与商用比例持续提高

随着 5G 商用演进，终端外延持续扩展，终端类型更为多样化。除了智能手机、室内外 CPE、网关等传统终端类型，机器人、车载路由器、工业相机、无人机、AGV 等终端形态层出不穷。常见的消费类终端包括智能手机、AR/VR 终端、智能车载终端、智能家居终端、可穿戴设备等；行业终端包括工地手持终端、工厂生产线终端、物流智能搬运终端、医疗终端、警务终端等。其中，行业终端由于专业化需要，对 5G 终端性能、可靠性等要求更高，需要针对特定场景定制化研制。

据 GSA 相关数据统计，截至 2022 年 10 月底，全球已发布的 1650 款 5G 终端中，超过半数的终端形态为 5G 手机。自 2020 年下半年全球 5G 终端商用比例超过 50%以来，终端产业商用成熟度持续提升，面向消费、行业等应用场景的终端类型持续丰富，截至 2022 年 10 月底商用比例已超过 78%。

三、5G 应用越来越趋向细分化发展

终端作为应用的关键平台和控制中心，始终是移动互联网时代电子信息产业的核心载体。5G 终端跟随技术迭代升级，形态功能向消费者个性化需求和行业级应用两大方向发展，加速从单纯的通信终端向信息化应用载体演变。我国软硬件、装备、平台、应用等多维度 5G 生态体系逐渐成形，特别是终端应用越来越趋向细分化，推动整个生态体系广开枝叶、蓬勃发展。2022 年，我国继续深入实施 5G 应用"扬帆"行动计划，"5G+工业互联网""5G+医疗健康""5G+智慧教育""5G+农业""5G+文旅"等融合应用不断深化和拓展，一大批个人应用的新型智能终端和 App 面市，进一步提升了用户的 5G 体验。

一方面，围绕消费者个性化需求的各色终端产品推陈出新速度不断加快，特别是视、听等消费领域大量个性化应用场景给新型穿戴设备带来创新灵感。AR/VR、卫星通信、超高清摄像等功能已经在家庭、个人等场景中得到商用。另一方面，5G 赋能垂直行业转型升级的能力不断增强，随着工业、医疗、教育、交通等细分行业丰富的应用场景需求进一步释放，行业类终端应用逐渐进入规模化迁移复制的繁荣状态。在

2022 年北京冬奥会和北京冬残奥会中，"5G+智慧体育""5G+融媒体直播""5G+医疗保障和医疗救援"等应用大规模商用。例如，"5G+混合现实"的智慧雪场、精准矫正运动员姿势的"5G+8K 超高清视频+人工智能"技术、让受伤运动员"上车即入院"的"5G 智慧急救"、帮助记者实现边采访边直播边推流的"5G+云直（转）播背包"等。

第十二章

人工智能

第一节　发展情况

一、产业规模

人工智能成为经济社会快速发展新引擎。当前，新一代人工智能相关学科发展、理论建模、技术创新、软硬件升级等整体推进，以创新、融合、智能为显著特征的科技和产业革命持续升温，引发链式突破，逐步成为经济发展的新引擎。作为新一轮产业变革的核心驱动力，人工智能正逐步扩大科技、产业变革积蓄的巨大能量，成为全球瞩目的焦点。根据 IDC 数据，包括软件、硬件和服务在内的人工智能市场全球营收额预计在 2022—2026 年实现 18.6%的年复合增长率，2023 年将突破5000 亿美元，到 2026 年达到 9000 亿美元，其中人工智能软件将占据80%以上的市场份额，软件主导地位持续巩固。近年来，我国人工智能产业在技术创新、产业生态、融合应用等方面取得积极进展，已进入全球第一梯队。2022 年，我国人工智能核心产业规模达到 5080 亿元，同比增长 18%。

人工智能成为大国竞争博弈的战略焦点。人工智能是引领未来的战略性技术，世界主要发达国家把发展人工智能作为提升国家竞争力、维护国家安全的重大战略，加紧出台规划和政策，围绕核心技术、顶尖人才、标准规范等强化部署，力图在新一轮国际科技竞争中掌握主导权。美国相继发布多份人工智能国家战略，在统筹建设和共享人工智能研基础设施和资源的同时，加大对 AI 安全风险的治理力度和对 AI 行业竞争秩序的维护，以强化自身在 AI 领域的霸主地位。二十届中央财经委员会第一次会议强调，要把握人工智能等新科技革命浪潮。当前，我国国际竞争形势和国家安全形势更加复杂，必须放眼全球，把人工智能发展放在国家战略层面系统布局、主动谋划，牢牢把握人工智能发展新阶段国际竞争的战略主动，打造竞争新优势、开拓发展新空间，有效保障国家安全。

人工智能推动社会生产力加速变革跃升。人工智能逐步重构生产、分配、交换、消费等经济活动各环节，形成从宏观到微观各领域的智能化新需求，催生新技术、新产品、新产业、新业态、新模式，引发经济结构重大变革，深刻改变人类生产生活方式和思维模式，实现社会生产力的整体跃升。当前，我国经济进入新常态，深化供给侧结构性改革与扩大内需融合的改革任务非常艰巨，应积极应对人工智能发展浪潮，加强顶层设计，加快人工智能深度应用，不断提升信息化、智能化公共服务水平，推动我国人工智能产业健康有序发展。

二、市场结构

人工智能产业链包括基础层、技术层和应用层。其中，基础层是人工智能产业的基础，主要包括 AI 芯片等硬件设施及云计算等服务平台的基础设施、数据资源，为人工智能提供数据服务和算力支撑；技术层是人工智能产业的核心，以模拟人的智能相关特征为出发点，构建技术路径；应用层是人工智能产业的延伸，集成一类或多类人工智能基础应用技术，面向特定应用场景需求而形成软硬件产品或解决方案。

算力方面。随着人工智能的快速发展，算力的提升也被加速推动。人工智能高度依赖计算、存储、网络等相关基础设施，随着数据不断增长和算法复杂度的提高，将对计算能力供给提出更高要求。在科技兴国政策驱动下，人工智能在提升我国核心竞争力的重要支撑作用得以确立。结合新基建、数字经济等利好政策，我国人工智能市场稳中有进，凸显技术在数字经济时代中的力量。据 IDC 预计，到 2025 年人工智能芯片市场规模将达 726 亿美元。人工智能芯片搭载率将持续增高，目前每台人工智能服务器上普遍多配置 2 个 GPU，未来一至两年，GPU、

ASIC 和 FPGA 的搭载率均会上升。2022 年，加速服务器市场规模达到 67 亿美元，同比增长 24%。其中 GPU 加速服务器依然占主导地位，占据 89% 的市场份额，达到 60 亿美元。同时 NPU、ASIC 和 FPGA 等非 GPU 加速服务器以同比 12% 的增速占有了 11% 的市场份额，达到 7 亿美元。算力建设方面，根据 IDC 发布的《2021 年第四季度中国服务器市场季度跟踪报告》及 CPU 双精度（FP64）运算能力数据，测算了我国通用算力规模。2021 年，我国通用算力规模达 47.7EFLOPS，预计到 2026 年通用算力规模将达到 111.3EFLOPS。2022 年，我国的智能算力规模达到 268.0EFLOPS，超过通用算力规模。预计到 2026 年，智能算力规模将进入 ZFLOPS 级别，达到 1271.4EFLOPS。2021—2026 年期间，预计我国智能算力规模年复合增长率达 52.3%，同期通用算力规模年复合增长率为 18.5%。

算法方面。深度学习是人工智能算法模型的主流方向。2006 年深度学习算法的提出使 AI 进入新发展阶段，其通过卷积的方式，取代了机器学习中特征提取环节。近年来，AI 应用的繁荣来源于 AI 算法持续突破创新，而且在大数据、大算力的支持下发挥出较大的威力。深度学习典型算法包括卷积神经网络（CNN）、递归神经网络（RNN）、前馈神经网络（FNN）、生成对抗网络（GAN）等。2017 年谷歌提出 Transformer 算法，此后 Transformer 广泛应用于自然语言处理，并逐步扩展至计算机视觉等领域，OpenAI 的 ChatGPT 也是以此为基础构建的。未来，我国 AI 算法领域将重点聚焦行业应用，发挥我国行业应用领域量大面广的优势，通过专用 AI 应用算法实现企业降本增效。

数据方面。数据资源化趋势逐步凸显，全球数据量实现指数级增长。深度学习算法是推动人工智能技术突破性发展的关键技术理论，大量完整、高质量的训练数据的支撑是深度学习算法高效可靠的基础。根据 Dimensional Research 的全球调研报告，72% 的受访者认为至少使用超过 10 万条训练数据进行模型训练，才能保证模型的有效性和可靠性。预计到 2035 年，全球数据量将达到 2142ZB，是 2020 年全球数据量的 45～46 倍。随着人们对人工智能算法识别准确的要求更上一个台阶，具有更高精准度的数据也将成为训练阶段的主流需求。

三、创新进展

云边端算力协同融合，有望满足不同应用需求并提升算力效率。云端具有海量数据处理与计算能力，可以承载云端训练和推理的任务；将算力从云端向边缘侧扩展，支持在网络边缘执行深度学习、强化学习等人工智能算法，避免计算任务从网络边缘传输到云中心的超长网络传输延迟，可以满足高实时性应用的需求；通过算力前置实现终端分布式算力与云端中心算力的动态平衡，可以大幅提升算力效率。

AI 芯片市场规模随 AI 算力需求爆发浪潮快速攀升，GPU 仍占主导地位，NPU 将实现快速成长。AI 芯片主要包括 GPU、NPU、FPGA、ASIC 等，根据 IDC 数据，2021 年中国人工智能芯片中，GPU 依然是实现云端数据中心加速的首选，占据 89%的市场份额。GPU 多用于图形图像处理、复杂的数学计算等场景，可较好地支持高度并行的工作负载，常用于云端的 AI 模型训练，也可应用于边缘端和终端的推理工作负载；NPU 占据 9.6%的市场份额，但增速较快，其设计逻辑更为简单，常用于云端、边缘端和终端的模型推理，并生成结果，在处理推理工作负载时，能显著地节约功耗；而 ASIC 和 FPGA 占比较小，市场份额分别为 1%和 0.4%。

AI 技术的应用已经从最初的数据分析突破到创意性内容生成，优秀的内容生成能力引发了大范围的关注。Chat GPT、Midjourney 等 AIGC 类应用产品的快速迭代和更新表明了 AIGC 的发展已经步入快车道并正在为内容创作领域带来深刻的变革。随着算法、模型、算力的持续优化，未来 AIGC 将实现更加高质量的内容产出，当前技术成熟度相对欠缺的长文本生成、视频生成及横跨更多模态的多模态生成等领域也将被逐一突破、解决，进一步扩大 AIGC 技术的应用范围和普及率。短期来看，在目前的 AIGC 的应用场景中，游戏行业市场规模大、商业化成熟度高，所涉及的代码、绘图、音乐、策划、测试等多个内容创作环节均能够与 AI 技术进行比较好的融合，将率先成为 AIGC 技术的核心应用场景之一。AI 技术也为游戏产业带来了更多的产品附加值，通过与前沿科技的相互融合共同发展，为游戏产业不断注入创新发展的动力。

第二节　发展特点

一、人工智能三大核心要素质量螺旋式上升推动生成式 AI 快速迭代发展

数据是 AI 算法的养料。AI 算法是数据驱动型算法，需要通过数据训练不断完善，而数据标注是大部分 AI 算法得以有效运行的关键环节，是 AI 的上游基础产业，以人工标注为主，机器标注为辅。最常见的数据标注类型有五种：属性标注、框选标注、轮廓标注、描点标注、其他标注。算法是 AI 的背后"推手"。主流 AI 算法主要分为机器学习算法和神经网络算法，目前神经网络算法因为深度学习的快速发展而取得巨大进展，并在数据和大算力的支持下发挥了巨大实效。算力是算法和数据应用的基础。AI 算法模型背后潜藏着巨大的算力需求，据 OpenAI 测算，自 2012 年开始，全球 AI 训练所用的计算量呈指数增长，平均每 3.43 个月便会翻一倍，目前计算量已扩大 30 万倍，远超算力增长速度。当前，算力基础设施建设和单机计算能力的快速提升推动算力供给能力实现大幅提升，伴随标签、结构化的高质量数据的指数级增长，以及算法层面大模型的应用需求，人工智能三要素在质量螺旋式上升的过程中与应用场景结合衍生出文字自然语义识别、图像识别等多项爆款生成式 AI 应用。未来，算力将保持指数级跃升趋势，算法面向不同行业应用场景持续演进升级，数据标签化趋势稳步实现质量提升，模型与行业需求交错融合加速迭代，应用场景持续扩展。

二、AIGC 在文本、图像、代码等领域发展较快，已开展多项商业化落地探索

文本生成方面，AIGC 目前可以较好地完成新闻播报等结构化写作、润色相关内容。图像/视频内容生成方面，随着算法模型不断迭代，AI 作画水平不断提升，随机生成或根据指定要求生成营销类海报等功能发展接近成熟。代码生成方面，AIGC 技术具备机器逻辑编译能力，减少翻译流程，提升软件研发的效率和代码质量，实现代码编写、代码搜索、代码检测、代码修复等功能。此外，AIGC 作为新型生产力工具，通过

智能聊天机器人、智能编程机器人、数字人等的快速发展与办公等传统应用场景创新融合，以高效率、高度智能化的方式满足用户的不同内容需求，助力国防、科研、生物、材料等大算力需求场景技术突破。

三、强人工智能的诞生仍尚需时日

强人工智能也称通用人工智能（Artificial General Intelligence，AGI），强人工智能通常把人工智能和意识、感性、知识和自觉等人类的特征互相联结，具备执行智慧行为的能力，表现出与人类同等或更高水平的智能，拥有自主意识甚至情感。尽管深度学习、自然语言处理、计算机视觉等强大的人工智能技术已得到广泛应用，但在对人类智能的深入理解、对人类语言和情感的理解、对自我意识的理解，以及如何避免人工智能的安全风险等方面距离真正的强人工智能还面临诸多挑战和难题，需要不断的技术进步和理论突破。

第十三章

汽车电子

第一节　发展情况

一、我国汽车电子市场保持稳增长

2022 年，虽然受新冠疫情反复影响，我国汽车销量增速有所放缓，但是智能化、电动化势头强劲，新能源汽车渗透率、L2 级辅助驾驶渗透率均保持较快增速。据相关数据，2022 年我国新能源汽车持续爆发式增长，产销量分别为 705.8 万辆和 688.7 万辆，同比增长 96.9%和 93.4%，市场占有率达到 25.6%，比 2021 年提高了 12.1 个百分点；我国智能驾驶自主品牌 ADAS 渗透率首度超过 30%，预计到 2025 年 L2 级辅助驾驶渗透率有望超过 50%。与此同时，国家和地方层面政策密集出台，引领汽车电子产业蓬勃发展。2022 年，工业和信息化部先后出台《车联网网络安全和数据安全标准体系建设指南》《关于加强汽车产业链供应链畅通协调平台管理的通知》等文件，提出加快建立健全车联网网络安全和数据安全保障体系，加强汽车芯片和上游原材料保供稳价，保障产业链供应链畅通稳定，为汽车电子行业发展提供保障；辽宁省发布《辽宁省推进"一圈一带两区"区域协调发展三年行动方案》，提出要做大做强汽车及零部件等优势产业和新能源汽车全产业链，发展整车制造产业；河北省在《河北省数字经济促进条例》中提出要重点推动汽车电子及产品等新一代信息技术产业发展；黑龙江省在"十四五"数字经济发展规划中提出大力发展汽车电子制造业，布局建设汽车电子、汽车传感器等设计研发生产基地。伴随着汽车"四化"加速和政策不断驱动，我国汽车电子市场规模也呈现出稳定增长态势。根据中国汽车工业协会数据，2022 年我国汽车电子市场规模达到 9783 亿元，2017—2022 年五年年复合增长率为 13.29%，增速高于全球年均增速（6.7%）。

二、汽车电子国产化替代进行时

汽车电子产业链上游主要由各类汽车电子零部件及元器件厂商主导，包括传感器、处理器、显示屏、动力电池等；中游主要由系统集成商构成，针对上游零部件及元器件进行整合，包括车辆联网系统、车辆控制系统、安全舒适系统、辅助驾驶系统等；下游以整车厂商为主，在产业链中拥有较高的议价权。我国汽车电子产业由于起步较晚，核心技术累积薄弱，技术标准相对落后，产品缺乏竞争力，长期以来国产厂商只能集中在中低端市场，中高端市场主要由博世、大陆、电装、德尔福、莫比斯和法雷奥等一批跨国公司所主导，占据了我国一半以上市场。然而，随着本土汽车电子产业技术不断成熟和国家政策的积极引导，我国头部厂商不断打破技术壁垒，成功进入国内外主要主机厂供应链体系，汽车电子领域国产化迎来进行时。数据显示，2022 年我国在激光雷达、通信模组、中控屏等领域的国产化水平较高，已超过 50%。在 ADAS、车载摄像头、连接器与线束、HUD 等领域，国产供应商市场份额持续提升。具体来看，车载摄像头领域，虽然仍由博世、电装、采埃孚三家传统汽车 Tier-1 厂商主导，但随着舜宇、联创等手机摄像头领先厂商积极布局车载产品，车载摄像头领域竞争格局或将出现松动，市场集中度有望下降，国产化率有望提升；高速连接器领域，罗森伯格、TE、安费诺、APTIV 等国外厂商稳居全球第一梯队，国内厂商有电连技术、意华股份、立讯精密、徕木电子等正加速追赶以缩小差距，随着下游本土厂商的崛起，国内厂商凭借原材料和物流等成本优势获得更多市场，从而加速推进连接器的国产化替代和本土化生产。

三、汽车智能化步伐已势不可挡

2022 年，智能驾驶、智能座舱、智能网联三大领域渗透率不断提升，汽车智能化趋势已势不可挡。数据显示，智能驾驶领域，2022 年 L2 级及以上智能网联汽车渗透率为 29.4%，比 2021 年提高了 5.9 个百分点。其中，感知层的前视摄像头、前向毫米波雷达的渗透率从 1 月的 38.7%、36.6%提升至 12 月的 48.2%、45.7%；自动驾驶域控制器渗透率从 1 月的 3.1%提升至 12 月的 6.7%。智能座舱领域，2022 年我国乘用车智能座舱前装标配搭载交付 795.05 万辆，同比增长 40.59%，前装搭载率为 39.89%。与此同时，域控制器、HUD 等细分市场渗透率持续走高。2022 年座舱域控制器搭载交付 172.65 万辆，前装搭载率达到 8.66%，占智能座舱交付量的 21.72%，其中 30 万～35 万元价格区间的乘用车座舱域控制器渗透率高达 34%，较 2020 年的 5%提升了近 30 个百分点；2022 年 HUD 渗透率从 1 月的 6.5%提升至 12 月的 9.3%，预计 2023 年上半年将突破 10%关口，其中 AR HUD 呈现高速增长态势，2022 年前装标配搭载交付 10.96 万辆，同比增长 115.75%。智能网联领域，我国乘用车联网前装标配搭载量从 2018 年的不到 400 万辆增长至 2022 年的 1300 多万辆，渗透率提升了近 50 个百分点，高达 70%；作为车联网的核心硬件 T-Box，其渗透率从 1 月的 60.4%提升至 12 月的 62.9%，联友智连 T-Box 连续 3 年获得市场份额国产品牌第一，持续领跑市场；2022 年第一季度比亚迪新车 OTA 渗透率已提升至 97.7%。

第二节　发展特点

一、汽车电子占整车成本比重不断走高

随着汽车电动化、网联化、智能化持续渗透，汽车电子在自动驾驶、智能座舱等场景中的应用不断拓展，越来越多的控制功能被引入，汽车电子占整车总成本的比重日益提高，尤其是中高端车型与新能源汽车中汽车电子的成本占比更高。数据显示，目前我国低档乘用车中汽车电子占整车总成本的比重约为 15%，中高档车型为 28%，混合动力车为 47%，纯电动车则高达 65%。一方面，在环保需求日益提升和新能源汽车购置税优惠政策的双重推动下，我国汽车市场逐渐转向中高档车型、混合动力车型及纯电动车型，单车电子零部件成本占比相较传统汽车至少翻

倍，助推汽车电子成本不断走高；另一方面，随着汽车智能化趋势不断加速，域控制器、ADAS、HUD、T-Box 等各类高端软硬件配置加速向低端车渗透，带动汽车电子成本的进一步提升。此外，高性能芯片、人工智能、移动互联网、大数据等技术加速迭代演进也将带动汽车电子领域的技术不断研发升级，进而推动相关设备和系统的价值量不断提升，在整车制造成本中占比不断增加。根据预测，到 2025 年，所有乘用车中汽车电子成本在整车成本中占比有望达到 60%，比 2020 年汽车电子比重的 34.32% 提高了近 26 个百分点。

二、汽车存储芯片成为潜在增长最快的市场之一

当前，随着汽车智能化、网联化加速渗透，汽车行业对存储芯片的需求大幅提升。一方面，随着自动驾驶水平逐步向高阶升级，高精度地图、数据、算法需要更多的摄像头、雷达、热成像设备等各类传感器支持，也对汽车存储芯片的数据处理速度、数据存储量及稳定性提出更高的要求。另一方面，智能座舱的加速渗透带动座舱域控制器、中控屏、液晶仪表盘、HUD 和流媒体后视镜等各类单品的加速普及，催生了大量存储需求。随着汽车存储芯片成为存储行业新的增长方向，预计 2023 年我国汽车存储芯片市场规模将大幅增长至 15 亿美元。从产品类型看，汽车存储芯片包括 DRAM、SRAM、EEPROM、NAND Flash、NOR Flash、FRAM 等，根据应用场景不同，高容量低成本 DRAM 主要应用于车载信息娱乐系统、ADAS、车载信息系统和数字仪表盘；高性能 NAND Flash 主要应用于 ADAS、IVI 系统、汽车中控等；高密度 NOR Flash 主要应用于自动紧急刹车系统、轮胎气压监测系统、道路偏移警示系统等高级驾驶辅助系统；EEPROM 产品可应用于车身控制模块、驾驶辅助系统及车联网系统等。预计到 2025 年，单车需要的 NAND Flash 容量将上升至 2TB。随着 DRAM、NAND Flash、NOR Flash 等存储芯片成为行业关注热点，国产企业正加速推动车用存储芯片的研发和应用。目前兆易创新在 NOR Flash、NAND Flash 上均推出了全系列的车规产品，累计出货量已超过 1 亿颗；北京君正旗下北京矽成（ISSI）已具备成熟的车规级芯片研发平台，旗下上海芯楷目前已有 NOR Flash 产品实现量产；复旦微电子的 EEPROM 车规产品已通过 AEC-Q100 Grade 1 车规级验证。

三、汽车元宇宙开启智能座舱新入口

伴随汽车进入智能化时代,智能座舱、智能互联、智能驾驶成为各大车企的关注重点,不同于自动驾驶极高的技术门槛,智能座舱作为整车中人机交互的窗口,是车企差异化竞争的最好切入点。然而随着我国乘用车市场智能座舱搭载率逐步攀高,目前屏幕交互、语音交互和手势交互等模式逐渐出现同质化竞争现象,尤其语音交互几乎成为主流汽车品牌智能座舱的标配,车企开始探索新的差异化卖点。随着元宇宙概念持续火爆,AR/VR 等成为新能源车企探索的新方向。2022 年,蔚来发布了业界首款原生车载 AR 眼镜;理想汽车与 AR 眼镜厂家雷鸟科技合作研发 AR 眼镜作为理想 L9 的官方配件;广汽集团跨界联合宸境科技、爱奇艺共同开发智能座舱元宇宙"ADiGO PARK",VR 头显设备双眼显示分辨率达到 5K 级别;2023 年,Unity 中国发布了汽车智能座舱解决方案 3.0,蔚来、小鹏汽车、理想汽车等造车新势力均已使用 Unity 进行智能座舱的设计开发,并在理想 L9、小鹏 G9 等多款车型上实现了量产;奥迪在 CES 2023 上展示了车载 VR 体验"Experience rides"。此外,作为 AR 交互技术中最为成熟的产品,AR-HUD 已在众多车企的智能座舱中批量化落地,其中包括奔驰 S 级轿车、大众 ID 系列、红旗 E-HS9、长城 WEY 摩卡等。数据显示,2022 年 1—11 月,我国乘用车 AR-HUD 前装标配搭载量达到 9.42 万台,同比增长 117.05%,处于高速增长阶段;其中装配的车型主要集中在 15 万~25 万元价格区间,约占 62.7%的市场份额,是我国乘用车的主要走量区间。预计到 2023 年,AR-HUD 占全部 HUD 前装标配搭载量的比重有望上升至 20%,成为智能座舱最重要的交互窗口。

第十四章

锂离子电池

第一节　发展情况

一、产业规模

据工业和信息化部数据，2022 年，我国锂离子电池行业坚持供给侧结构性改革，加快技术创新和转型升级发展，不断提升先进产品供给能力，总体保持快速增长态势。

一是产量持续快速增长，产业规模不断扩大。根据行业规范公告企业信息及研究机构测算，2022 年全国锂离子电池产量达 750GWh，同比增长超过 130%，其中储能型锂电产量突破 100GWh；正极材料、负极材料、隔膜、电解液等锂电一阶材料产量分别约为 185 万吨、140 万吨、130 亿平方米、85 万吨，同比增长均达 60% 以上。产业规模进一步扩大，如图 14-1 所示，行业总产值突破 1.2 万亿元。

二是行业应用加速拓展，助推双碳进程加快。2022 年，锂离子电池在新能源汽车领域以及风光储能、通信储能、家用储能等储能领域加快兴起并迎来增长窗口期，2022 年全国新能源汽车动力电池装车量约 295GWh，储能锂电累计装机增速超过 130%。2022 年全国锂电出口总额达 3426.5 亿元，同比增长 86.7%，为新能源高效开发利用和全球经济社会绿色低碳转型做出积极贡献。

三是技术进步加快步伐，先进产品层出不穷。骨干企业围绕高效系统集成、超大容量电芯等方向加快布局，先进电池产品系统能量密度超过 250Wh/kg；柔性、耐低温、防水的新型电池产品在冬奥装备上成功应用；新一代信息技术与新型储能产品进一步融合，智能液冷技术等显著增强储能系统热管理水平，降低系统安全隐患。

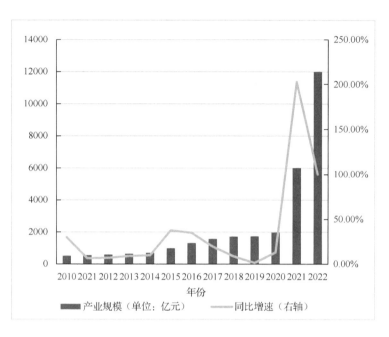

图 14-1 2010—2022 年我国锂离子电池产业规模和同比增速
（数据来源：赛迪智库整理，2023 年 5 月）

四是行业投资热情高涨，全链加强协同合作。据不完全统计，2022年仅电芯环节规划项目就达 40 余个，规划总产能超 1.2TWh，规划投资4300 亿元。上游产品价格高位震荡，锂电二阶材料价格反复冲高回落，电池级碳酸锂、电池级氢氧化锂（微粉级）在 2022 年均价分别达 48.1万元/吨、46.4 万元/吨。锂电企业通过投资参股、签订长单、联合攻关等多种形式，加强产业链上下游合作。

如图 14-2 所示，2022 年我国锂离子电池累计产量为 199.2 亿只，同比下降 0.65%。

锂离子电池进出口贸易额增速分化，贸易顺差继续保持高速增长，如图 14-3 所示。一是出口量额齐升，海关总署数据显示，2022 年我国锂离子电池出口 37.7 亿只，同比增长 10.2%，持续增长势头得以保持；出口金额为 509.25 亿美元，同比增长 79.1%，延续高速增长态势；出口平均单价继续提升，达到 13.5 美元/只，较 2021 年的 8.3 美元/只提高了 62.7%。二是进口量额均出现小幅下降，海关总署数据显示，2022年我国锂离子电池进口 11.1 亿只，同比下降 27.9%；进口金额为 29.8亿美元，同比下降 22.6%；平均进口单价基本稳定在 2.6 美元/只。2022年，我国锂离子电池贸易顺差进一步扩大至 479.45 亿美元，较 2021 年的 245.8 亿美元增长 95.1%，增速继续保持高位。

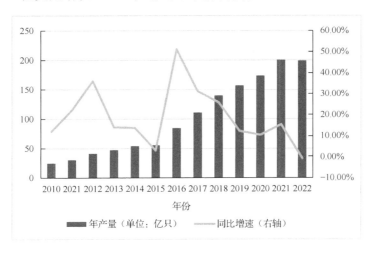

图 14-2　2010—2022 年我国锂离子电池年产量和同比增速
（数据来源：国家统计局，2023 年 5 月）

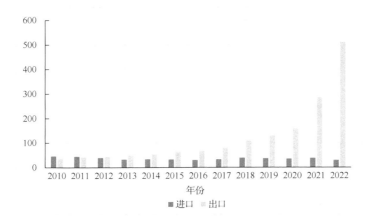

图 14-3　2010—2022 年我国锂离子电池进出口贸易额（单位：亿美元）
（数据来源：海关总署，2023 年 5 月）

二、产业结构

2022 年，全球锂电池行业出货量达到 957.7GWh，同比增长 70.3%，离 1TWh 仅一步之遥。出货结构方面，2022 年全球汽车动力电池出货量为 684.2GWh，同比增长 84.4%；储能电池出货量 159.3GWh，同比增长 140.3%；小型电池出货量 114.2GWh，同比下滑 8.8%。2022 年，中国企业得益于汽车动力电池（EV LIB）和储能电池（ESS LIB）出货量的大幅增长，总体锂电池出货量的全球占比进一步提升，已达 69%。

第二节 发展特点

一、锂资源储量不足成为牵制我国锂电行业发展的主要因素

我国锂资源储量有限，主要依赖海外进口，受海外牵制较大。全球锂矿高度集中于智利、澳大利亚和阿根廷等国家。上述国家锂资源储量占全球已探明总储量的 72%，而我国仅占 7%，加之开采难度大、成本高、下游需求大，我国锂资源供应对进口依赖度较高。目前，国内企业的海外锂矿投资频频受限，而且近年全球锂资源探明量增速放缓，不利于我国锂资源供应链稳定。我国锂资源储量不足以匹配我国锂离子电池产业的全球第一地位。在碳酸锂价格居高不下的背景下，锂离子电池产业链的利润更多地留在上游锂矿端，造成下游电池厂面临较大的成本压力，这在一定程度上不利于产业快速健康发展。

二、方形电池继续主导国内市场，磷酸铁锂电池市占率有望进一步提升

从封装工艺看，方形电池继续主导国内市场。2022 年，方形电池占据 93.2% 的市场份额，圆柱电池和软包电池占比呈现被挤压状态。虽然中创新航、蜂巢能源等多家企业已推出大圆柱电池产品，但未来短期内方形电池仍将占据市场绝对主导地位。从产品结构看，磷酸铁锂电池市占率有望进一步提升。2019—2022 年，随着政策补贴力度下降，磷

酸铁锂动力电池在成本方面的优势逐渐显现，外加在安全、循环寿命方面的优势，以及车载续航里程随着刀片、CTP 等结构创新而能满足 600 千米续航要求，装机量快速上升，市场占比快速提升，2021 年实现对三元电池装机量的反超，2023 年第一季度占动力电池装机量的 68.2%。

三、一超多强态势依旧，二线厂商正快速崛起

新能源汽车产量井喷式增长使得动力锂电池行业上下游的众多企业纷纷受益，并助推龙头企业逐渐建立优势。截至 2022 年年底，宁德时代已投产电芯产能达 307GWh，按其规划，到 2025 年年电芯产能将达 670GWh，主要生产基地有福建宁德、江苏溧阳、青海西宁、广东肇庆、四川成都/宜宾，此外，福建厦门、贵州贵安新区、江西宜春的生产线也在建设中。弗迪电池（比亚迪旗下子公司）已投产电芯产能达 200GWh，按其规划，到 2025 年电芯产能将达 600GWh。截至 2022 年年底，中创新航已投产电芯产能达 89GWh，按其规划，到 2025 年电芯产能将达 500GWh，主要生产基地有江苏金坛、福建厦门、湖北武汉、四川成都、安徽合肥，此外还有广东江门、四川彭山在建项目，以及广东广州、黑龙江等规划项目。国轩高科已投产电芯产能达 67GWh，按其规划，到 2025 年国内电芯产能将达 200GWh，海外生产基地产能将达 100GWh，国内主要生产基地有安徽合肥/桐城/庐江、江苏南京、山东青岛、江西宜春，此外还有河北唐山、广西柳州，安徽滁州等在建项目。LG 新能源中国生产基地位于江苏南京，包括南京经济技术开发区、南京江宁滨江经济开发区。锂电池产品包括储能、动力、3C。截至 2022 年年底，LG 新能源已投产电芯产能达 63GWh，按其规划，到 2025 年中国生产基地电芯产能将达 110GWh。亿纬锂能已投产电芯产能达 49GWh，按其规划，到 2025 年国内电芯产能将达 300GWh，主要生产基地有广东惠州、湖北荆门、江苏启东，此外还有青海格尔木、四川成都、辽宁沈阳等在建项目及规划项目。蜂巢能源已投产电芯产能达 40GWh，按其规划，到 2025 年国内电芯产能将达 250GWh，主要生产基地有江苏金坛/盐城/南京、四川遂宁、江西上饶、安徽马鞍山，此外还有浙江湖州、四川成都等在建项目及规划项目。欣旺达已投产电芯产能达 30GWh，按其规划，到 2025 年国内电芯产能将达 150GWh，主要

生产基地有广东深圳、山东枣庄，此外还有江西南昌、浙江义乌等在建项目。瑞浦兰钧已投产电芯产能达 26GWh，按其规划，到 2025 年国内电芯产能将达 180GWh，主要生产基地有浙江温州，此外还有广西柳州、浙江嘉善、广东佛山等在建项目及规划项目。孚能科技已投产电芯产能达 21.8GWh，按其规划，到 2025 年国内电芯产能将达 130GWh，主要生产基地有江西赣州、江苏盐城，此外云南安宁、安徽芜湖等项目也在建设中。按照 TOP 10 企业规划，到 2025 年这 10 家企业国内锂电池总产能将达到 3090GWh，较 2022 年增长近 250%，年均增长率高达 51%。

第十五章

智能传感器

　　智能传感器是一种检测设备，它集合了传感器与智能处理功能，能够感知、采集和处理周围环境的各种数据，通过内部的电子信息处理单元进行分析和决策，以满足信息的传输、处理、控制和响应等要求。智能传感器的主要组成部分有传感器、处理单元、存储器、通信接口和电源。在现代科技生活中，智能传感器正扮演着越来越重要的角色：数据采集和感知、数据处理和分析、实时监控和控制、环境适应和优化以及数据通信和互联。智能传感器的核心目标是将物理世界和数字世界连接在一起，并提供智能化的数据采集、处理和控制能力。当前，智能传感器已经广泛应用于各个领域，如工业自动化、智能制造、物联网等，为实现高效化、自动化和智能化的应用提供关键的数据支持和决策能力。

第一节　发展情况

一、产业规模

　　近年来，随着全球物联网的高速发展、科技市场规模的快速增长，传感器已经成为全球进入物联网、智能网联时代的重要基础部分。从全球传感器的生产模式及产量结构模型来看，当前主要的产能集中在美国、德国、日本和中国，合计占全球总产量的75%以上，其中中国约占10%。但是，由于智能传感器的相关研究起步较晚，中国90%以上的中高端智能传感器仍需依赖国外进口。数据显示，中国传感器市场规模近年来正以约 10% 的速度增加：2020 年市场规模达 2510 亿元，2021 年达 2952 亿元，2022 年增至约 3150 亿元。整个传感器市场规模的逐年增长势头为智能传感器的发展奠定了牢固的基础。2023 年，中国智能传感器市场规模将预计超过 200 亿美元。

二、主要应用领域

智能传感器产品的主要应用领域为工业自动化、智能家居、健康监测、智能交通及环境监测等行业或领域。工业自动化方面，智能传感器广泛应用于工业自动化系统，用于监测和控制各种工艺参数，如温度、压力、湿度、流量等。它们能够实时收集数据并与自动控制系统进行通信，从而实现生产过程的优化和监控。智能家居方面，温湿度传感器、光传感器可以检测房间的温度、光照强度、湿度等环境参数，并与智能家居控制中心或手机应用程序进行通信，实现自动化的温控、照明和安防等功能。健康监测方面，生物传感器可以监测用户的心率、睡眠质量等生理指标，并通过移动应用程序提供实时的健康数据和建议。智能交通方面，加速度传感器可以监测道路上的车辆数量和流量，从而优化交通信号控制和交通流动性。环境监测方面，气体传感器可以用于监测和评估环境质量，为环境保护和监测提供关键数据。

三、主要类别

按照制造技术的不同，智能传感器可以分为 MEMS（微电子机械系统）传感器、光学传感器、无线传感器、生物传感器、振动传感器五大类。其中应用最广泛的是 MEMS 传感器。MEMS 传感器利用微小的机械结构来感知和测量环境参数，如加速度、压力、湿度等。MEMS 传感器具有体积小、功耗低、集成度高的优势，广泛应用于移动设备、汽车、医疗器械等领域。中国新能源汽车市场从 2014 年开始快速发展，至今仍保持相对稳定的增长状态，汽车行业的发展助推了 MEMS 传感器的规模保持相对较高的增长速度。数据显示，2022 年 MEMS 传感器全球市场规模约 250 亿美元。

四、行业产业链分析

智能传感器产业链上游主要为原材料供应商。制造传感器的原材料主要包含陶瓷、有机材料、半导体和金属材料。其中半导体材料运用最广泛，占比 63%，为智能传感器的核心材料。原材料供应商大多为大型国企，主要业务包含研发、设计、软硬件及相关测试技术开发等，代表企业有江丰电子、沪硅产业、阿石创、有研新材、北方华创、宝钢股份、江西铜业、中国铝业、紫金矿业、风华高科、国瓷材料、维纳科技等。

智能传感器产业链中游为传感器制造类企业，是产业链的核心。虽然中国各类智能传感器品牌多达数百个，但市场份额主要集中于头部企业。代表企业有歌尔股份、航天电子、威尔泰、苏州固锝、韦尔股份、汉威科技、中航电测及华工科技等。

智能传感器产业链下游为传感器广泛应用的市场领域，包含汽车、工业、通信和消费电子。智能传感器应用的多样化将有助于塑造若干垂直领域格局的形成，智能传感器低成本、高精准的信息采集优势为其在汽车、工业、通信等领域的应用奠定了基础，未来渗透率还将不断提高。下游行业中的代表企业有美泰科技、比亚迪微电子、水木智芯、盛思锐、纳微电子、深迪半导体、华为、腾讯、中兴通讯、立讯精密、珠海格力、海信集团、烽火通信、四方光电、昆山双桥、多维科技、博世、罗姆、士兰微、歌尔股份、敏芯微电子、豪威科技等。

第二节　发展趋势

一、市场规模持续上升

根据市场研究报告，中国智能传感器市场在过去几年中以较高的增长率呈现快速扩大的趋势。物联网技术的普及和应用也促进了智能传感器市场的快速发展。作为物联网的基础组成部分，智能传感器在工业、家居、交通、农业等领域得到了广泛的应用，促进了市场规模的扩大。中国制造业的转型升级为智能传感器市场的扩大提供了重要支持。制造业企业加大对智能化生产的需求，推动了智能传感器的应用和需求增长。中国政府对智能传感器产业的发展保持积极支持的态度，通过政策引导、资金支持和创新平台建设等措施，推动了市场规模的扩大和技术创新。

二、多传感器融合技术需求继续扩大

随着智能传感器的不断发展与普及，现代设备能够装备更多类型、更多功能的传感器。多传感器融合技术充分利用了这些传感器所获取的数据，通过整合和分析，提高了信号识别和收集的精准度和全面性。同时，多传感器融合技术能够增强设备对于环境变化的适应性，提高其在复杂条件下的性能表现。以摄像头为例，单一摄像头可能受到光线、角度或遮挡的影响，而多传感器融合技术可以通过结合红外传感器、雷达或者其他传感器的数据，弥补图像信息的不足，提高目标识别的准确性。此外，多传感器融合技术还可以推动智能设备器件的集成化程度。随着技术的发展，特别是在人工智能和机器学习领域，多传感器融合技术的能力和应用范围预计将进一步扩大。

三、智能传感器呈现微型化和集成化

随着智能传感器应用领域越来越广，以及消费电子领域对设备的便携性和嵌入式有着更高的要求，智能传感器的芯片尺寸已由 20 世纪 90 年代的 5 微米减小到 5 纳米，实现了 1000 倍的缩小。生产微型智能传感器的成本也相对较低，微型化意味着在同样的硅片或其他材料上可以集成更多的传感器组件，从而降低单个传感器的制造成本。微型化的趋势同样使得在较小的空间内整合多个功能成为可能，鼓励了传感器更高程度的集成化。集成化能够促进系统级别的优化，有助于降低制造成本，且不同传感器模块之间的紧密集成可以减少信号传输延迟和能量消耗，提高整体系统的性能和效率。因此，智能传感器未来向着微型化和集成化发展的趋势将继续保持。

四、国内市场和出口市场并重

中国智能传感器产业注重在满足国内市场需求的同时，积极拓展出口市场。近年来，中国政府出台了一系列政策和措施来支持出口，其中包括财政支持、税收优惠、贸易便利化等，这为中国智能传感器企业扩大出口市场提供了良好的政策环境及支持。中国智能传感器企业自身也具备一定的成本优势，与外国同类企业相比，能够提供更有竞争力的价格。这使得中国智能传感器在国际市场上具备一定的价格优势，吸引了许多海外客户。近年来，中国智能传感器企业积极参加国际展览和贸易活动，展示产品和技术优势，寻找潜在的合作伙伴和客户。这些企业将目光投向不同的国家和地区，如美国、欧洲、东南亚、中东等，以此扩大市场份额和分散潜在的市场风险，同时也积极开展国际合作，与国外企业进行技术交流和合资合作。上述措施有助于中国智能传感器企业提高产品的技术水平和加强自身的市场竞争力，进一步扩大出口市场。

第十六章

数据中心

第一节　发展情况

一、产业情况

2022 年，以聊天机器人 ChatGPT 为代表的生成式人工智能迅猛发展，引爆全球新一轮 AI 军备竞赛，AI 发展进入以预训练大模型为特征的 2.0 时代。生成式 AI 对高性能算力和大规模数据处理的需求极大，推动数据中心等基础设施建设进入新阶段。根据工业和信息化部、国家互联网信息办公室有关数据，2022 年，我国数据中心市场规模超过 2200 亿元，同比增长 22.2%，仍保持较高增速；截至 2022 年年底，我国在用数据中心机架总规模已超过 650 万标准机架，近五年年均增速超过 30%；在用数据中心算力规模已达到 180 EFLOPS（每秒一万八千亿亿次浮点运算），近五年年均增速超过 25%。随着"东数西算"国家算力枢纽节点建设的深化实施，2022 年各大算力枢纽节点新开工的数据中心项目超过 60 个，新建数据中心机架规模超过 130 万标准机架，西部地区数据中心占比稳步提高。2017—2022 年我国数据中心机架规模如图 16-1 所示。

二、市场结构

数据中心产业链上游是基础设施及硬件设备商，提供数据中心的基础设施建设和运维支持，涉及数据中心的硬件设备、服务器、网络设备、存储设备等，负责数据中心的规划、设计、建设和维护，确保数据中心的高效运行；数据中心产业链中游是运营服务及解决方案提供商，主要包括运营商及第三方 IDC 服务厂商，是数据中心产业生态的核心；数据中心产业链下游为数据流量用户，如云计算厂商、互联网企业及传统的金融、政企等重点行业客户，云计算厂商主要通过虚拟化资源为客户提供资源分配和调度服务，行业客户及其他企业通过租用服务器、私有化部署、托管服务器集群等方式为自身业务提供支持。

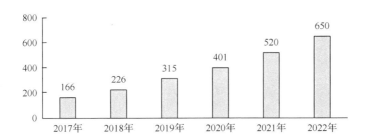

图 16-1 2017—2022 年我国数据中心机架规模（万标准机架）
（数据来源：工业和信息化部，赛迪智库整理，2023 年 5 月）

从数据中心 IT 基础架构来看，我国数据中心基础设施硬件设备（包括服务器、外置存储设备和数据中心网络设备等）的投资规模中，服务器占比最大，其次为外置存储设备。根据 IDC 数据，2021 年我国数据中心 IT 基础架构市场规模达到 348.2 亿美元，同比增长 16.3%。其中，服务器市场规模达到 264.1 亿美元，同比增长 15.2%；外置存储设备市场规模达到 60.5 亿美元，同比增长 25.3%；数据中心网络设备市场规模达到 23.6 亿美元，同比增长 7.4%。

从数据中心产业供给来看，我国数据中心行业主要有以下几类市场参与者：基础电信运营商、第三方数据中心服务商、云厂商及其他跨界转型从事数据中心业务的厂商，呈现多方主体供给格局。基础电信运营商是数据中心最大的市场参与者，中国电信、中国移动、中国联通三大运营商凭借网络带宽和机房资源优势，持有大规模数据中心资源；以万国数据、世纪互联等为代表的第三方数据中心服务商近年来逐渐兴起，以弥补数据流量呈指数级增长所带来的供需缺口，当前我国核心城市的数据中心服务主要由第三方数据中心服务商来提供，竞争较为充分；云厂商方面，2022 年阿里云、腾讯云、百度云等互联网云厂商营业收入增速放缓，整体市场份额占比不高。

三、产业政策

（一）政策梳理

随着"东数西算"工程的全面正式启动，8 大枢纽节点和 10 大数据中心集群加快基础设施建设，持续优化数据中心布局，在政策的引导下不断提升算力枢纽的集聚能力，全国数据中心向规模化、集中化、绿色化、布局优化发展。截至 2023 年 5 月，8 大枢纽节点累计发布有关数据中心产业建设的政策规划近 60 份，全国各省市数据中心相关政策梳理见表 16-1。

表 16-1　全国各省市数据中心相关政策

发布时间	政策名称	发布部门	主要内容
2021.10	关于加快构建山东省一体化大数据中心协同创新体系的实施意见	山东省大数据局等 7 部门	到 2025 年，全省数据中心在用标准机架数达到 45 万个以上，平均利用率提升到 60%以上，总算力超过 12EFLOPS，高性能算力占比达到 15%，实现大型数据中心运行电能利用效率降到 1.3 以下
2021.11	长沙市加快先进计算产业发展若干政策	长沙市人民政府	推进现有数据中心从存储型向计算型升级，加快数据中心从"云+端"集中式架构向"云+边+端"分布式架构演变
2021.11	长沙市加快先进计算产业发展三年行动计划（2022—2024 年）	长沙市人民政府	数据中心机架规模年均增速保持在 20%左右，平均利用率力争提升到 60%以上。大型、超大型数据中心运行电能利用效率（PUE）逐步降低到 1.3 以下
2022.04	全国一体化算力网络国家枢纽节点宁夏枢纽建设方案	宁夏回族自治区人民政府办公厅	到 2025 年，宁夏枢纽全面建成，标准机架达到 72 万架。集群 PUE 平均值降低到 1.2，可再生能源利用率达到 65%
2022.05	湖南省强化"三力"支撑规划（2022—2025 年）	湖南省人民政府	到 2025 年底，全省总算力达到 10EFLOPS，其中先进算力达 2EFLOPS，数据中心算力达 8EFLOPS

续表

发布时间	政策名称	发布部门	主要内容
2022.06	新型数据中心"算力浦江"行动计划（2022—2024年）	上海市通信管理局	到2024年，本市数据中心算力供给呈现以超算算力与智算算力等高性能算力为主的多元算力协同体系，总算力超过15EFLOPS，高性能算力占比达到35%，新建大型及以上数据中心PUE降低到1.3以下，起步区内降低到1.25以下，数据中心平均利用率力争提升到75%以上
2022.07	关于加快推进"东数西算"工程建设全国一体化算力网络国家（贵州）枢纽节点的实施意见	贵州省人民政府办公厅	到2025年，全省数据中心标准机架达到80万机架、服务器达到400万台。贵安集群数据中心平均上架率不低于65%。新建大型以上数据中心PUE低于1.2
2022.07	山东一体化算力网络建设行动方案（2022—2025年）	山东省人民政府	2025年全省数据中心总算力超过12EFLOPS，高性能算力占比达到40%，国产化算力占比达到90%以上
2022.08	全国一体化算力网络成渝国家枢纽节点（四川）实施方案	四川省发展改革委、省委网信办等6部门	到2025年，高水平建成天府数据中心集群起步区，数据中心规模达50万机架
2022.08	全国一体化算力网络国家枢纽节点宁夏枢纽建设2022年推进方案	宁夏回族自治区人民政府办公厅	加快实施宁夏枢纽建设2022年40项工作要点任务，推进建设"一个集群""三大基地""五数体系""七项工程"，打造高可靠、高能效、低碳环保的数据中心
2022.08	关于促进全国一体化算力网络国家枢纽节点宁夏枢纽建设若干政策的意见	宁夏回族自治区人民政府办公厅	优化宁夏枢纽数据中心布局，新建大型、超大型数据中心，原则上布局在中卫数据中心集群范围内
2022.08	长沙市强化"三力"支撑实施方案（2022—2025年）	长沙市发展改革委、长沙市工信局等4部门	到2025年基本建成特色鲜明、泛在高效、规模适度的算力支撑体系。全市人工智能计算中心算力达到1000PFLOPS，数据中心机架规模年均增速保持在20%左右，数据中心平均利用率不低于60%，数据中心电能利用效率指标控制在1.5以内

续表

发布时间	政策名称	发布部门	主要内容
2022.09	关于支持全国一体化算力网络国家枢纽节点（甘肃）建设运营的若干措施	甘肃省人民政府	加强省内数据中心建设的统筹布局和审查管理，提高现有数据中心利用水平，引导数据中心绿色、集约、安全和规模化发展，到2025年，改造后的数据中心电能利用效率普遍不超过1.5
2022.09	青海省加快融入"东数西算"国家布局工作方案	青海省人民政府办公厅	争取2025年前，纳入全国一体化算力网络国家枢纽节点。到2025年，大数据中心入驻各类单位、企业超过438家，机架规模超过10万架，上架率达到65%以上。新建（改造）数据中心PUE严格控制在1.2以下，绿色低碳等级达到4A级以上
2022.12	上海市新型基础设施领域碳达峰实施方案	上海市经信委、上海市发展改革委	"十四五"期间，新建数据中心能源利用效率不高于1.3，全国一体化算力网络长三角枢纽节点的大型数据中心能源利用效率降至1.25以下。"十五五"期间，新建数据中心能源利用效率力争1.25以下

资料整理：赛迪智库整理，2023年5月。

（二）政策解读

党的二十大报告提出，"优化基础设施布局、结构、功能和系统集成，构建现代化基础设施体系"，2023年2月，中共中央、国务院印发的《数字中国建设整体布局规划》明确指出，系统优化算力基础设施布局，促进东西部算力高效互补和协同联动，引导通用数据中心、超算中心、智能计算中心、边缘数据中心等合理梯次布局。3月，财政部、生态环境部、工业和信息化部联合印发《绿色数据中心政府采购需求标准（试行）》，以数字产业绿色低碳发展落实碳达峰、碳中和重大战略决策。随着"东数西算"工程的持续推进，我国数据中心上架率偏低、算力设施协同不足、绿色转型有待提速等短板正逐步补齐，各数据中心集群加快建设、形成集聚，在政策的持续引导下，我国将形成更加完善的数据中心布局体系，西部算力资源更充分地支撑东部数据运算，实现"数据向西，算力向东"，更好地赋能我国数字化发展。

第二节　发展特点

一、数据中心规模不断扩大，结构持续优化

近年来，我国数据中心产业呈现出快速增长的态势。随着数字化转型的推进和云计算技术的普及，大型互联网企业对海量数据的存储、处理等业务需求增大，人工智能、物联网等新兴领域也对数据中心提出了更高要求，我国已经成为全球最大的数据中心市场之一。从结构上看，无论从"东数西算"工程政策引导下优化数据中心布局的宏观需求出发，还是从低碳节能和绿色化发展的现实需要出发，我国数据中心建设呈现集约化、规模化发展，资源利用更加有效。

二、算力服务能力提升，数据中心服务形态升级

随着人工智能和大数据应用的不断发展，智算中心在数据中心产业中扮演着越来越重要的角色。当前，我国超算发展水平位居全球第一梯队，2022年11月发布的全球超级计算机500强榜单中，我国共162台上榜，总量蝉联第一，上海、天津、武汉、合肥、深圳、成都等城市加快推进智算中心建设。通过增强的算力服务能力、深度融合的人工智能和大数据技术、可定制化的计算服务、增强的安全和隐私保护能力及全生命周期的计算服务支持，数据中心市场正向算力服务方向演进，智算中心服务形态逐步升级。智算中心采用先进的硬件设备和优化的计算资源配置，能够满足高性能计算、深度学习、机器学习等复杂计算任务的需求，提供更高效、更精确、更具洞察力和更智能化的计算服务，提升数据中心的效率和业务竞争力，全生命周期的服务能力有助于用户更好地管理和应用计算资源，提高业务效率和创新能力。

三、数据中心技术迭代创新，安全合规意识增强

近年来，我国数据中心产业积极进行技术创新，以提升竞争力和服务质量。在硬件设备方面，数据中心运营商不断引进先进的服务器、存储设备和网络设备，提升数据中心的性能和效率。同时，软件方面的创新也得到了重视，包括虚拟化技术、软件定义网络（SDN）、容器化等，

推动我国数据中心产业竞争力提升。此外，随着全球数据泄露和网络攻击等安全问题的增多，数据中心安全和合规性成为重要的关注点。国家和地方政府不断加强对数据中心安全和合规性的监管，推动数据中心产业向更加规范化和专业化的方向发展。数据中心运营商加强安全管理和技术防护措施，以提高数据中心的安全性和可靠性。

第十七章

智能安防

近年来，中国智能安防行业相关国家政策频出，主要政策内容围绕鼓励安防行业与互联网、5G 领域技术结合，推广智能安防应用等展开。在经济快速发展、国内安防需求不断增长的背景下，我国安防市场整体发展迅速。2022 年，受大环境的挑战及 AI 浪潮来袭，"安防＋AI"在更多的扩展延伸应用和场景中不断实现价值、发挥价值。一众智能安防企业在日益广阔的物联网场景中寻觅、匹配、尝试和落地，角逐细分存量"淘金场"，呈现出一派逆势昂扬之景。

第一节　发展情况

一、产业情况

智能安防指通过安防设备、视频、门禁、报警、非结构化视图数据智能解析技术等各类技术手段，充分发挥人工智能、物联网、大数据技术在人脸识别、视频解析、动作识别等方面的先进算法优势，构建"防护区、监控区、限制区"的多层次多样化立体防护体系，实现对安防区域的全面防护与监控。

智能安防产业链涉及上游算法（图像处理、视频压缩、内容识别等）、芯片设计（模拟摄像机芯片、网络摄像机 SoC 芯片、视频录像机 SoC 芯片、深度学习加速器芯片等）及零组件（存储器、光学镜头、图像传感器等）；中游软硬件及前端摄像机（模拟摄像机、网络摄像机）、后端存储录像设备（DVR、NVR、CVR)、中心控制端（视频、音频、解码卡、监视器、显示屏、服务器、控制键盘等)、传输环节(光端机、交换机等)、系统集成商(视频监控、门禁设备、楼宇对讲、防盗报警、信息安全等)、运维服务、其他软件;下游主要应用于城市、家庭,以及学校、医院、轨道交通、金融等行业。

二、市场规模

近年来,我国智能安防市场随着 5G、大数据、人工智能的快速发展,以及智慧城市的战略推动,市场规模持续扩大。深圳市安全防范行业协会、CPS 中安网及乾坤公共安全研究院的调查统计显示,2022 年我国安防行业总产值约为 9460 亿元,同比增长 4.9%。其中,工程/项目类产值 5510 亿元,占比 58%;产品类产值 2830 亿元,占比 30%;运维类产值 1120 亿元,占比 12%。据 a&s 统计,2022 年中国安防设备市场达 1878 亿元,其中视频监控市场达 808 亿元,防盗报警市场达 214 亿元,出入口控制市场达 528 亿元,楼宇对讲/智能家居市场达 328 元。洛图科技(RUNTO)数据显示,中国消费级监控摄像头市场销量达 4820 万台;智能门锁销量达 1760 万套,同比增长 3.8%。

就全球而言,随着民众安全意识的加强,全球安防监控设备市场规模持续扩大。研究数据显示,全球安防监控设备市场规模由 2017 年的 168 亿美元增长至 2022 年的 233 亿美元,复合年均增长率约 7%。未来,在人工智能的赋能下,智能监控产品的迭代更新将成为安防监控行业在全球发达城市的主要增长点。

根据 2022 年 11 月 a&s 发布的全球安防 50 强企业排行榜单(见表 17-1),海康威视、大华股份蝉联榜单第一、第二,继续领跑;宇视科技、天地伟业分列第六、第七,维持不变。纵观历年 a&s 50 强排名变化可知,中国入围榜单的企业数量逐年增多,体现出我国安防行业发展的强劲态势。行业门槛逐年提高,中小企业难入局。龙头企业依托技术、资源和规模优势保持业绩稳定增长,而中小企业在安防碎片化市场难以形成规模,营收排名波动剧烈。上榜 50 强安防企业 2021 年共实现营业收入 290.9 亿美元,同比增长 15.8%;50 强企业入围门槛为 1880 万美元,同比提高了 435 万美元。以 a&s 营收口径计算,全球安防 CR4 由 2013 年的 32%提升至 2021 年 68%。其中,海康威视市占率约 34.71%,

大华股份约 17.49%，CR2 达到 52.2%，牢牢占据行业领先地位。

表 17-1　2022 年全球安防 50 强企业排名情况

排名		企业	国家或地区	主要产品	总营收（百万美元）		营收增长
2022 年	2021 年				2021 年	2020 年	2020—2021 年
1	1	海康威视	中国大陆	多元化	10097.0	8636.2	16.9%
2	2	大华股份	中国大陆	多元化	5089.2	4102.0	24.1%
3	3	亚萨合莱	瑞典	出入口控制	3320.4	3165.3	4.9%
4	4	安讯士	瑞典	多元化	1362.9	1347.1	1.2%
5	5	摩托罗拉解决方案	美国	多元化	1226.0	927.0	32.3%
6	6	宇视科技	中国大陆	视频监控	941.3	818.4	15.0%
7	7	天地伟业	中国大陆	视频监控	825.1	736.7	12.0%
8	8	安朗杰	美国	出入口控制	602.2	571.2	5.4%
9	10	韩华泰科	韩国	视频监控	593.4	462.8	28.2%
10	11	爱峰	日本	对讲机	473.4	420.2	12.7%
11	17	宇瞳光学	中国大陆	视频监控（镜头）	319.6	228.1	40.1%
12	13	熵基科技	中国大陆	多元化	303.1	279.5	8.5%
13	16	Intelbras	巴西	多元化	292.8	207.3	41.2%
14	12	英飞拓	中国大陆	视频监控	245.7	452.7	-45.7%
15	21	CP plus	印度	视频监控	222.9	151.8	46.9%
16	19	科达	中国大陆	视频监控	201.5	172.5	16.8%
17	18	晶睿通信	中国台湾	视频监控	195.2	198.5	-1.7%
18	22	Milestone Systems	丹麦	视频监控	181.4	161.7	12.2%
19	20	Nedap	荷兰	多元化	175.5	164.6	6.6%
20	27	同为数码	中国大陆	视频监控	155.6	122.2	27.3%
21	24	IDIS	韩国	视频监控	151.7	129.4	17.2%
22		狄耐克	中国大陆	对讲机	136.4	111.7	22.1%
23	23	安联锐视	中国大陆	视频监控	134.4	145.8	-7.8%
24	28	Optex	日本	入侵检测	124.3	105.2	18.2%
25	29	科迈世	韩国	家庭安全与自动化	123.5	113.9	8.5%
26	30	纳普科	美国	多元化	114	101.4	12.5%

续表

排名		企业	国家或地区	主要产品	总营收（百万美元）		营收增长
2022 年	2021 年				2021 年	2020 年	2020—2021 年
27	39	Gallagher	新西兰	出入口控制	113.1	87.6	29.0%
28		中维世纪	中国大陆	视频监控	112.2	111.2	0.8%
29	31	BCDVideo	美国	视频监控	108.7	101.1	7.5%
30	33	Identiv	美国	出入口控制	103.8	86.9	19.4%
31	35	Zenitel	挪威	对讲机	92.4	86.2	7.2%
32	38	施普玛	韩国	出入口控制	90.3	73.4	23.1%
33	25	腾龙镜头	中国大陆	视频监控（镜头）	85.2	82.6	3.2%
34	32	科高姆	韩国	家庭安全与自动化	80.9	103.9	−22.1%
35		力鼎光电	中国大陆	视频监控（镜头）	77.7	64.6	20.1%
36	36	Mobotix	德国	视频监控	73.8	83.2	−11.3%
37	41	福特科光电	中国大陆	视频监控（镜头）	70.6	56.5	25.0%
38	42	蓝色星际	中国大陆	视频监控	68.2	54.6	24.9%
39	43	彩富电子	中国台湾	视频监控	61.1	42.1	45.1%
40	40	Costar Technologies	美国	视频监控	52.9	60.4	−12.3%
41	37	C-PRO Electronics	韩国	视频监控	45.6	74.1	−38.4%
42	44	奇偶科技	中国台湾	视频监控	44.6	41.4	7.7%
43	48	Senstar Technologies	以色列	多元化	34.9	33.4	4.7%
44	46	升锐电子	中国台湾	视频监控	33.4	29.4	13.5%
45	45	Synectics	英国	视频监控	28.4	32.5	−12.6%
46	47	ITX AI	韩国	视频监控	27.4	28.1	−2.4%
47	49	Hitron Systems	韩国	视频监控	24	23.8	0.7%
48		Evolv Technologies	美国	检查系统	21.8	3.9	456.0%
49		AVA Group	澳大利亚	多元化	19.5	16.7	17.1%
50		Webgate	韩国	视频监控	18.8	13.1	43.1%

数据来源：a&s，赛迪智库整理，2023 年 5 月。

第二节 发展特点

一、角逐细分存量市场，企业布局渠道下沉战略

据 ITS114 不完全统计，2022 年我国智能安防千万级项目（800 万以上）市场规模约为 306.94 亿元，项目数为 1040 个，千万级项目平均投资约为 2951.35 万元。与 2021 年的统计数据相比，市场规模相当，减少约 4 亿元，同比下降约 1.27%，项目数增加 20 个。截至 2022 年 12 月底，我国智能安防千万级项目前十企业市场规模总计约为 206.19 亿元，约占智能安防千万级项目总市场规模的 67.18%，项目数总计 889 个，占总数量的 85.48%。

其中十强中的前四都是电信运营商，获得了 826 个项目，占总项目数的 79.42%，市场规模为 182.05 亿元，占总市场规模的 59.31%，市场集中度相当高，可见智能安防市场"国进民退"势头明显，而该市场的核心设备也主要为"海大宇"及华为、科达等企业所提供。从某种程度上说，智能安防市场秩序已经基本固化。这里面，电信系和移动系收获最多，电信系市场规模占比达 25.59%，移动系市场规模占比为 19.17%。

受新冠疫情影响，近两年来，许多政府项目不得不推迟和延缓。自 2022 年 6 月以来，各地"雪亮工程"项目开始回暖，招标不断，其中不乏有千万级、亿元级项目。据统计，2022 年"雪亮工程"千万级项目数量为 226 个，市场规模为 66.46 亿元，占总市场规模的 21.65%，项目平均投资 2940.7 万元；过亿元项目数量为 40 个，总市场规模为 83.08 亿元。

项目覆盖江西、吉林、贵州、湖北、重庆、河南、江苏、山东、浙江、福建、内蒙古、河北、北京、广东、广西、陕西、上海、山西、四川等省、自治区、直辖市，既有一线城市也有二、三、四线城市，既有省会城市，也有县城及偏远乡镇农村。整体来看，"雪亮工程"项目正在持续下沉，区县和乡镇成为"雪亮工程"项目建设的主战场。

2022 年 2 月 23 日，中央一号文件《中共中央 国务院关于做好 2022 年全面推进乡村振兴重点工作的意见》中提到了"大力推进数字乡村建设""强化智能监控全覆盖""切实维护农村社会平安稳定，推进更高水

平的平安法治乡村建设"等信息，这些都与智能安防产业有密切关系。在可预期的未来，"数字乡村"将会像"平安城市""雪亮工程""超高清化产业发展计划"等政策一样，不断刺激安防行业的需求，推动智能安防行业进入新的发展周期。

2022 年，众多智能安防相关企业，纷纷开启渠道下沉的战略布局，除了海康威视 2020 年推出的子品牌"皓视通"，宇视科技"阿宇"、华为"好望"陆续进入行业视野，目前已取得显著的成果。例如，海康威视的皓视通已经在全国 26 个省份开通了业务；宇视科技在全国 334 个城市派出了城市代表，将与一级经销商一起共同开展区域市场的共创和共建工作等。以往大厂商更多专注在一、二线城市，市场接近饱和后，存量极大但极为分散的四、五线及县镇级市场，成为新的角逐场。

二、AI 安防企业竞相上市，巨头分拆子公司上市成趋势

2022 年，不少涉足智能安防业务的企业竞相加入"上市大军"，为企业研发生产吸收社会资金，扩大规模，增强竞争力，推进企业跨入头部行列。据不完全统计，2022 年，共有 20 多家涉足智能安防业务的企业陆续上市。

此外，行业巨头海康威视计划分拆海康机器人，推进其独立上市，目前已进入 IPO 筹备阶段。与此同时，大华股份也开始筹划子公司"华睿科技"分拆上市计划，扩大机器视觉业务场景。

智能安防巨头的创新业务增长迅速，已经成为企业新的利润增长点，并正逐渐成为推动公司进一步发展的新动力。2022 年，不少企业止步上市前，也有不少企业如愿敲钟迎来高光时刻。受宏观经济环境影响，安防行业 2022 年景气度出现较大滑坡。根据中国安防协会调查的安防行业景气指数走势，2022 年四个季度我国安防行业景气指数同比 2021 年同期分别下降了 7、39、27、7 点，出现明显下滑。

三、万亿智慧养老产业规模，谱写智能安防新篇章

2022 年，国家持续发布养老产业利好政策和信息。1 月，国家卫生健康委发布《关于全面加强老年健康服务工作的通知》；3 月，国家卫

生健康委联合 15 部门共同发布《"十四五"健康老龄化规划》；4 月，国家卫生健康委等 9 部门联合印发《关于开展社区医养结合能力提升行动的通知》；6 月，国家卫生健康委和全国老龄办共同发布《关于深入开展 2022 年"智慧助老"行动的通知》；7 月，国家卫生健康委等 11 部门联合印发《关于进一步推进医养结合发展的指导意见》；8 月，国家发展改革委等 13 部门共同发布了《养老托育服务业纾困扶持若干政策措施》。规模庞大的老年人口基数叠加国家政策效应的持续释放，中国养老产业正迎来高速发展的新热潮。

数据显示，2021 年我国智慧养老行业市场规模约 6.1 万亿元，未来在新兴科技的赋能下，预计 2024 年我国智慧养老行业市场规模将超过 13.5 万亿元。目前，我国社区养老服务机构和设施已经超过了 30 万个。

与蒸蒸日上的养老产业相呼应，依附其上的智能化产品、技术与服务供给也大幅增强，特别是伴随着芯片、传感器及操作系统等底层技术的进一步夯实，以安防产品为代表的智能硬件与养老服务产业持续融合发展，不断深入其中的各类应用场景。同时伴随着智能家居产业的发展，无论是居家养老、社区养老还是机构养老，在智慧养老服务的创新技术持续支撑与智能硬件产品的种类不断丰富中，包括远程医疗、养老监护、健康监测等在内的相关应用场景也得到了进一步拓展，持续不断地满足我国当前多模式并存的智慧养老新需求。这也是智能安防企业切入智慧养老市场最坚实的基础和核心竞争力。

在政策推动与市场需求双轮驱动下，养老服务产业持续呈现超预期的发展态势，智慧养老新理念正不断被社会所接受，包括海康威视、宇视科技、来邦科技、旷视科技、太古计算机等越来越多的智能安防企业加速布局智慧养老市场，以期抢占智慧养老市场先机。

四、智能门锁市场持续高景气，企业多措并举盘活消费市场

智能门锁是指将电子技术、集成电路、电子元器件相结合，并集成多种识别技术的综合产品，在识别、安全及管理等方面更具备智能化特性。依托于串口 Wi-Fi 模块，智能门锁可通过指纹、人脸及虹膜等多样化生物识别方式实现用户与锁体的交互。目前，智能门锁已在家庭住

房、办公楼房、智慧校园、智慧园区及智慧酒店等场景实现了广泛应用。

近年来，随着国家政策的不断扶持及智能家居的普及、市场消费观念的变化，作为家庭安防环节的核心产品，智能门锁逐渐被消费者认可、接受，行业规模进一步扩大。智能门锁作为家庭安防的第一道屏障，被视为联动全屋智能的新一代入口选项，受到各方关注，先后吸引了家电、五金、安防、手机、互联网等各界巨头的纷纷涌入，行业赛道越发热闹非凡。

虽然市场对智能门锁的需求保持稳定增长的态势，但是 2022 年新冠疫情反复对消费市场还是造成了很大的冲击，多数厂家的销量不及预期。为提高市场活力，政企双管齐下，不断在政策、技术上给予支持。在营销渠道上，除了直播、短视频等新营销渠道，电商、工程、外贸、KA（Key Account，关键客户）等渠道也成为智能门锁企业竞相布局的重点领域。飞利浦智能锁在多个社交平台展开深度合作，携手千万级头部 KOL（Key Opinion Leader，关键意见领袖）达人矩阵，实现智能家装赛道亿级声量的强造势，助力品牌声量飙升；凯迪仕联合抖音心动家发起全民任务，吸引 2.5 万名用户参与挑战。

洛图科技研究数据显示，2022 年，全国从事智能门锁的企业超过3000 家；在线上公开售卖的品牌数达到 496 个，当年新进入品牌数量为 239 个，占比为 48%。根据全国五金工业信息中心锁具行业信息中心2022 年线下市场调研数据，2022 年，全国智能门锁市场规模达 1780 万套，同比增长 4.71%，连续三年实现了增长，保持了平稳的增长态势。

五、人脸识别技术新国标发布，名企响应抢占百亿市场

人脸识别是一种基于人的面部特征信息进行身份识别的生物特征识别技术。近年来，随着人工智能、计算机视觉、大数据、云计算、芯片等技术的迅速发展，人脸识别技术取得了长足的进步并且在众多场景中得到成功应用。人脸识别产业链上游为基础层，主要供给高清摄像头、人工智能芯片、传感设备、基础算法和数据集；产业链中游为技术层，主要供给人脸识别算法、软件服务和软硬件系统集成服务；产业链下游则是具体的场景应用，如智慧安防、智能交通、移动支付等。

2022 年 10 月 21 日，国家标准 GB/T 41772—2022《信息技术　生

物特征识别人脸识别系统技术要求》（以下简称《人脸识别系统技术要求》）正式发布。该标准主要由海康威视、大华股份、商汤科技、华为、捷顺科技、熵基科技、云天励飞、科大讯飞等 46 家知名企业和单位共同完成，自 2023 年 5 月 1 日起实施。

《人脸识别系统技术要求》明确了人脸识别系统是由视图采集子系统、视图解析子系统、存储子系统、比对子系统、决策子系统、管理子系统及应用开发接口等组成，为后续迭代更新的人脸识别系统设计和开发奠定基础，将有利于推动我国人脸识别标准体系的进一步完善，从而引导行业健康规范发展。

在智能安防领域，随着国内"智慧城市""平安城市""雪亮工程"等项目建设的进程加快，市场对人脸识别技术的需求越来越大，警务系统、门禁/考勤、电子商务、社交娱乐等领域是国内人脸识别的主要需求领域，新零售领域需求增速十分明显。鉴于当前人脸识别庞大的市场需求，国内众多行业龙头企业如海康威视、大华股份、熵基科技等都在门禁、考勤等人脸识别各细分领域纷纷推出创新性产品，多数产品在功能参数上基本都基于人脸识别新国标，进一步抢占市场份额。

第十八章

北斗应用

第一节　发展情况

一、产业情况

党的二十大报告对近年来我国卫星导航产业的发展予以肯定，"一些关键核心技术实现突破，战略性新兴产业发展壮大，载人航天、探月探火、深海深地探测、超级计算机、卫星导航、量子信息、核电技术、大飞机制造、生物医药等取得重大成果，进入创新型国家行列"。北斗卫星导航系统作为我国自主研制建设的全球卫星导航系统，能够提供地位、导航和授时服务，是支撑我国数字经济发展的重大时空基础设施。

根据中国卫星导航定位协会发布的《2023 中国卫星导航与位置服务产业发展白皮书》，2022 年，以北斗应用为核心的我国卫星导航与位置服务产业总产值达到 5007 亿元（见图 18-1），同比增长 6.76%；其中，与卫星导航技术研发和应用直接相关的芯片、导航数据、终端设备、基础设施等核心产值达到 1527 亿元，同比增长 5.05%，在总体产值中占比为 30.50%；由卫星导航应用和服务所衍生带动形成的关联产值达到 3480 亿元，同比增长 7.54%，在总体产值中占比达到 69.50%。

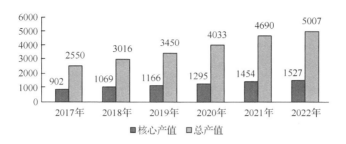

图 18-1　2017—2022 年我国卫星导航与位置服务产业市场规模（单位：亿元）
（数据来源：中国卫星导航定位协会，赛迪智库整理，2023 年 5 月）

二、市场结构

　　北斗应用产业链上游为器件、软件、数据等基础产品供应，包括北斗定位芯片、模块、板卡、天线、接收器等关键硬件，是北斗应用产业的基础和核心，具备较高的技术要求和壁垒。软件开发商负责开发与北斗定位和导航功能相关的应用程序和软件，提供地图导航、位置服务、物流追踪等功能；数据处理和分析商负责收集、存储、处理和分析从北斗设备中获取的位置和导航数据。北斗应用产业链中游包括终端设备、系统集成产品的设计研发、生产制造、销售等。终端设备分为专业终端设备和消费终端设备，包括高精度测绘终端、授时终端、智能手机、车载导航等产品设备。北斗应用产业链下游为基于技术和产品的应用及运营服务提供商，运营商负责提供北斗定位和导航服务的网络基础设施，包括卫星运营、信号传输和数据传输，服务提供商为用户提供基于北斗应用的各种增值服务，如车辆追踪、航空航天导航、物流配送管理等。

　　北斗应用市场现已涵盖多个领域和行业，包括交通运输、航空航天、农业、测绘、石油化工、公共安全等，北斗应用设备规模累计已超过千万量级，北斗应用产业取得了显著的社会效益和经济效益。其中，汽车导航是北斗应用中最重要的市场之一，车载导航设备和应用程序通过北斗系统提供车辆定位、导航和路况信息，提升驾驶体验和安全性，2022年车载导航设备市场终端销量超过 1200 万台。北斗应用在物流和运输领域也有广泛应用，通过北斗系统，物流公司可以实时追踪货物位置、优化路线和运输计划，提高物流效率和准确性。航空航天方面，北斗应用在航空航天领域可以提供精准的飞行导航和定位服务，包括飞行路径规划、导航引导和飞行监控等。农业方面，北斗系统在农业领域可以用于土壤监测、作物生长管理、农机导航等，提高农业生产效率和资源利用率。

三、产业政策

在国家层面，先后出台了有关卫星导航发展规划的系列政策文件，如《关于加速推进北斗导航系统应用有关工作的通知》《国家卫星导航产业中长期发展规划》《新时代的中国北斗》白皮书等，明确了北斗系统在国家信息基础设施、战略性新兴产业中的重要地位，部署了我国卫星导航产业的发展方向、目标任务、总体安排。在产业政策的推动下，我国综合运用了目标规划、基础设施投资、公共技术与服务采购等政策工具，为卫星导航产业发展提供了必要的资源、资金、技术支持，基本建立了核心技术体系，实现了产业链自主可控的国际先进水平。当前，北斗应用进入规模化、产业化、国际化发展的关键阶段，我国加强系统谋划和顶层设计，出台了一系列推动北斗应用产业发展的政策文件，产业发展迎来重大机遇。国家"十四五"规划纲要明确提出"深化北斗系统推广应用，推动北斗产业高质量发展"。2021 年 7 月，工业和信息化部等 10 部门出台《5G 应用"扬帆"行动计划（2021—2023 年）》，提出重点支持建设与 5G 结合的室外北斗高精度定位等共性技术平台。2022 年 1 月，工业和信息化部出台了《关于大众消费领域北斗推广应用的若干意见》，提出针对大众消费领域产品规模大、辐射作用强的特点，扩大北斗应用规模、提高应用普及率、培育北斗发展新动能，将大众消费领域打造成为北斗规模化应用的动力引擎。

在地方层面，京津冀地区共同制定《京津冀协同推进北斗导航与位置服务产业发展行动方案（2017—2020 年）》，支持卫星导航产业聚集区建设，在资金支持、产业配套、技术创新、引进人才等方面提供必要支持。长三角地区由上海牵头实施"长三角卫星导航应用示范工程"，侧重推动长三角地区北斗示范应用与产业化。上海制定《上海市北斗产业高质量发展三年行动计划（2021—2023 年）》，提出加快推进新型基础设施建设，推动北斗产业的高质量发展。珠三角地区作为我国卫星导航与位置服务设备的主要生产区域，应用市场成熟，先后发布《广东省北斗卫星导航产业发展专项规划》《关于推动卫星导航应用产业发展的指导意见》等多项政策规划，旨在加强基础设施建设，扩大北斗卫星导航系统应用示范，提升北斗卫星芯片和终端产品制造水平，扶持卫星导航企业做大做强。湖北、四川、江西等地相继发布《湖北省北斗卫星导航产业发展"十四五"规划》《湖北省推进北斗产业高质量发展若干措施》《武汉市北斗产业发展行动计划（2020—2022 年）》《长沙市北斗卫星导航应用产业发展规划（2014—2020 年）》《绵阳市北斗卫星导航产业发展规划》等政策规划，旨在培育北斗应用市场，重点拓展"北斗+"智能应用场景，扩大产业规模，积极推动"+北斗"产业融合发展，为传统产业提质增效赋能，促进北斗与新兴技术的融合发展，提升北斗对新经济的时空赋能，增强北斗服务能力。

第二节　发展特点

一、政府主导建设，核心技术自主可控

北斗卫星导航系统作为我国国家重大战略，卫星设计、制造和发射，及主控站、注入站和监测站等基础设施建设由政府主导、相关央国企负责。"北斗三号"卫星部组件已实现全国产化，攻克了星间链路、高精度原子钟等 160 余项关键核心技术，突破了 500 余种器部件国产化研制，高精度 GNSS（全球卫星导航系统）芯片、板卡、模组、天线等基础器件已基本实现国产替代，而面向不同行业、不同应用场景的高精度定位算法仍是产业核心壁垒，国产基础软件能力有待提升。

二、产业呈现区域性集中发展态势

从地域分布看，北斗应用产业主要分布在五大重点产业区域：珠三角地区、京津冀地区、长三角地区、中部鄂豫湘地区和西部川陕渝地区等。2022 年，五大重点产业区域卫星导航与位置服务产业实现综合产值约 3778 亿元，在全国总体产值中占比高达 75.44%。其中，京津冀地区综合产值超越珠三角地区成为五大区域发展之首，达到 1048 亿元；

珠三角地区综合产值达到 1028 亿元；长三角地区综合产值达到 769 亿元；中部鄂豫湘地区综合产值达到 497 亿元；西部川陕渝地区综合产值达到 436 亿元。产业区域聚集发展优势巩固，保持稳定增长。从企业结构看，目前我国卫星导航与位置服务领域企事业单位总数量保持在14000 家左右，从业人员数量超过 50 万。

三、北斗应用开启规模化、产业化、国际化发展

专业应用市场方面，截至 2022 年第四季度，全国累计推广应用各类北斗终端超过 2000 万台（套）。公安、交通、农业等行业已初步实现北斗规模化应用，在通信授时、气象监测、应急减灾、城市管理等领域，北斗规模化应用正在加速推进。大众应用市场方面，2022 年北斗系统着力拓展了大众市场的应用规模，融入了日常生活。百度地图与高德地图先后宣布正式切换为北斗优先定位，北斗定位服务日均使用量已超过3600 亿次。自 2021 年 3 月正式发布北斗检测认证体系以来，已有 OPPO、vivo、苹果、小米、荣耀等企业的近 20 款智能手机和哈啰、美团等企业的多款智能两轮车获颁北斗认证证书。据中国卫星导航定位协会数据，2022 年国内智能手机出货量达到 2.64 亿部，其中 2.6 亿部手机支持北斗功能，占比达到 98.5%。此外，具有定位、监护等功能的智能可穿戴设备中具有 GNSS 定位功能的超过 3500 万台，占比超过 29.2%。特殊应用市场方面，截至 2022 年第四季度，在森林草原防火、林业巡查、林政执法、有害生物调查、水文监测等领域已累计推广各类北斗终端接近 11 万台（套），实现了路线规划和导航、人员和车辆定位、林草巡护、灾害监测、人员安全管理等业务的应用。

国际化方面，通过政府搭台、企业作为，北斗应用逐步在海外落地，北斗相关产品和服务已输出到 120 余个国家和地区。其中"一带一路"沿线国家为北斗应用"走出去"的重要突破口，具体项目上，有中巴、中俄等北斗标志性项目；在北斗/GNSS 中心框架下，推动与阿拉伯农业发展组织、阿拉伯信息通信技术组织、突尼斯、苏丹等国际组织和国家，在精准农业领域开展北斗示范应用；持续在"一带一路"沿线国家布局地基增强系统建设，推动在阿尔及利亚、柬埔寨、阿联酋等国家建设北斗地基增强网。

区　域　篇

第十九章

长江三角洲地区电子信息产业发展状况

第一节　整体发展情况

长江三角洲地区（简称"长三角地区"）包括上海市、江苏省、浙江省和安徽省全域（面积 35.8 万平方千米），是我国经济发展最活跃、开放程度最高、创新能力最强的区域之一，也是我国电子信息制造业最重要的集聚区之一。

一、产业规模

2022 年，长三角地区电子信息制造业受到新冠疫情冲击，但整体企稳向好，生产保持平稳增长，高端产品产量增长迅速，创新实力不断增强，产业高质量发展成效明显。

2022 年，上海市电子信息制造业总产值达到 5745.64 亿元，与上年同期相比增长 1.7%，占到全市规上工业总产值的 14.2%，仅次于汽车制造业，依旧是全市的战略性、支柱性产业。高端电子信息产品产量实现高速增长，智能手机产量达到 3203.99 万部，同比增长 10.8%；笔记本电脑产量达到 1994.18 万台，比上年增长 2.1%；集成电路圆片产量达到 981.32 万片，同比增长 5.5%；太阳能电池（光伏）产量达到 36.19 万千瓦，同比增长 1.2 倍。

2022 年，江苏省电子信息制造业增加值与上年同期相比增长 6.3%，高于全省规上工业增速 1.2 个百分点。从重点产品看，太阳能电池（光伏）产量达到 10907.9 万千瓦，同比增长 36.2%；光纤产品产量同比增长 27.5%；服务器产量同比增长 114.3%；智能手机产量达到 5090.4 万部，同比增长 49.5%；智能电视产量达到 490.2 万台，同比增长 8.9%，占彩电产量比重已达到 66.5%。集成电路、电子计算机等产品产量出现下滑，集成电路全年产量达到 1004.4 亿块，同比下降 15.3%；电子计算机产量达到 3330.5 万台，同比下降 39.1%。

2022 年，浙江省电子信息制造业增加值与上年同期相比增长 14.6%，相比全省规上工业增加值增速高出 10.4 个百分点。从重点产品看，消费电子产品产量普遍出现下降趋势，电子计算机产量达到 129.6 万台，同比下降 33.2%，智能手机产量达到 2405.6 万部，同比下降 18.1%；电子元器件产品产量出现分化，集成电路全年产量达到 194.1 亿块，同比下降 6.6%，光电子器件产量达到 554.9 亿只（片、套），同比下降 13.2%，电子元件产量达到 1574.6 亿只，同比增长 4.2%；能源电子产品产量出现大幅增长，太阳能电池（光伏）产量达到 8018.7 万千瓦，同比增长 58.3%，锂离子电池产量达到 51079.6 万只，同比增长 24.6%。此外，光纤光缆产品产量保持增长，光纤产品产量达到 1514.7 亿米，同比增长 12.9%，光缆产品产量达到 8081.8 万芯千米，同比增长 16.3%。

2022 年，安徽省电子信息制造业增加值与上年同期相比增长 8.7%，高于全省规上工业增速 2.7 个百分点。从重点产品看，主要消费电子产品产量均出现下滑，电子计算机产量达到 2950.2 万台，同比下降 20.2%，移动通信手持机产量达到 92.3 万台，同比下降 1.9%，彩电产量达到 1026.3 万台，同比下降 16.2%。电子信息制造业作为安徽省实施创新驱动、制造强省和转型升级发展重要引擎的作用持续发挥。

二、产业结构

长三角地区电子信息制造业起步早、发展快，已建立了"原材料—零部件—整机生产—信息应用"较完整的电子信息产业链。

上海市形成了集成电路产业"一核多极"和新材料产业"3+X"的布局，大力打造"张江—康桥—临港"综合性集成电路产业创新带，加快建设金桥 5G 产业生态园，形成上海电子化学品专区，以上海化工区为主体，金山、奉贤分区协同，促进光刻胶及其配套材料、电子特气、湿电子化学品等电子化学品生产。此外，上海市在金山区形成以和辉光电为龙头的新型显示产业集群，已聚集奥来德、升翕光电、光驰科技、玟昕科技、九山电子等上下游配套企业。

江苏省集成电路产业发展较好，产业链囊括 EDA 工具、IC 设计、晶圆制造、封装测试、设备、专用材料等环节，汇集了众多知名集成电路企业，形成了以无锡、南京、苏州等为中心的集成电路产业集聚区。江苏省 5G 产业链加速发展，在苏州已形成芯片、光通信、光电缆等优势环节的产学研用协作体系。在能源电子领域，江苏省已形成常州、无锡、苏州等光伏产业生产中心，形成包括硅片、电池、组件、逆变器等上下游较为完整的产业体系。

浙江省在集成电路设计、装备、材料、特种工艺晶圆制造和封装测试等领域均处于全国先进水平，具有完整的产业链环节，并初步形成以杭州、宁波为引领，辐射带动嘉兴、绍兴、丽水、金华、衢州等地的"两极多点"产业布局。在新型显示领域，产业链环节以上游元器件及材料为主，相关企业在省内分散分布于嘉兴、台州、湖州等地。在光伏领域，拥有国内完整且具竞争力的产业链体系，光伏组件产能在全国仅次于江苏省，光伏辅材企业数量位居全国之首，光伏装机量连续多年位居全国第一。

安徽省以京东方、维信诺等新型显示龙头企业为引领，实现全产业链布局，其中合肥新型显示产业基地已成为国内面板产能最大、产业链最完善、技术水平最先进的产业集群。安徽省集成电路发展较快，产业链初具规模。智能终端实现快速增长，全省微型计算机、彩电、智能手表/手环等产品出货量位居全国前列。

第二节　产业发展特点

一、区域协作增强

长三角地区以产业政策为引领，发挥各地区优势，逐步深化电子信息领域的协同发展。2022 年 8 月 22 日，上海市科学技术委员会、江苏省科学技术厅、浙江省科学技术厅、安徽省科学技术厅制定了《三省一市共建长三角科技创新共同体行动方案（2022—2025 年）》，推进长三角科技创新一体化，提升区域核心竞争力。同月，上海举行 2022 年度长三角地区主要领导座谈会，会议强调携手打好关键核心技术攻坚战，深化完善产业链供应链跨区域协调机制，共同打造具有国际竞争力的战略性新兴产业集群和先进制造业集群。11 月，中国国际进口博览会期间举办长三角 G60 科创走廊高质量发展要素对接大会，探索构建科技协同创新体系，推进产业链价值链深度融合。

二、产业聚集加速

上海市集成电路产业高度集聚，以张江高科技园区的集成电路设计产业园为核心，发挥科教、人才、产业集聚优势，着力打造国内领先的集成电路平台，目前已集聚包括紫光展锐、格科微、聚辰半导体、AMD 等国内外集成电路企业 800 余家，全球、全国芯片设计 10 强企业中有 7 家在张江设立研发中心或总部，晶圆代工厂全球前五强中有 2 家、全球封装测试厂商前三强均在浦东设有总部/研发中心/生产基地，全球设备材料龙头企业基本在浦东设有公司和分支机构。

江苏省集成电路产业主要布局在无锡、苏州、南京、南通等地，其中无锡是江苏省集成电路产业集聚中心，拥有包括设计、制造、封装测试及装备、材料等支撑配套在内的完整产业链，2022 年无锡高新区集成电路产业规模达 1352 亿元，同比增长 16%，其中设计、制造、封装测试规模达 982 亿元，整体产业规模占全省 30.86%，占全国 8.18%，集聚企业近 500 家。新型显示产业主要集聚在南京经济技术开发区、昆山光电产业园等地。其中，南京经济技术开发区集聚了韩国 LG、日本夏普，以及我国京东方、中电熊猫、杉金光电等龙头企业及上下游企业；昆山光电产业园形成"原材料—面板—模组—整机"的完整产业链条，维信诺、友达、龙腾光电分别在有机发光体 AMOLED、低温多晶硅（LTPS）、非晶硅 TFT-LCD 领域占据领先地位。

浙江省集成电路产业主要分布在杭州、绍兴、衢州、嘉兴、宁波等城市，其中，杭州是浙江省的集成电路产业集聚中心，集中了浙江省 85% 以上的设计企业和 95% 以上的设计业务收入。2022 年，杭州集成电路设计业营收突破 500 亿元，晶圆制造业也稳步发展，拥有士兰集成、士兰集昕、立昂微、立昂东芯、富芯半导体、积海半导体等一批特色工艺生产企业。

安徽省构建形成合肥新站高新技术产业开发区、合肥高新技术产业开发区、合肥经济技术开发区等集成电路产业集聚区。新型显示产业也主要集聚在合肥，目前合肥形成以显示面板为核心，以玻璃基板、偏光片、光学膜、驱动 IC、靶材、液晶、光刻胶、湿化学品、特种气体、特种装备等为配套的全产业链布局，已成为国内产业链条最全、技术水平最高的新型显示产业集聚中心。

三、重大项目持续推进

2022 年，上海市继续强化集成电路领域项目布局。在上海市发展改革委公布的 2022 年上海市重大建设项目清单中，涉及中芯国际临港 12 英寸晶圆代工生产线项目、积塔半导体特色工艺生产线项目等多个集成电路项目。2022 年 12 月，中芯国际临港 12 英寸晶圆代工生产线项目主厂房顺利封顶，达产后产能预计达到 10 万片/月。

2022 年，江苏省加大集成电路、新型显示领域重大项目推进工作，在全省完善产业布局。6 月，无锡高新区举行 2022 年集成电路产业项目签约暨新港集成电路装备零部件及材料产业园开工仪式，签约项目总投资 203 亿元，涵盖半导体设备、5G 通信模组、分立器件和功率器件、半导体封装机器人等多个集成电路产业链细分领域，进一步提升产业集聚效应。10 月，瑞辉新显示和半导体项目在江苏省盐城市开工建设，新建 4 条触控显示及模组生产线，主要服务车联网、物联网等高端定制化市场。

2022 年，浙江省积极布局集成电路产业链，落地项目涉及电子材料、触控、AI、5G、射频、通信、传感器、激光、功率半导体、化合物半导体等领域。4 月，位于绍兴的长电科技 300mm 集成电路中道先进封装生产线项目一期顺利通过竣工验收，项目一期总投资 80 亿元，产品主要面向 5G 通信、AI、高性能计算及自动驾驶等领域。6 月，位于丽水的广芯微 6 英寸高端特色硅基晶圆代工项目封顶，预计将具有年产 120 万片晶圆的生产能力。

2022 年，安徽省积极推进集成电路、新型显示领域重大产业项目建设。3月，国内首条 8.5 代+大吨位液晶基板玻璃生产线在彩虹股份合肥基地点火投产，5月即实现批量生产。11月，维信诺与合肥东欣、合肥鑫城投资建设 6 代 AMOLED 模组生产线项目，项目总投资 110 亿元，建成后预计可年产 6～12 英寸柔性 AMOLED 模组产品 2599 万片。

第三节　主要行业发展情况

一、集成电路产业

长三角地区是我国集成电路产业的重要集聚区，根据国家统计局数据，2022 年全国集成电路产量为 3241.9 亿块，其中长三角地区总产量占全国产量的比重达 46.65%，相比 2021 年略有下降。

上海市是我国集成电路全产业链重要基地，目前集聚了超过 1200 家行业重点企业，汇聚了全国约 40% 的产业人才以及超过 50% 的行业创新资源。2022 年，上海市集成电路产量达 287.7 亿块，并在先进生产工艺、90 纳米光刻机、5 纳米刻蚀机、12 英寸大硅片、国产 CPU、5G 芯片等领域实现重要突破。

江苏省是我国最重要的集成电路产业聚集区之一，无锡晶源微电子、华润矽科、华虹半导体、台积电、SK 海力士等知名企业分布在无锡、南京、苏州、南通等城市。2022 年，江苏省集成电路产量达到 1004.4 亿块，占全国总产量的 30.98%，相比 2021 年集中度有所下降；实现销售收入 3182.42 亿元，同比增长 15.38%，其中设计业、晶圆业、封装测试业销售收入同比分别增长 17.95%、36.94%、6.98%。

浙江省集成电路产业发展基础良好，产业集聚效应初步显现，涌现出士兰微、中天微、国芯科技、中科微等一批明星企业。2022 年，浙江省集成电路产量达 194.1 亿块，全省集成电路设计、制造、封装测试三个行业的营收共计 913 亿元，其中设计业 620 亿元，制造业 182 亿元，封装测试业 111 亿元。

安徽省是集成电路行业的后发追赶者，2022 年集成电路产量达 25.6 亿块，同比增长 100.5%。其中，合肥积极推进存储芯片、面板驱动芯片、汽车电子芯片、家电核心芯片等特色芯片国产化，较为完整的集成电路产业链已初步成型。

二、新型显示产业

长三角地区具有深厚的产业研发基础，相关科研机构众多，囊括了东南大学、浙江大学、上海大学、合肥工业大学、中国电子科技集团公司第五十五研究所、中国科学院上海光学精密机械研究所等国家和省部级科研平台与机构。

长三角地区形成了上海金山、南京、合肥、宁波等技术互补、产业协同的新型显示产业集聚区。其中，上海的 AMOLED 领域、江苏的 OLED 领域和氧化物 TFT-LCD 领域、浙江的激光显示及其产业链领域、安徽的高世代面板生产线领域都处于全国领先地位。长三角地区还在国内率先实现了 AMOLED 产业突破，高世代大尺寸 TFT-LCD 高清电视量产，以及各类新型显示技术如立体显示、硅基微型显示、量子点显示等的战略布局。

三、能源电子产业

长三角地区是我国重要的能源电子产业集聚区。其中，上海市 2022 年新增光伏并网容量 26.4 万千瓦，累计达到 194.8 万千瓦；江苏省已形成集硅料提取、硅锭制备、电池生产、系统应用于一体的较完整的光伏产业链，2022 年江苏省光伏产业实现营业收入 6112 亿元，电池组件产量占全国 50%以上，新增光伏并网容量 592.5 万千瓦，累计达到 2508.5 万千瓦；浙江省已形成从多晶硅原料、硅片、电池、组件、原辅材料生产到系统开发应用的光伏全产业链，2022 年新增光伏并网容量 697.2 万千瓦，累计达到 2539 万千瓦，仅次于山东、河北，位居国内第三；安徽省 2022 年新增光伏并网容量 447.2 万千瓦，累计达到 2154 万千瓦。

第四节　重点省市发展情况

一、上海市

上海市在集成电路领域持续发力，加快集成电路产融对接，提升集成电路供应链保障能力。2022 年 6 月举办的上海市重大产业项目集成电路领域专场产融对接会，聚焦 2022 年上海全球投资促进大会上的签约项目和开工项目，开展企业融资精准对接。

二、江苏省

江苏省在集成电路领域优势明显。2022 年的展会活动因新冠疫情受到限制，但仍有亮点。8 月，2022 国际集成电路展览会暨研讨会在南京举办，吸引了 150 余家海内外知名企业参展，同期举办 2 大高峰论坛、3 场技术论坛。此外，12 月，科技部正式批复同意国家集成电路设计自动化技术创新中心，由东南大学牵头，联手北京大学、西安电子科技大学等高校，以及国内 EDA 龙头企业、集成电路制造和设计企业等上下游企业共同建设。

在新型显示领域，江苏省立足产业基础，加强新型显示与产业链上下游合作。7 月，2022 第九届海峡两岸（南京）新型显示产业高峰论坛在南京举办，论坛以"创新突破 强链补链"为主题，对新型显示技术和产业的最新发展态势进行深入的分析和探讨，并为产业链上下游的对接提供平台。

三、浙江省

2022 年，浙江省发布多项产业政策，支持集成电路产业发展。8 月，浙江省人民政府办公厅发布《关于印发新时期促进浙江省集成电路产业和软件产业高质量发展若干政策的通知》，提出了研发和应用支持、投融资和重大项目支持、人才、创新平台和产业平台、企业培育、产业链供应链安全保障六个方面的政策。12 月，浙江省经信厅发布《浙江省集成电路产业链标准体系建设指南（2022 年版）》，推动集成电路产业链标准体系建设，进一步提升浙江省集成电路产业链竞争力。

浙江省在集成电路领域呈现出多城并进的趋势。11 月，在绍兴举办2022 绍兴名品集成电路行业（RCEP）国际贸易云展会，促进商务洽谈和项目合作。同月，在金华举办首届集成电路产业创新发展大会，以"芯机遇、芯科技、芯高地"为主题，探寻国产化信息技术全周期生态体系建设发展之路。同月，在嘉善举办 2022 集成电路产教融合高峰论坛，研讨了集成电路领域创新型、应用型、技术技能型产业人才的选拔培育。

四、安徽省

安徽省加快集成电路、新型显示产业发展，以合肥市为中心加快产业集聚发展，推动产业创新发展。2022 年 11 月，2022 世界集成电路大会在合肥开幕，会议以"合作才能共赢"为主题，主要内容包括 1 场开幕式、4 场高峰论坛、10 场主题论坛。同期举办的第二十届中国国际半导体博览会（IC China 2022）展览面积达 2.3 万平方米，300 多家企业参展，全面展示了集成电路全产业链最新创新技术和应用成果。

第二十章

珠江三角洲地区电子信息产业发展状况

第一节 整体发展情况

珠江三角洲地区（简称"珠三角地区"）制造业基础雄厚，是我国开放程度最高、经济活力最强的区域之一，拥有我国最好的电子信息产业与装备制造业，在我国电子信息产业发展大局中具有重要战略地位。随着粤港澳大湾区发展战略的推进，东莞、珠海、惠州等地加强与广州、深圳的协同发展，珠三角电子信息产业区域一体化效应持续增强。国家"十四五"规划纲要进一步提出"高质量建设粤港澳大湾区"，电子信息产业的快速发展为推进粤港澳大湾区建设不断增添新引擎、注入新动能。

一、产业规模

2022 年，广东省电子信息产业规模继续保持增长，但增速有所下滑。据《2022 年广东省国民经济和社会发展统计公报》数据，广东省高技术制造业增加值比 2021 年增长 3.2%，占全省规模以上工业增加值的 29.9%，与 2021 年基本持平，其中，电子及通信设备制造业增长 1.0%，计算机及办公设备制造业增长 12.6%。广东省先进制造业增加值比上年增长 2.5%，占全省规模以上工业增加值的 55.1%，其中，高端电子信息制造业增长 1.6%。广东省装备制造业增加值比上年增长 3.5%，占全省规模以上工业增加值的 44.7%，其中，计算机、通信和其他电子设备制造业增长 1.1%。此外，广东省信息传输、软件和信息技术服务业营业收入较 2021

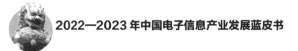

年增长了 8.0%，增速也有明显下降。

二、产业结构

珠三角地区电子信息制造业的规模和技术水平均在全国处于引领地位，主要优势领域是通信设备、计算机、家用电器、视听产品和电子元器件等，尤其在智能终端和新型显示等领域优势显著。在智能终端领域，2022 年全球智能手机出货量为 12.1 亿部，同比下降 11.3%，珠三角品牌 OPPO 和 vivo 仍然位列全球智能手机出货量前五。其中，OPPO 出货量为 1.1 亿部，同比下降 22%，市场占有率为 10%；vivo 出货量为 1.0 亿部，同比下降 22%，市场占有率为 9%。5G 智能手机方面，2022 年全球 5G 智能手机出货量接近 7 亿部，其中，OPPO 位列全球第四。在新型显示领域，珠三角地区拥有全球最大的液晶电视模组生产基地，产能全国领先。珠三角地区的超高清视频、智能家居、电子元器件等电子信息制造业也在平稳发展。

空间布局方面，珠三角地区不断突出以通信产品和消费电子为重点的产品升级，逐渐形成以深圳、东莞、惠州为中心的电子计算机制造产业链，以深圳、广州、东莞为中心的通信设备制造产业链，以惠州、珠海、佛山为代表的智能家电制造产业链。

企业培育方面，珠三角地区积极打造世界级电子信息龙头企业，拥有华为、TCL 等一大批实力强劲的电子信息骨干企业，信息技术领域上市公司数量超过北京与上海之和，总市值居全国首位。TCL 等智能电视品牌加速向高端化发展，华为、vivo、OPPO 等智能终端品牌引领全球手机市场发展。

第二节　主要行业发展情况

一、通信设备

据统计，2022 年广东省程控数字交换机产量为 829.71 万线，占全国产量的 93.8%，稳居首位；2022 年广东省生产手机 62690.0 万部，占全国产量的 40.17%，排名全国第一；2022 年全国移动通信基站设备产量为 667 万射频模块，同比增长 16.3%，其中约半数由广东省生产。由于消费终端市场需求低迷，产业链"砍单""压价"现象多发，珠三角地区的终端制造相关领域受到一定影响，增长较往年放缓。

二、新型显示

经过多年发展，珠三角地区聚集了 LG 显示、电气硝子、创维等全球知名的显示龙头企业。广州积极建设"世界显示之都"，广州开发区加快打造全国最大的新型显示产业基地。新型显示领域首家国家级创新载体——国家新型显示技术创新中心，在广东聚华新型显示研究院挂牌。大批上游设备、原材料和零部件企业，中游面板与模组企业，以及下游整机企业纷纷来到珠三角地区投资建厂，不断推动产业链发展壮大，形成我国技术最先进、生产规模最大、产出效益最高的新型显示集群之一。

三、智能家电

据统计，2022 年我国彩电产量为 19578.3 万台，同比增长 5.8%。其中，超过一半的彩电由广东省制造，产量为 10792.02 万台，同比增长 10%。随着电视智能化、高清化趋势加快，智能音箱、4K/8K 超高清等高端需求进一步增长，珠三角地区在智能电视等家电产品领域拥有广阔的发展前景。

四、集成电路

据统计，2022 年我国集成电路产量为 3241.9 亿块，比上年下降 9.8%。其中，广东省集成电路产量为 516.87 亿块，比上年下降 4.2%，增速较上年下降 48.6 个百分点。广东省集成电路产业链涵盖了产业链上游研发设计、中游封装测试及下游应用环节，其中集成电路设计领域在全国领先。目前，广东省拥有广州、深圳、珠海三大集成电路产业集群，聚集了华为、中兴、英特尔、瑞萨、博通等半导体研发中心。

第三节　重点城市发展情况

一、深圳市

深圳电子信息制造业规模多年稳居内地城市首位。2022 年，深圳电子信息制造业产值为 2.48 万亿元，占全国总产值的 1/6。其中，半导体和集成电路产值超过千亿元，移动通信基站、彩电、手机等产品产值位居全国前列。深圳拥有华为、中兴、康佳、创维、TCL、大疆等一批具有全球竞争力和知名度的骨干企业。2022 年，深圳规上电子信息制造企业超 4100 家，年产值千亿级企业有 5 家，年产值过百亿元的企业有 27 家，年产值在 5 亿元以上的企业近 400 家，全国电子信息百强企业有 21 家。

深圳一方面重点培育和发展集成电路产业，致力于从"制造工厂"向"智造工厂"转型，另一方面加速培育壮大工业互联网、智能网联汽车、5G、物联网、智能家居、超高清视频等新兴领域。深圳高度重视信息技术领域的研发创新，目前深圳国家高新技术企业超 2.3 万家，拥有国家高性能医疗器械创新中心、5G 中高频器件创新中心、超高清视频创新中心 3 家国家级制造业创新中心，以及鹏城实验室、深圳湾实验室、国家超算中心等一批重大科技创新平台，这为深圳电子信息产业不断注入原始创新动能。

二、东莞市

东莞是移动智能终端、消费电子和智能装备等领域的国内重要生产基地之一，集聚华为、OPPO、vivo 等巨头企业。2022 年，东莞国家高新技术企业数量达到 9099 家，位居广东省第三；企业研发投入占东莞总研发投入的比重超过 80%。东莞主要围绕电子信息技术、新材料技术、光机电一体化技术、新能源高效节能技术等领域发展高新技术产品，其中，电子信息技术领域产品占据高新技术产品的半壁江山。

据《2022 年东莞市国民经济和社会发展统计公报》数据，2022 年，东莞工业生产承压运行，新兴领域焕发生机。全市规模以上工业增加值为 5267.39 亿元，同比下降 1.3%。高技术产业发展态势良好。从细分领域看，计算机整机制造增长 56.6%，电子工业专用设备制造增长 14.3%，光纤、光缆及锂离子电池制造增长 12.9%。从产品产量看，工业仪表增长 157.0%，光伏电池增长 71.2%，智能手表增长 41.7%，充电桩增长 35.6%，液晶显示模组增长 16.4%。

三、惠州市

惠州是广东省乃至全国重要的电子信息产业基地。特别是在新型显示领域，惠州已经成为千亿级平板显示产业集群，拥有 TCL、旭硝子、雷曼光电、聚飞光电等产业链上下游重点企业。《惠州市先进制造业发展"十四五"规划》提出，到 2025 年，工业总产值达到 1.5 万亿元，其中电子信息及相关产业产值达 8000 亿元。2022 年，惠州电子信息产业集群总产值首次突破 5000 亿元大关，规模位列广东省第三，集群规模以上企业 855 家，其中，12 家企业产值超百亿元，已形成超高清视频显示、5G 及智能终端、智能网联汽车、新能源电池、核心基础电子五大优势主导产业。

据《2022 年惠州市国民经济和社会发展统计公报》数据，2022 年，惠州规模以上高技术制造业实现增加值 947.54 亿元，占全市规上工业比重为 39.1%。其中，电子及通信设备制造业增长 4%，拉动全市规模以上工业增加值增速 1.6 个百分点。主要工业产品中，液晶显示屏增长 22.4%，移动通信手持机（手机）增长 12.4%，彩电下降 4.1%，组合音响下降 2.8%，锂离子电池下降 8.2%，微型计算机下降 27.3%。

第二十一章

环渤海地区电子信息产业发展状况

环渤海地区是指环绕着渤海全部及黄海的部分沿岸地区所组成的广大经济区域，该地区电子信息产业基础雄厚，各种产业资源高效整合交汇。环渤海地区成为继长三角地区和珠三角地区之后又一发展成绩瞩目的电子信息产业基地。

第一节　重点省市发展情况

一、北京市

北京市电子信息制造业发展态势平稳。2022 年，北京市软件信息服务业同比增长 9.8%，工业和软件信息服务业固定资产投资累计完成1275 亿元，同比增长 25%。在高精尖产业体系构建方面，推动了 83 个投资过亿的制造业项目开工，累计支持 96 个智能化改造升级项目，打造了 83 个智能工厂和数字化车间，高精尖资金共支持 900 余家企业，总额度达到 17.5 亿元。设立数字经济基金、智造基金两只产业基金，增加基金规模 220 亿元。云计算、人工智能等产业加快布局，新基建项目投资同比增长 25.5%，占全市固定资产投资的比重为 11.1%，比上年提高 2 个百分点。

二、天津市

天津市电子信息产业逆势上扬。2022 年，天津市挖掘新动能企业，并打破领域界限,跨行业补链强链串链,不仅实现了招商引资的新突破,也为新动能引育提供更多便利。仅 2022 年上半年，天津市电子信息产业累计完成产值超 870 亿元，同比增长 10.2%。全市电子信息规上企业达 200 余家，在线消费及视频会议需求激增，服务器、元器件、集成电路等产量呈现爆发式增长。2022 年全年，天津市高技术产业（制造业）增加值增长 3.2%，占规模以上工业增加值的比重为 14.2%。光纤产量增长 2.8%，锂离子电池产量增长 15.3%，城市轨道车辆产量增长 53.8%。

出台政策持续推动电子信息产业发展。2022 年，天津市工业和信息化局正式印发《天津市新一代信息技术产业发展"十四五"专项规划》，提出到 2025 年，市电子信息制造业产值突破 3000 亿元，人工智能产业不断壮大，整体质量效益进入国家第一梯队，将天津建成具有国际影响力的新一代信息技术产业高地的发展目标；并提出将在人工智能、集成电路、大数据、云计算、智能终端等新一代信息技术重点领域布局建设一批技术创新中心和重点实验室，推动现有工程技术研究中心优化升级，争创一批国家级创新平台。

三、山东省

山东省电子信息产业实现产业跃迁的基础优势和比较优势凸显。2022 年，山东省电子信息制造业增加值同比增长 17.9%，超出同期工业增加值增速 12.8 个百分点。山东省把新一代信息技术产业列为"十强产业"之首，着力推动新一代信息技术产业延链补链强链。2022 年 1—11 月，山东省信息技术产业营业收入突破 1.5 万亿元，同比增长 18.2%。其中，电子信息制造业营业收入实现 4939.8 亿元，同比增长 16.9%。

持续推动"卡脖子"技术研发与应用。2022 年，山东省发挥数字企业创新主体地位，实施"基于数字孪生的智能制造系统"等 3059 项省级企业技术创新项目，发布"智能制造数据感知与分析平台"等 20 项大数据创新成果，推广"数字储能集装箱"等 277 个首台（套）技术装备、"高性能有机发光显示材料"等 244 种首批次新材料、"浪潮云海云操作系统 InCloud OS"等 473 个首版次高端软件，实施国家"北斗星动能""浪潮异构多核 AI 服务器"等 16 项重大科技创新工程，开展北斗综合应用项目示范，推广北斗终端数量 23508 台（套），推广数量居全国前列。全球首艘 10 万吨级智慧渔业大型养殖船"国信 1 号"、国内首颗海信 8K AI 画质自主芯片、天岳 8 英寸碳化硅衬底、德州有研 12 英寸硅片相继研究开发成功。

四、辽宁省

辽宁省电子信息制造业增速放缓。2022 年，辽宁省规模以上装备制造业增加值同比增长 2.2%，占全省规模以上工业增加值的比重为 27.2%。其中，计算机、通信和其他电子设备制造业增加值增长 28.5%，铁路、船舶、航空航天和其他运输设备制造业增加值增长 7.5%，专用设备制造业增加值增长 6.8%，通用设备制造业增加值增长 4.4%，汽车制造业增加值持平。这说明装备制造业仍然是辽宁省制造业的重要支柱，但不同行业之间增长差异较大。然而，高技术制造业增加值增长 16.6%，这说明辽宁省正朝着更具创新性和高附加值的方向发展。

第二节 重点园区发展情况

一、发展情况

中关村国家自主创新示范区（以下简称"中关村示范区"）、天津滨海高新技术产业开发区（以下简称"天津高新区"）和青岛国家高新技术产业开发区（以下简称"青岛高新区"）是环渤海地区的重点代表园区。

中关村示范区保持较强的创新优势，电子信息领域专利增长态势稳中有进。2022 年前 11 个月，中关村示范区企业获得专利授权 89733 件，同比增长 8.9%，占全市企业专利授权量的 64.2%。2022 年上半年，中关村示范区电子信息领域企业的专利授权量为 24205 件，占示范区企业专利授权量的 49.2%，其中发明专利授权量为 14168 件，占示范区企业发明专利授权量的 67.2%，继续保持领先优势。

天津高新区信创产业发展取得新成效。2022 年，天津市第 6 家海河实验室——脑机交互与人机共融海河实验室落户天津高新区。天津高新区聚力建设"中国信创谷"，截至 2022 年，天津高新区聚集信创产业上下游创新企业超过 1000 家，落地信创海河实验室、国家先进计算产业创新中心、先进操作系统创新中心等重大创新平台，现有市级以上研发机构 76 家，其中国家级 8 家。2021 年年底，天津市出台"中国信创谷九条"专项政策，成立百亿规模信创产业母基金，构建多维度、多层次产业支撑体系。天津高新区领军企业麒麟软件发布全国首个桌面操作系统开发者平台"开放麒麟"（openKylin），成立全国首个"政产学研金"模式飞地孵化器。

青岛高新区一批重点项目加快落地。在 2022 年 7 月的青岛高新区重点产业项目签约活动中，14 个涉及新一代信息技术、"人工智能+高端装备制造"产业领域的重点项目签约落户，其中亿元以上项目 12 个，推动青岛高新区产业延链补链强链，加速区域产业"全链式"发展。

二、发展特点

中关村示范区立足园区实际，担当实干、创先争优，各类新技术、新产业、新业态、新模式在中关村示范区聚集发展，发展成效日益凸显。2022 年，北京市科学技术委员会、中关村科技园区管理委员会出台《中关村国家自主创新示范区优化创新创业生态环境支持资金管理办法》等系列政策措施，持续完善创新生态，促进园区创新能力明显提升。

天津高新区坚持"科技创新"和"制度创新"双轮驱动。一方面，聚焦深化改革，持续激发体制活力，推动体制机制深度重塑。2022 年，天津高新区完成法定机构第二轮聘期改革，新提拔干部 76 名，5 名干部被破格提拔，45 名重新"起立"干部参加同级岗位竞聘。另一方面，充分发挥自贸试验区改革创新试验田和国家自主创新示范区示范引领作用，联动发展。围绕"中国信创谷"和"细胞谷"开展政策创新，加快探索发展"保税+研发""保税+检测"等新业态，优化研发类企业的保税监管流程，探索在集成电路等领域联合综合保税区开展保税检测模式创新。

青岛高新区企业上市培育工作成效显著。目前已有软控股份、高测股份、科捷智能、盘古智能 4 家上市企业，华芯晶电、斯坦德检测等 10 余家企业正在接受上市中介机构的辅导；37 家企业入选 2022 年高新区企业上市"白名单"，名单中 10 家企业入选山东省重点上市后备企业名单，18 家企业入选市高企上市培育库。青岛高新区入选山东省上市公司孵化聚集区试点名单，上市后备力量不断发展壮大，形成了"辅导一批、申报一批、过会一批、上市一批"的上市培育梯次推进格局。

第二十二章

福厦沿海地区电子信息产业发展状况

福厦沿海地区交通便利，制造业基础发达，是我国仅次于长三角地区、珠三角地区、京津冀地区的第四大电子信息制造业产业集群区域，在液晶电视、传感器、集成电路、计算机和网络通信、LED、锂电池等产业领域已经成为我国有影响力的产业集群区域。

第一节　整体发展情况

2022 年，福建省规上工业企业营业收入突破 7 万亿元，规模位居全国第五，工业增加值达 1.96 万亿元，规上工业增加值同比增长 5.7%，工业战略性新兴产业增加值同比增长 15.5%，高技术产业增加值同比增长 17.1%，占规上工业增加值的比重达到 16.7%，工业投资年均增长 15%。福建省规上工业企业数量已突破 2 万家，营业收入百亿级工业企业达到 67 家，国家级企业技术中心 71 家，国家专精特新"小巨人"企业 349 家，国家级制造业单项冠军 45 家。

福建省聚焦提升集成电路产业技术水平、巩固新型显示产业优势、升级计算机与信息通信产业、打造锂电池千亿产业集群，做强做优电子信息制造业。着力推动"增芯强屏"，引育京东方、联芯、天马、华佳彩等一批重点企业重点项目落地福建；强调产业集聚，在细分领域不断补链强链，推动福建省电子信息产业链技术自主，价值提升。

福州市聚焦数字经济，推进新一代信息技术与制造业融合发展，建成软件、大数据、物联网、新型显示、光电等福州市电子信息优势领域产业集群。举办数字中国建设峰会，推动福州市成为全国信息产业、数字化成果孵化展示基地，吸引两岸电子信息企业集聚福州，培育了国家级新一代信息技术与制造业融合发展试点示范企业 4 家、工业互联网试点示范项目 4 个、制造业与互联网融合发展试点示范项目 1 个。

厦门市打造平板显示、计算机与通信设备、半导体和集成电路、软件和信息服务业四大优势产业。光电显示产业是厦门市电子信息传统优势产业，产值占全市电子信息制造业的比重约 60%，厦门市抓住新一代信息技术发展机遇，打造"芯屏端软智网"一体的产业生态圈，布局柔性电子、第三代半导体、智能制造装备等细分领域，不断补链强链，引进知名企业落地厦门。2022 年厦门位列"新型显示十大城市"和"新型显示增速最快五大城市"榜首。

泉州市围绕半导体、新一代信息技术，推动产业链国产化进程，出台了《泉州市"十四五"战略性新兴产业发展规划》《泉州市进一步推动高新技术企业培育发展若干措施》《泉州市电子信息产业发展行动方案》等政策文件，成立电子信息产业发展小组，设立半导体产业发展专项资金，重点支持"设计—制造—封装测试—材料装备—终端应用"全产业链生态圈构建，大力推动应用终端、创新服务平台等新业态发展。

宁德市以龙头企业为核心，加强配套建设，强化全产业链协同合作，集聚锂电新能源上下游企业 80 多家，产品涵盖锂电池关键材料、配套材料和智能装备，锂电池产业产值超过千亿元，动力电池集群入选国家先进制造业集群名单。

第二节　重点园区发展情况

一、发展情况

厦门国家火炬高新技术产业开发区（以下简称"厦门火炬高新区"）为 1991 年国务院批准的全国首批国家级高新区，是福厦沿海地区的重点园区，拥有国家高新技术产品出口基地、国家光电显示产业集群试点、国家新型工业化产业示范基地等 10 多个国家级产业发展和孵化平台。园区以"大项目—产业链—产业集群"为发展方针，聚焦平板显示、计算机与通信设备、软件和信息服务、半导体和集成电路、电力电器五大重点产业，集聚企业超过 17000 家，年产值超百亿元的企业 8 家，境内外上市公司 24 家，占厦门上市企业比例超过 1/4，国家级高新技术企业1500 多家。

2022 年，厦门火炬高新区规上工业总产值达到 3626 亿元，同比增长 3.9%，固定资产投资 356.1 亿元，同比增长 27.4%。2022 年，园区新增百亿级企业 1 家、国家级专精特新"小巨人"企业 35 家、国家级制造业单项冠军 3 家。在 2022 年全国先进制造业百强园区评选中排名第 11 位，获评"国家级知识产权强国建设试点园区"和"国家双创示范基地"，综合发展水平考核连续七年位列全省第一。

作为厦门市新型显示产业的主要集聚地，园区内拥有全国唯一的国家光电平板显示产业集群试点，连续三年被评为五星级国家新型工业化产业示范基地。厦门火炬高新区平板显示产业产值突破千亿元，占厦门市总产值超过 90%，是园区第一大产业，涵盖天马、友达、冠捷、电气硝子、强力巨彩等上中下游龙头企业，覆盖玻璃基板、面板、模组、整机等上下游全产业链环节。园区管理集团主动搭建产业供应链协作平台，产业链上下游企业协同合作高效便捷。

厦门火炬高新区积极布局半导体和集成电路产业，与中科院计算所和中国芯片产业联盟深度合作，打造 RISC-V 开源芯片产业生态，从产业促进、项目加速、技术共享等全方位推动园区集成电路产业发展。目前已汇聚集成电路企业 200 多家，覆盖芯片设计、材料与设备生产、晶圆制造、封装测试等主要产业链环节，厦门优迅、凌阳华芯科技、三安集成电路等多家企业产品获"中国芯"优秀产品称号，园区获评"2022年第三代半导体最具竞争力产业园区"。

二、发展特点

"一区多园"跨岛发展。厦门火炬高新区建成了包括火炬园、厦门软件园、厦门创新创业园、同翔高新城、火炬（翔安）产业区等在内的多个园区，分布在思明、湖里、集美、同安、翔安五个行政区，形成厦门岛内外"一区十园"的发展格局，以不到 6% 的占地面积实现超过 40%的厦门工业总产值。

高新技术筑牢发展基石。厦门火炬高新区以高质量发展为目标，围绕厦门市"4+4+6"现代化产业体系，紧抓新型显示、新能源汽车、人工智能等重点产业和战略性新兴产业，出台支持专精特新"小巨人"企业成长的政策措施，发放"火炬创新券"，鼓励企业提升自主创新能力，推动神州信创研究院、国家新能源汽车技术创新中心分中心等一批创新平台落地厦门，成立全国第一所高新区平台型产业大学——厦门火炬大学，与南开大学、中南大学共同建立就业实习基地，"引育用留"全链条人才，从政策扶持、平台建设、人才引进、资金支持等多方面大力推动前沿技术研发和高科技企业及项目落地。

"一企一策"精准服务。厦门火炬高新区组织专属服务团队对企业提供针对性协助，通过"一对一"走访、企业接待日等模式加强与企业之间的沟通，及时完善政策措施。围绕园区重点"链主"企业，以商引商，积极招引上中下游企业，完善配套设施，确保"链主"企业的供应链稳定安全。创建金融服务中心，为企业精准画像，整合金融机构、资本平台、投资平台等资源，高效匹配最惠融资政策。

地理优势助推对外开放。厦门市与中国台湾地区隔海相望，地理位置优越，生活方式相近，厦门火炬高新区已招引台企 400 余家，引入友达、冠捷电子、东元集团等知名台企，在平板显示、计算机与通信设备、LED、微电子与集成电路等产业领域吸纳优质人才。抓住厦门举办金砖国家峰会的机会，推进金砖创新基地建设，建成金砖数字经济孵化中心，推动成立厦门市金砖人才创业基地，将园区打造成为金砖国家数字经济交流主平台。

第二十三章

中部地区电子信息产业发展状况

我国中部地区多省大力布局电子信息产业，从基础研究、技术研发和产能承接多维度出发，根据区域产业基础发展出各具特色的产业长板，打造了"武汉·中国光谷""南昌·世界 VR 之都"等具有品牌效应的电子信息产业集群，电子信息产业已成为中部地区经济发展的主要支撑。2022 年，中部地区重点省市克服电子信息产业营收下行等困难，推动市场主体创新突破，以企业集聚效应推动电子信息产业高质量发展。

第一节 重点省市发展情况

一、湖北省

湖北省以"武汉·中国光谷"为发展核心，以企业集聚为重要发展路径，重点打造集成电路、光通信、激光、新型显示和智能终端五大产业，依托龙头企业、本地高校及国家实验室等平台，壮大产业规模，引领技术突破，打造品牌效应，完善产业生态，推动武汉光电子信息产业集群成为国家级先进制造业集群。

2022 年，湖北省电子信息产业在全球经济复苏缓慢、消费电子行业大幅下行的环境下保持继续增长，营收达到 7600 亿元，同比增长20%，占全省规上工业总营收的 14.1%。光纤光缆产量位列全球第一，光电器件及中小尺寸显示面板产量位列全国第一，显示器产量同比增长35%、电子元件产量同比增长 14%，手机产量超过 6000 万部，同比增长 41%。仅武汉东湖新技术开发区就集聚 1.5 万家企业，其中 5 家企业入选中国电子信息竞争力百强企业榜单，5 家企业获评国家制造业单项冠军，75 家企业获评国家级专精特新"小巨人"企业，连续四年获评五星级国家新型工业化产业示范基地。

湖北省以光电子产业为基石，大力发展电子信息全产业链，结合地方特色建设产业集群，在武汉打造了全球最大的光纤光缆生产基地，在荆门建设动力储能电池生产基地，推动荆州电子元器件、宜昌电子材料等特色产业集群建设，推动全省电子信息产业一体化发展，推进各市州电子信息制造业主营业务收入实现高速增长。

二、河南省

河南省聚焦"补芯、引屏、固网、强端、育器"，以手机智能终端、计算终端、智能传感器、信息安全、集成电路及元器件五大产业为发展主轴，围绕数字河南建设，实施制造业智能化、绿色化和企业技术三大改造，以引入重大项目推动河南电子信息产业发展。

2022 年，河南省规模以上电子信息产业增加值占全省规模以上工业增加值的比重为 8.5%，其增速达到 16.7%，对规模以上工业增长的贡献率超过 25%。2022 年，河南省生产手机 1.54 亿部，是全球最大的苹果手机生产基地；生产计算机整机 141.99 万台，较上年增长 107%；生产液晶显示屏 2170.16 万片，同比增长 25.4%。

河南省重视企业市场主体地位，引进比亚迪新能源汽车、宁德时代新能源电池等重大项目以及华为、阿里巴巴、海康威视等一批龙头企业落地河南，推动黄河信产、超聚变、浪潮、长城、紫光、中科曙光等计算终端生产项目顺利投产，以超大企业超大项目带动河南省电子信息产业快速发展。2022 年，河南省新培育国家级专精特新"小巨人"企业 164 家、省级专精特新中小企业 1183 家、中小企业特色产业集群 4 个，新建智能工厂智能车间 185 个，新认定省级绿色工厂 106 家、绿色工业园区 7 个、绿色供应链管理企业 21 个，其中明泰铝业、瑞泰耐火、信阳羚锐入选国家智能制造示范工厂揭榜单位名单。

三、江西省

江西省着力打造万亿级电子信息产业，围绕终端体系建设，重点发展移动智能终端、虚拟现实、智能家居、汽车电子、航空电子、半导体照明、印制电路板、电子材料、智能传感器、集成电路、新型显示 11 个电子信息重点细分领域，优化产业结构，延伸产业链条，成为中部地区电子信息产业强省。

2022 年，江西省电子信息制造业营业收入达到 10112.2 亿元，同比增长 32.2%，首次突破万亿元大关，也是江西省第一个突破万亿元的产业，利润超过 900 亿元，同比增长 78.2%，营业收入和利润均位居全国第四、中部地区第一。物联网核心及关联产业主营业务收入突破 1900 亿元；建成全国最完善的 LED 产业链，LED 芯片产能位列全球第三；手机 ODM 规模位居全国第二。

江西省建成 5 个国家新型工业化（电子信息）产业示范基地，形成了 23 个省级电子信息产业集群，规模以上电子信息企业达到 2214 家，华勤电子、立讯智造等 16 家电子信息企业主营业务收入突破百亿元，赣州同兴达、欧菲光电等 24 家企业营业收入超过 50 亿元，盛泰精密光学、兆驰光电、深联电路等 44 家企业营业收入超过 20 亿元，大、中、小型电子信息企业矩阵完善。打造高端制造富士康工业互联赣州智能制造园区，组建国家硅基 LED 技术工程研究中心，培育独角兽及瞪羚企业超过 400 家，以创新带动江西省电子信息产业高质量可持续发展。

第二节 重点园区发展情况

一、武汉东湖新技术开发区

武汉东湖新技术开发区（以下简称"东湖高新区"）2022 年地区生产总值达到 2643.81 亿元，同比增长 6%，占武汉市地区生产总值比重突破 14%，工业总产值和增加值增速以及招商引资实际到位资金均位列武汉市第一。

东湖高新区重点发展激光、创新药、数字经济、集成电路、新型显示五大特色产业，园区内市场主体突破 18 万家，2022 年签约 6 个百亿级项目，新开工项目 102 个，总投资达到 861 亿元，中国信科高端电子器件和 5G 移动通信研发生产基地、金山集团武汉总部、TCL 华星模组厂房等重点项目建成投产，武汉光电子信息产业集群入选国家级先进制造业集群名单。

东湖高新区着力打造东湖科学城，以全球光电信息科技创新中心、全球生命健康产业创新中心、全球碳中和工程科技创新中心为发展目标，建成了湖北实验室、国家创新中心等前沿交叉科研平台，以及武汉光电国家研究中心、国家先进存储产业创新中心等 39 家国家级企业主体研发平台。2022 年，东湖高新区新认定高新技术企业 1381 家、瞪羚企业 559 家、国家级专精特新"小巨人"企业 17 家，国内首款 1.6Tb/s 硅光互连芯片、国内首款 2K 高频 PWM 柔性屏、全国产 EDA 软件等一批重大科技创新成果均在东湖高新区诞生，高新技术产业增加值同比增长 14.15%。

二、郑州航空港经济综合实验区

郑州航空港经济综合实验区（以下简称"郑州港区"）聚焦高端制造，构建枢纽经济，以打造万亿级电子信息产业为港区发展主线，着力完善产业链条，推动聚链成群，将港区建设成为经济"中原特区"。

2022 年，郑州港区生产总值达到 1208 亿元，同比增长 3.7%，工业总产值达到 5358.4 亿元，规模以上工业增加值同比增长 9.7%，外贸进出口总值达到 4707.8 亿元。

郑州港区重点打造"4+2"产业集群，即电子信息、新能源汽车、航空航天、生物医药 4 大产业和现代物流、会展商贸 2 大业务，围绕智能手机、服务器、智能可穿戴设备等终端产品，开拓半导体、集成电路、新型显示等关联产业链，打造园区内"芯屏网端器"全产业内循环生态圈。以富士康郑州科技园区为基石，郑州港区已建立起涵盖手机组装、SMT 贴片、摄像头模组、液晶显示模组、自动化设备、精密模切件全流程生产的智能终端全产业链，引进联创电子、和而泰、记忆科技、睿意科技、博硕科技等智能终端上下游企业，打造手机产业最前沿的试验场和生产基地。2022 年，郑州港区新签约项目 27 个，总投资达到 860 亿元，目前郑州港区高新技术企业已达到 157 家，专精特新企业 94 家，高新技术产业增加值占规上工业增加值的比重超过 98%。

三、南昌国家高新技术产业开发区

南昌国家高新技术产业开发区（以下简称"南昌高新区"）以移动智能终端、LED 两大电子信息细分领域为重点产业，打造国家新型工业化产业示范基地。2022 年，南昌高新区生产总值达到 1010.24 亿元，同比增长 4.9%，成为江西省首个地区生产总值突破千亿元的经济开发区，工业营收达到 3313.1 亿元，同比增长 8.5%，工业增加值达到 660.0 亿元，占地区生产总值比重 65.3%，对经济增长的贡献率超过 50%。

移动智能终端产业建成覆盖液态镜头、摄像模组、触摸屏、主板贴片、精密结构件、受话器、耳机、芯片封装及整机生产和整机配套的完整产业格局。LED 产业实现从衬底材料、外延、芯片、封装、终端应用到核心关键生产设备等环节的完全自主知识产权，联创、晶能、兆驰等一批行业重点企业集聚，覆盖了从设备、材料、芯片、封装到应用的全产业链。

2022 年，南昌高新区全区企业总营收达到 6500 亿元，同比增长 6.4%，工业营收超过 100 亿元的企业达到 8 家，16 家企业工业营收超 10 亿元。南昌高新区新型计算机及信息终端设备制造创新型产业集群入选国家级创新型产业集群名单，联益光学、双胞胎集团、泰豪军工、江西国药 4 家企业入选江西省制造业单项冠军，25 家企业获评江西省高成长性科技型企业。龙头企业做大做强，集群效应不断显现，南昌高新区企业数量和规模持续领跑江西省。

第二十四章

西部地区电子信息产业发展状况

　　我国西部地区包括陕西省、四川省、云南省、贵州省、广西壮族自治区、甘肃省、青海省、宁夏回族自治区、西藏自治区、新疆维吾尔自治区、内蒙古自治区、重庆市 12 个省、自治区、直辖市。西部地区的矿产、土地、水利等资源十分丰富，尤其是天然气和煤炭资源的储量分别占全国的 87.6% 和 39.4%，这些是西部地区发展特色优势产业的重要基础条件。

第一节　重点省市发展情况

一、四川省

　　四川省是我国西部重要的电子信息产业基地，在新型显示、数字娱乐、集成电路设计、信息安全等产业领域具有独特优势，先后集聚了华为、京东方、微软、IBM、德州仪器等一批具有全球影响力的龙头企业。四川省电子信息产业，以 2019 年营业收入突破万亿元为新起点，正着力构建"大"字形"一核一带两走廊"电子信息产业空间发展格局，朝着第二个"万亿"台阶迈进。"一核"即成都市，积极打造全球知名的电子产品制造基地和全国重要的信息技术产业基地；"一带"即成绵乐高铁发展带（广元—绵阳—德阳—成都—眉山—乐山—雅安），积极打造四川省重要的电子产品生产配套大基地、全国重要的数字视听产品研发制造基地、国家重要的军工电子制造基地和军民两用产业示范基地；"两走廊"即川南发展走廊（成都—资阳—内江—自贡—宜宾—泸州）、川东北发展走廊（成都—遂宁—南充—广安—达州），重点集聚发展智能终端、电子元器件及整机设备等产业链。四川省重点发展新型显示产业，在成都高新区聚集京东方、天马、中光电、富士康、戴尔、联想、TCL 等新型显示产业龙头企业，基本覆盖上游原材料、中游显示面板、下游终端全产业链。

2022 年，四川省全年工业增加值为 16412.2 亿元，比上年增长 3.3%，对经济增长的贡献率为 31.2%。年末规模以上工业企业为 16796 户，全年规模以上工业增加值增长 3.8%。从行业看，计算机、通信和其他电子设备制造业增加值增长 11.3%。主要产品方面，彩电增长 17.0%，电力电缆增长 11.5%，平板玻璃增长 1.3%。

近年来，四川省聚焦集成电路与新型显示、新一代网络技术、大数据、软件与信息服务 4 个产业领域，重点招引集成电路、数据存储、新型传感、新型显示、5G、网络安全、卫星互联网、超高清、智能终端、绿色数据中心、基础软件、工业软件、平台建设和运营服务、应用软件等 14 个细分领域的龙头企业和重点项目，持续巩固集成电路、新型显示、智能终端、超高清、信息安全等优势产业，围绕存储、传感器、工业软件等后发领域发力。力争到 2025 年，全省电子信息产业规模突破 2 万亿元，年平均增速大于 12%，总量跻身全国电子信息产业前列，川渝携手打造世界级电子信息产业集群。

二、重庆市

重庆市是我国电子信息产业发展的重要集聚区，近年来通过狠抓重大项目落地、建链补链强链等举措，构建起"芯屏器核网"全产业链生态圈，形成了以智能终端、软信产业为代表的两大千亿级产业集群，以及集成电路、新型显示等百亿级产业集群，打造成为全球最大的笔记本电脑、手机制造基地，液晶面板产业规模进入全国前十。重庆市目前集聚了惠普、宏碁、华硕三大品牌商，富士康、广达、英业达、仁宝、纬创、和硕等主机生产商，以及戴尔、东芝、索尼、苹果、小米等笔记本电脑相关品牌。同时，通过引进京东方、惠科、商汤科技等行业龙头企业，推动重大项目落地，现已构建起"芯片设计—晶圆制造—封装测试—原材料配套"的集成电路全产业链，"玻璃基板—显示面板—显示模组"的新型显示全产业生态圈，"品牌+整机+配套+检测"的笔记本电脑、智能终端产业体系，以汽车软件、工业软件、人工智能、信息安全为重点的软信产业体系基本形成。

2022 年，重庆市全年实现工业增加值 8275.99 亿元，同比增长 2.9%，规模以上工业增加值同比增长 3.2%。分行业看，电气机械和器材制造业同比增长 12.3%，计算机、通信和其他电子设备制造业同比下降 8.4%。从规模以上工业主要产品看，微型计算机设备产量为 8631.92 万台，同比下降 19.6%；智能手机产量为 7032.03 万部，同比下降 18.7%；液晶显示屏产量为 2.82 亿片，同比下降 22.7%。电子产业固定资产投资同比增长 7.3%。

近年来，重庆市面向"智造重镇""智慧名城"建设需求，发挥电子整机加工能力优势，推动人工智能、大数据、边缘计算等技术在软硬件产品中植入渗透，建设国家重要的功率半导体器件、柔性超高清显示、新型智能终端、先进传感器及智能仪器仪表、网络安全产业基地和中国软件名城。同时，通过强化与品牌企业合作关系，积极吸引更多品牌企业布局，进一步提升电子终端产品代工能力，加快完善本地研发体系，以求巩固全球计算机、手机生产基地地位。2022 年，重庆市坚持以数字产业化、产业数字化激活发展新引擎，推动"芯屏器核网"产业链群持续完善，电子特气、硅耗材、抛光垫等新材料实现了国产替代。同时，重庆市高位推动软件信息服务业"满天星"计划，实现数字经济招商引资重大项目 66 个，合同投资金额 430 亿元。

2022 年年底，工业和信息化部公布《第三轮先进制造业集群决赛优胜者名单》，全国共 20 个集群成为第三轮先进制造业集群决赛优胜者，其中，成渝地区电子信息先进制造集群正式入围，成为国家级先进制造业集群。

三、贵州省

贵州省把握大数据发展先机，实施大数据战略行动，推动电子信息产业发展。中国电信、中国移动、中国联通三大运营商都将其南方数据中心设在贵州。目前，贵州省是中国电信的南方数据基地、集团网络骨干节点，是中国移动五大数据基地之一，也是中国联通云平台一级节点。

集聚苹果、高通、微软、戴尔、惠普、英特尔、甲骨文等世界知名企业，以及阿里巴巴、华为、腾讯、百度、京东等国内龙头企业进入贵州发展。2022 年，贵州省电子信息制造业增加值同比增长 45.9%，数字经济增速连续 7 年居全国第一。

近年来，贵州省坚定不移地将大数据战略行动向纵深推进，持续发挥国家大数据（贵州）综合试验区的先发优势，发展电子信息制造业、软件和信息技术服务业、通信业三个基础产业，着力打造数据中心、智能终端、数据应用三大千亿级产业集群，形成以数据中心、云服务为引领的特色数字产业集群。推进电子信息制造业高质量发展，加快提升电子信息制造业发展能级，大力发展新型电子元器件、电子材料、锂离子电池、新型显示设备、智能终端、高性能服务器以及计算机、汽车电子等产业。

2022 年，贵州省全部工业增加值为 5493.13 亿元，同比增长 0.7%，规模以上工业增加值同比下降 0.5%。在全省 19 个重点监测的工业行业中，6 个行业增加值保持增长。其中，计算机、通信和其他电子设备制造业增加值同比增长 45.9%；电气机械和器材制造业增加值同比增长 31.2%。主要产品方面，智能电视机产量为 271.04 万台，同比增长 16.1%；家用电冰箱产量为 156.64 万台，同比下降 3.3%；集成电路产量为 38842.19 万块，同比下降 21.5%；电子元件产量为 68.14 亿只，同比下降 10.4%。

第二节　重点园区发展情况

一、成都高新技术产业开发区

成都高新技术产业开发区（以下简称"成都高新区"），于 1991 年成为首批国务院批准的国家级高新区，实行省市共建，行使市级管理权限。现有面积 237.3 平方千米，包括电子信息产业功能区（高新西区）、天府国际生物城（与双流区共建）、新经济活力区（高新南区）、交子公园金融商务区、未来科技城（高新东区）五大产业功能区。2022 年，成都高新区实现地区生产总值 3015.8 亿元，迈上三千亿台阶。

（一）园区发展特点

依托成都市完备的产业体系和便捷的交通，成都高新区迅速发展成为成渝地区双城经济圈建设的重要增长极、中西部创新驱动发展示范区，以及国家高质量发展先行区。园区企业聚集度高、科教人才资源丰富、产业载体多样化、基础配套完善，已成为西部地区发展力度最大、经济效益最好的区域。

（二）园区发展现状及趋势

成都高新区围绕电子信息、生物医药和数字经济三大主导产业，坚持以产业建圈强链理念变革产业发展方式，重点打造集成电路、新型显示、创新药、高性能医疗器械、高端软件、人工智能、金融业、现代商贸、航空航天、元宇宙等 15 条重点产业链。

成都高新区电子信息产业实力雄厚，曾获评全国第三代半导体最具竞争力产业园区，位居中国集成电路园区综合实力榜单第三位，形成了集成电路、新型显示、智能终端及网络通信四大产业链，在全球电子信息产业版图占据重要一极。从细分领域看，集成电路发展态势强劲，代表企业包括海光、MPS、振芯、芯原、华大、联发科等 IC 设计公司，德州仪器等晶圆制造公司，英特尔、达迩、宇芯等封装测试公司，另外还有林德气体、ASM、梅塞尔等产业配套公司。新型显示产业实力强劲，在京东方、天马等企业的带动下，实现了从核心材料、关键部件、高端设备、触控模组、终端应用到新兴显示技术的全产业链覆盖。智能终端集群不断壮大，成都高新区是全球智能终端产业的重要一极，制造了全球约 20% 的台式计算机、60% 的苹果平板电脑。网络通信产业生态完善，已成为国内第四大通信技术及设备研发中心、西南地区通信枢纽，形成从材料到网络、方案的全产业链。

二、重庆西永微电子产业园区

重庆西永微电子产业园区（以下简称"西永微电园"）成立于 2005 年 8 月，是重庆市为优化和提升全市产业结构、发展高新技术产业而规划建设的电子信息产业专业园区。西永微电园位于重庆市主城西部，规划面积 43.8 平方千米，其中产业区 26.9 平方千米，城市核心区 7.4 平方千米，寨山坪生态区 9.5 平方千米。通过十余年的发展，西永微电园已发展成为全球重要的智能终端生产基地和西部重要的集成电路产业高地。

（一）园区发展特点

作为全国唯一以"微电子"命名的产业园区，西永微电园坚持不懈地发展集成电路产业，努力打造全国最大的功率半导体和重要的集成电路特色工艺研发制造基地。目前已汇聚英特尔、SK 海力士、联合微电子、华润微电子等 20 多家知名芯片企业，电子科技大学、北京理工大学等 5 所高校入园设立微电子研究院，重庆市集成电路产业展示中心成为全市对外宣传展示的重要窗口。园区已形成从设计、制造到封装测试的芯片全产业链，初步构建涵盖人才培养、产业孵化、IC 设计平台、工艺中试平台的创新链，集成电路年产值占全市 80%。

（二）园区发展现状及趋势

2022 年，西永微电园实现规上工业总产值 2212 亿元，占重庆全市近 10%。西永微电园重点发展智能终端、集成电路、互联网大数据和汽车电子四大主要产业。

在智能终端领域，西永微电园汇聚惠普、苹果、谷歌、华为等 20 余个全球知名品牌，聚集富士康、广达、英业达等世界知名 ODM 企业在园区生产笔记本电脑、智能平板及 3D 打印机、显示器、手机等智能终端产品，已成为全球重要的电子信息产业基地，拥有年产 1 亿台（件）以上的千亿级智能终端产业集群，实现全球每四台笔记本电脑一台"西永造"。

在集成电路领域，西永微电园构建了从芯片设计、晶圆制造、封装测试到终端应用的集成电路全产业链条。西永微电园曾获评中国集成电路高质量发展十大特色园区，2022 年入选工业和信息化部国家新型工业化产业示范基地名单。

在互联网大数据领域，西永微电园依托英特尔 FPGA 创新中心、第一创客及华为鲲鹏等产业生态孵化器，与重庆机器人、智能装备联合会等创新平台合作，吸引了上百家软件开发企业入驻园区。

在汽车电子领域，依托重庆市汽车产业基础，以及园区集成电路制造和智能终端制造的优势，西永微电园在汽车芯片设计制造、车身车载电子模组及智能传感元器件等汽车电子领域发力。

三、贵阳国家高新技术产业开发区

贵阳国家高新技术产业开发区（简称"贵阳高新区"）是 1992 年经国务院批准建立的贵州省首家国家级高新区，批复面积 5.33 平方千米，实际管理面积 31.54 平方千米，已形成金阳园、沙文园、修文园、乌当园（2008 年整体移交乌当区管理）"一区四园"发展格局。贵阳高新区是贵州省大数据产业发展集聚区和"1+8"开放创新平台之一，是贵阳贵安"一核三中心多组团"中"观白中心"的重要组成部分，是贵州省立体交通最发达的开发区，是贵阳贵安重点发展工业的国家级开放创新平台和"四轮驱动"之一。

（一）园区发展特点

贵阳高新区将大数据电子信息产业作为首位产业来培育，将先进装备制造和新能源汽车作为两大潜力产业大力发展，并积极布局新材料、健康医药、前沿科技等战略性新兴产业，打造电子信息制造、软件和信息技术服务、先进装备制造和新能源汽车"4 个百亿级产业集群"。其中，电子信息制造业方面，聚焦智能可穿戴设备、智能出行、智能手机等智能终端电子产品及其配套，以及智能安防系统、智能照明、智能影音控制系统、智能电器控制系统等智能家居产品，推动文教体育娱乐用品等产品制造。同时，聚焦发展 IC 设计、封装和测试，带动键合线、塑封料、靶材等半导体材料、设备制造，推动电子元器件、显示触屏等电子产品制造。软件和信息技术服务业方面，主要聚焦以大数据生态、人工智能、物联网、区块链、5G 应用为核心的数字产业。

（二）园区发展现状及趋势

电子信息制造业方面，以智能终端电子和智能家居为重点的智能产品产业链基本形成，围绕芯片设计、封装、测试构建集成电路产业链。

贵阳高新区已聚集振华风光半导体、顺络迅达绕线片式电感、达沃斯显示触摸系统、中晟泰科 LED 生态圈等重点龙头企业和项目。

软件和信息技术服务业方面，推动互联网、大数据、人工智能、物联网、区块链等新一代信息技术与实体经济进一步深度融合，5G 网络、工业互联网信息基础设施逐步完善，数博大道产业聚集度进一步提高。贵阳高新区已聚集云上贵州、中电万维、网易、统信软件、永鼎股份等各类业态代表性企业。

先进装备制造业和新能源产业方面，以电动汽车动力总成为重点的新能源汽车产业链初步形成，成为西部地区重要的动力电池生产基地。以航空发动机和精密微特电机为重点的航空航天机电产业链水平明显提高，成为国家中小推力航空发动机核心研发生产基地、国家中高端精密微特电机重点研发和生产基地，已聚集无锡航亚、深圳东汇、大连长之琳、山东天舟、黎阳国际、比亚迪、振华新材、安达能源等企业。

企业篇

第二十五章

计算机行业重点企业

第一节　联想

一、总体发展情况

联想集团有限公司（以下简称"联想"）是一家成立于中国、业务遍及 180 个国家与地区市场的全球化科技公司。作为全球领先的 ICT 科技企业，联想保持研究、设计、制造全球最完备的端到端智能设备与智能基础架构产品组合，为用户与全行业提供整合了应用、服务和最佳体验的智能终端，以及强大的云基础设施与行业智能解决方案。作为全球智能设备的领导厂商，联想每年为全球用户提供数以亿计的包括个人计算机、平板电脑、智能手机等在内的智能终端设备。目前，联想核心业务由三大业务集团组成，分别为专注智能物联网的 IDG 智能设备业务集团、专注智能基础设施的 ISG 基础设施方案业务集团及专注行业智能与服务的 SSG 方案服务业务集团。

2022 年，联想实现营业收入 4443.97 亿元，低于上年的 4553.31 亿元。2022 年第四季度，联想实现营业收入 152.7 亿美元，同比下降 24%；第四季度净利润 4.37 亿美元，同比下降 32%，毛利率 17.1%，略升 0.4 个百分点，基本保持稳定。第四季度净利润的大幅下滑拖累前三季度净利润增速由正转负，下滑 8%。而这也宣告联想过去 10 个季度正增长的纪录结束，第三季度其净利润为同比正增长 5.7%。导致联想业绩大降的主要因素是，营业收入贡献占比八成以上的智能设备业务（个人计算机、平板电脑、手机等）惨淡，该业务第四季度销售收入和经营利润分别同比下降了 34% 和 37%。另外，美联储持续加息，强势美元也给联想带来一定汇兑损失。而当季财务费用大增一倍以上，则直接侵蚀公司利润。

二、企业发展战略

联想围绕"端—边—云—网—智"新 IT 技术架构，近年来持续加码研发投入，面对"超大规模、超级离散、超快速度"的制造挑战，坚定不移地推进关键技术的自主创新，形成了"尖峰制造"模式。这一模式综合运用智能制造、人才、供应链等系统管理体系，最终实现兼顾波峰波谷，集柔性和敏捷于一体。这一数实融合实践正在助力联想供应链生态及中国先进制造业的共同成长。此外，联想成功建立起包括绿色产品设计、产品全生命周期管理、绿色工厂、绿色供应链在内的绿色制造体系，并基于自身经验打造科学的、可复制的"零碳智造"整体解决方案，助力"中国制造"实现智能化与绿色化的双赢。

三、重点领域发展情况

在产业运营板块，联想蝉联个人计算机业务全球榜首位置，也是全球第一超算厂商。与此同时，联想全力推动业务向智能服务转型，非个人计算机业务收入占比已超 40%。其中，基础设施方案业务把握全球数字经济加速转型趋势及新算力革命机遇，实现快速增长；方案服务业务作为数智化转型核心业务，继续保持增长势头。

此外，联想还致力于充分发挥自身优势，赋能更多实体经济。例如，作为亚太地区唯一上榜的高科技制造企业，联想连续 8 年入选 Gartner 全球供应链 25 强，拥有生产制造类供应商 850 余家，带动产业链中小企业共同成长。2022 年，联想在天津、深圳的自有制造基地陆续投产，合肥基地入选世界经济论坛全球"灯塔工厂"名单。此外，其新 IT 智能化转型解决方案已成功应用到近千家各行业企业的转型之中。

第二节　浪潮

一、总体发展情况

浪潮集团有限公司（以下简称"浪潮"）是全球领先的新型 IT 基础架构产品、方案及服务提供商，以"智慧计算"为战略，通过"硬件重构+软件定义"的算力产品和解决方案构建开放融合的计算生态，为客户构建满足多样化场景的智慧计算平台，全面推动 AI、大数据、云计算、物联网的广泛应用和对传统产业的数字化变革与重塑。通过不断完善基于客户需求的服务器软硬件研发体系，浪潮目前已形成具有自主知识产权、涵盖高中低端各类型服务器的云计算 IaaS 层系列产品。浪潮具备全栈技术开发能力，引领前沿应用，在云、AI、开放计算和边缘计算等领域处于全球领先地位。

浪潮拥有浪潮信息、浪潮软件、浪潮国际三家上市公司，业务涵盖系统与技术、软件与服务、半导体三大产业群组，为全球 80 多个国家和地区提供 IT 产品和服务，全方位满足政府与企业信息化需求。其中，浪潮信息 2022 年实现营业收入 695.25 亿元，同比增长 3.7%；净利润 20.8 亿元，同比增长 3.88%。浪潮位列 2022 年度中国电子信息竞争力百强企业第十五位、2021 年度中国软件和信息技术服务竞争力百强企业第十二位。浪潮服务器出货量位居全球第二、中国第一，浪潮政务云市场占有率连续 6 年全国第一，大型集团管理软件市场占有率全国第一，存储设备出货量全球第五、全国第二。

二、企业发展战略

浪潮持续聚焦以云计算、大数据、AI 为代表的智慧计算，明确从计算到智算的行业发展趋势，坚持"开放、融合、敏捷"策略，在研发、生产、交付、服务模式等方面持续创新，各项业务保持快速增长势头，具备核心技术优势。在通用计算领域，浪潮服务器多次刷新权威测试世界纪录。2022 年，在浪潮信息生态伙伴大会上，浪潮发布了业内首款元宇宙服务器 MetaEngine、国内首款支持 CXL 高速总线的智能加速器

F26A、新一代 SSD 高速存储介质等新产品，持续创新智算技术。此外，浪潮与京东云联合发布天枢（ORS3000S）液冷整机柜服务器，目前已经在京东云数据中心实现规模化部署。

在高端产品方面，浪潮 2021 年全新发布的 M6 服务器已打破 165 项 SPEC（标准性能评估组织）世界性能测试纪录，包揽 SPEC CPU Cint 最具普适性、SPECjbb 企业级 Java 应用、SPECpower 业界能耗评估等五大赛道冠军，全面霸榜。此外，浪潮在 AI 领域也走在业界前列，完成了在硬件、平台、管理和框架四个层面的业务布局。浪潮 AI 服务器产品在 2021 年度全球权威 AI 基准测试 MLPerf^{TM} 中共斩获 44 项第一，名列 MLPerf^{TM} 2021 年度冠军榜榜首；在市场表现方面，2017—2021 年上半年，浪潮 AI 服务器销量稳居中国市场第一，保持了智慧计算领导者的地位。

三、重点领域发展情况

云计算领域，在数字经济时代潮流下，浪潮云已在全国布局 7 大核心云数据中心、95 个区域云中心、435 个分布式云节点，并以发展能力第一的成绩跻身中国行业云市场领导者象限。浪潮的 SR 整机柜服务器在中国市场的份额超过 60%，i48 是全球第一款通过 ODCC 认证的天蝎多节点服务器。

AI 领域，浪潮具备 AI 平台全栈技术开发能力，发布首款智算中心调度系统 AI Station，拥有性能最强的液冷 AI 服务器 NF5488LA5，发布拥有 2457 亿参数的 AI 巨量模型"源 1.0"。

边缘计算领域，浪潮参与开发了 ODCC 社区的 OTII 基准，并且推出了第一款符合该标准的边缘服务器 NE5260M5，被通信行业大规模采用。根据 IDC 数据，目前浪潮的边缘服务器以 32% 的市占率居中国市场第一。

数据存储领域，浪潮推出了分布式存储和集中式存储两大平台，以及高速 SSD 核心部件，掌握了从核心部件到存储系统的全栈核心技术。在 SPC-1 全球基准测试中，浪潮存储多次霸榜，刷新了 32 控、16 控、8 控集中式存储及分布式存储性能全球纪录。通过新数据存储前瞻布局、全栈技术创新、稳定供应链保障和深入行业场景的生态实践，截至 2022

年末，浪潮存储装机容量同比增长 5%，总装机容量超 6EB，稳居全球前三、中国第一。

第三节　中科曙光

一、总体发展情况

曙光信息产业股份有限公司（以下简称"中科曙光"）是中国信息产业领军企业，为中国及全球用户提供创新、高效、可靠的 IT 产品、解决方案及服务。中科曙光持续针对高端计算机、存储、云计算、大数据、自主软件等开展研发工作，掌握了大量高端计算机、存储和云计算领域的核心技术，在这几个领域实现国内领先并达到国际先进水平。中科曙光主要从事高端计算机、存储、安全、数据中心产品的研发及制造，同时大力发展云计算、AI 计算等先进计算业务。

中科曙光在北京、天津、青岛、南京、武汉设有先进计算、云计算、大数据、AI、节能数据等技术研发中心，就技术研发、应用创新、生态协同等方面展开深入研究。在天津、盘锦建有国内领先的智能制造生产基地，集全球领先的制造工艺与智能技术于一体，打造自动化、智能化、柔性化的现代制造工厂。在成都、包头、无锡、乌鲁木齐等 40 余座城市建设、运营城市云中心，为各地政府提供信息化公共服务平台、智慧城市和工业互联网应用平台，支撑区域信息化建设与发展。在太原、兰州、合肥、南京、徐州等城市建有先进计算中心，为区域科技创新、经济发展提供计算服务，构建涵盖技术研发、成果转化、生态孵化、人才培养等的产业生态。

2022 年，中科曙光营业收入为 130.08 亿元，同比增长 15.44%；归属于上市公司股东的净利润为 15.44 亿元，同比增长 31.27%。自 2014年上市以来，中科曙光一直保持着营业收入和净利润双增长，其中近六年来归属于上市公司股东的净利润增幅均超过 30%。

二、企业发展战略

中科曙光利用液冷核心专利等技术优势，实现了计算技术的绿色节能、集约高效和安全可靠。目前,中科曙光正向"云计算+大数据+人工智能"方向拓展,初步形成了规模性云数据网络平台,助力新基建与绿色低碳金融的发展。中科曙光依托先进计算技术为信息时代金融安全提供坚实保障,同时在大量非结构金融数据处理等方面设计相关产品,加强了数据风险预警与控管,为信息系统的创新发展与金融新业务的展开夯实了基础。同时,该公司的计算服务与高性能计算机在医疗领域和科学研究方面应用广泛,惠及高科技发展。

三、重点领域发展情况

高端计算机方面,中科曙光高端计算机兼顾性能、能效、应用生态,具有领先的计算密度和节能性,产品整合高速网络和存储技术,可实现超大规模线性扩展,广泛应用于高性能计算和 AI 智算场景。2022 年,中科曙光高端计算机的产品影响力不断增强。

存储产品方面,2022 年,中科曙光存储单套部署规模已经突破 300PB,再次突破业内存储容量极限,持续领跑中国海量存储市场。曙光存储发布业界首款液冷存储——曙光 ParaStor 液冷存储系统,将换热效率更高的冷板式液冷方案与存储技术相结合,有效降低存储产品散热功耗,数据中心 PUE 值可降至 1.1,进一步实现数据中心系统节能降耗目标。

云计算服务方面,曙光云以城市云计算中心为基础,融合算力资源池,将云计算、AI 计算、科学工程计算等多级计算网络结合,实现云网融合下的资源供给,同时扎根客户需求,打造贯穿融合云基础设施全生命周期的规、建、运一体化云服务。

第二十六章

通信设备行业重点企业

第一节　华为

一、总体发展情况

华为技术有限公司（以下简称"华为"）创立于 1987 年，是全球领先的 ICT 基础设施和智能终端提供商，致力于把数字世界带入每个人、每个家庭、每个组织，构建万物互联的智能世界。2022 年，华为整体经营平稳，实现全球销售收入 6423 亿元，净利润 356 亿元。面向未来，华为持续加大研发投入，2022 年研发投入达到 1615 亿元，占全年收入的 25.1%，十年累计投入的研发费用超过 9773 亿元。

二、企业发展战略

加强研发投入与系统工程创新，推动理论突破、软件突围、架构重构。这将为华为未来求生存、谋发展奠定基础，华为正以开放的心态，在全球进行技术能力布局，贴近学术源头，与全球高校合作建立联合实验室。

持续打造可信可靠产品、解决方案，促进生态繁荣。华为建立了多节点、多路径、多梯次的供应网络备份能力，与全球供应商、合作伙伴共创安全、可靠、有竞争力的健康产业链。华为将网络安全与隐私保护作为公司的最高纲领，秉承开放、协作、利他的理念不断发展商业生态，汇聚全行业共筑繁荣的鸿蒙、欧拉、昇思生态，共同为客户创造更大价值。

三、重点领域发展情况

消费者业务方面，华为在 2022 年 4 月将"消费者业务"更名为"终端业务"，将华为的消费业务定位从 C 端消费者延伸至政企高端商用领域。在过去 10 年，华为消费者业务得益于智能手机时代的高速发展，其营业收入长期占据华为总体收入的半壁江山。而如今面临高端芯片的缺失，华为手机出货量已经跌出全球前五。根据 Counterpoint Research 数据，2022 年华为在高端智能手机市场的销售额同比大幅下滑了 44%，使其在高端智能手机市场的份额由 2021 年的 5% 进一步下滑到了 3%。华为智能手表在国内市场 2022 年第 4 季度销量排名第一，市场份额达到了 26%。

云服务器方面，华为的云业务增长迅猛，云计算业务营业收入为 453.42 亿元，与 2021 年的 201 亿元相比，2022 年实现翻倍增长。Canalys 发布的 2022 年中国云市场数据显示，华为云占中国云市场份额的 19%，排名第二，同比增长 5.56%。2022 年，华为云合作伙伴收入同比增长 55%，此外，华为云在海外地区收入取得高速增长。目前，华为云已上线 240 多个服务，覆盖了 29 个地理区域的 75 个可用区，为全球客户提供服务。孟晚舟表示，华为持续开放鸿蒙、鲲鹏、昇腾、云服务等平台能力，优化开发者体验，全方位赋能和支持生态伙伴，与 900 多万个开发者、4 万多个生态伙伴一起释放生态创造力。

数字能源方面，华为数字能源业务在 2022 年实现营业收入 508 亿元。华为数字能源业务在助力行业数字化、加速行业绿色转型方面取得的成绩一直有目共睹。2022 年，华为助力全球客户实现绿色发电 6951 亿千瓦时，节省用电 195 亿千瓦时，减少碳排放 3.4 亿吨，相当于种树 4.7 亿棵。

智能汽车解决方案部件业务方面，华为实现营业收入 21 亿元。目前，华为已上市 30 多款智能汽车零部件，截至 2022 年年底，已经发货近 200 万套部件，包括智能座舱、智能驾驶、智能电动、智能车云、毫米波雷达、摄像头、网关、激光雷达、算力平台、AR HUD、T-Box 等产品与解决方案。HI（HUAWEI Inside）模式的极狐阿尔法 S·HI 版、阿维塔 11 相继批量交付。智选模式与赛力斯合作，问界 M5、M7、M5 EV 三款车型上市销售，全年交付超过 7.5 万台。

第二节 中兴通讯

一、总体发展情况

中兴通讯股份有限公司（以下简称"中兴通讯"）是全球领先的综合性通信设备制造业上市公司和全球综合通信信息解决方案提供商之一，致力于为客户提供满意的 ICT 产品及解决方案，集设计、开发、生产、销售、服务等于一体，聚焦于运营商网络、政企业务、消费者业务，业务覆盖 160 多个国家和地区，服务全球 1/4 以上人口。

2022 年，中兴通讯实现营业收入 1229.5 亿元，同比增长 7.4%，归母净利润达 80.8 亿元，同比增长 18.6%。2022 年，中兴通讯国内和国际两大市场，运营商网络、政企业务和消费者业务三大业务板块营业收入均实现同比增长。其中，国内市场实现营业收入 852.4 亿元，占整体营业收入的 69.3%；国际市场实现营业收入 377.1 亿元，占整体营业收入的 30.7%。

二、企业发展战略

始终坚持关键领域技术领先，加大核心芯片自研，确保产品商业可持续。中兴通讯在国内市场敢于竞争突破，不断挑战更高份额，贡献规模盈利；在海外市场，围绕"大国大 T 大网"加强策略性突破和稳健经营。在政企业务方面，聚焦能源、交通、政务、金融、互联网、大企业，强化渠道综合竞争力，实现传统优势产品及服务器、IDC 数据中心等新产品的快速复制推广，完成跨越式增长。在消费者业务方面，抓住手机和移动互联网产品发展和变化的机会，迅速扩大规模。在新业务方面，加强 5G 行业和汽车电子等数字化转型业务、数字能源业务及智慧家庭业务拓展，加快破局，使其成为业绩增长的新引擎。中兴通讯持续推进数字化转型，提高各环节的运营效率；持续加大核心人才吸引和激励，完善合规管理体系，强化内控治理，防范企业风险；打造高韧性组织，积极践行"双碳"绿色发展理念，实现企业可持续发展。

三、重点领域发展情况

运营商网络方面，中兴通讯实现营业收入 800.4 亿元，同比增长 5.7%。中兴通讯持续提升无线网络、有线网络等关键产品的全球市场份额。根据外部机构报告，2022 年，中兴通讯 5G 基站、5G 核心网、光传输 200G 端口发货量均为全球第二，PON OLT 收入提升至全球第二。同时，中兴通讯在云网融合、算力网络等关键点发力，在服务器及存储、新型数据中心、数据中心交换机等产品领域持续创新，全面助力运营商云网业务发展。2022 年，在国内多个运营商服务器集采中，中兴通讯份额均位列第一。

政企业务方面，中兴通讯实现营业收入 146.3 亿元，同比增长 11.8%。中兴通讯核心产品服务器及存储、GoldenDB 分布式数据库、云电脑等实现在金融、互联网、政务等行业头部客户的快速上量。同时，围绕业务有韧性、系统可生长、成本能降低的企业经营需求，依托高效的数字基础设施和基于云原生交易架构的"数字星云"，中兴通讯将 ICT 技术与行业深度融合，继续深耕金融、互联网、电力、交通、政务等行业的数字化转型。

消费者业务方面，中兴通讯实现营业收入 282.8 亿元，同比增长 9.9%。中兴通讯逐步整合手机、移动互联产品、家庭信息终端及生态能力，为个人和家庭提供丰富的智能产品选择。2022 年，中兴通讯旗下品牌中兴、努比亚、红魔推出多款机型覆盖不同市场需求；移动互联产品 5G MBB&FWA 发货量继续保持全球第一；家庭信息终端实现跨越式增长，PON CPE、DSL CPE 发货量双居全球第一，机顶盒市场份额持续领先。

第三节　爱立信

一、总体发展情况

爱立信 1876 年成立于瑞典斯德哥尔摩，业务遍布全球 140 多个国家和地区，是全球领先的提供端到端全面通信解决方案及专业服务的供应商。爱立信的核心业务包括网络、电信专业服务和多媒体，其中多媒体业务包括爱立信移动平台技术授权、企业解决方案和移动终端业务。2022 年，爱立信净销售额达到 2715 亿瑞典克朗，同比增长 17%；净利润为 191 亿瑞典克朗，同比下降 17%；按可比单位和货币调整后的净销售额（有机销售额）同比增长 3%。

二、企业发展战略

近年来，爱立信采取"提高业务灵活性、减少业务中的资本占用"战略，成功减少了公司运营成本；2021 年，爱立信采取"投资核心业务技术领导力、扩大市场份额"策略，稳定了公司第四季度和全年的业务发展。未来，爱立信的核心业务基础——移动基础设施业务，将继续保持强劲，并将继续增加研发投入，保持技术领导力和竞争力。此外，爱立信将继续在企业级市场发力。预计，爱立信企业级业务的增长率和盈利能力未来将逐渐超越移动基础设施业务。

三、重点领域发展情况

在强大、安全、可用的产品组合支持下，爱立信 2022 年继续在全球助力运营商开启 5G 网络。数据显示，截至 2023 年 1 月，爱立信在61 个国家为 141 个已经正式运行的 5G 商用网络提供设备。产品侧，在新一代爱立信硅芯科技加持下，爱立信 2022 年发布的 7 款全新 RAN 产品和解决方案均将能效放在首位，提供智能、轻巧和可持续发展的 5G网络解决方案，助力运营商减少 5G 站点占地面积，提高带宽、能效与用户体验。爱立信新的产品组合将实现显著的节能和高达 10 倍的容量增长，让运营商可以用更快、更可持续的方式部署 5G 网络。与此同时，爱立信还推出动态网络切片选择解决方案，为 5G 设备提供多个定制网络切片。爱立信在 5G 方面的一系列创新，也获得了权威市场研究机构的认可。爱立信在 2022 年 Gartner 5G 网络基础设施通信服务提供商魔力象限报告中被评为领导者。同时，爱立信时间关键型通信方案获得2022 GTI 年度创新突破奖和杰出贡献奖。此外，爱立信再度获评 Frost Radar™年度全球 5G 网络基础设施市场领导者。

爱立信在全球赢得了多项 5G 合同，继续巩固和扩大爱立信在 5G 中的优势地位。而在传统的核心业务领域助力运营商加速 5G 商用部署的同时，2022 年，爱立信也在全力扩展企业市场。爱立信以 62 亿美元现金收购全球云通信提供商 Vonage，可谓是打开企业级市场的里程碑事件。此次收购，是建立在爱立信此前宣布的企业无线业务全球扩张战略基础之上的。自 2022 年 7 月 21 日起，Vonage 成为爱立信的全资子公司。收购 Vonage 这一重磅操作，对于爱立信扩展企业无线市场可谓是立竿见影。爱立信 2022 年第三季度业绩报告数据显示，2022 年第三季度，爱立信实现净销售额 680 亿瑞典克朗，同比增长 21%；按可比单位和货币调整后的净销售额（有机销售额）同比增长 3%。其中，7 月完成收购的 Vonage 贡献了 29 亿瑞典克朗。

第四节　诺基亚

一、总体发展情况

诺基亚是移动通信领域的全球领先者，2022 年为诺基亚加速增长之年，诺基亚公布 2022 年第四季度及全年财报，一系列指标均相当亮眼，全年总营业收入为 249.11 亿欧元，同比增长 12.2%。

二、企业发展战略

诺基亚将继续推进实施"三步走"计划，以实现可持续的盈利性增长。在成功进行业务重启后，诺基亚将加速发展，为步入"规模化"阶段奠定坚实基础，并进一步扩大客户群，成为业界技术引领者。诺基亚在 2023 年 2 月宣布的企业战略将基于六大支柱实现加速发展：凭借领先技术优势，提升在运营商市场的份额；扩大企业业务的客户占比；继续积极的产品组合管理策略，确保在所有业务板块占据领先地位；在移动设备以外的市场挖掘机遇以推动诺基亚专利变现，并持续增加诺基亚技术集团的研发投入；实施新的业务模式，如 "as-a-Service"（即服务）；将 ESG（环境、社会和公司治理）打造为竞争优势，致力成为行业内"值得信赖的首选供应商"。

三、重点领域发展情况

从业务收入来看，诺基亚最大的业务收入来自运营商业务（包括网络基础设施、移动网络、云和网络服务等），占比达到80%。

网络基础设施业务方面，包括光纤、固定无线接入技术、铜缆、IP路由、数据中心、海底和陆地光网络及相关服务。2022年，诺基亚网络基础设施业务收入同比增长18%。

移动网络业务方面，其产品组合包括用于无线电接入网络（RAN）和用于传输网络的微波无线电链路产品，用于网络管理以及网络规划、优化、部署和技术支持服务的解决方案。2022年，诺基亚移动网络业务收入同比增长10%。

云和网络服务业务方面，该业务使通信服务提供商和企业能够部署5G、云原生软件和即服务交付模式并将其货币化。2022年，诺基亚云和网络服务业务收入同比增长8%。

诺基亚技术许可业务方面，该业务负责管理诺基亚的专利组合，并将诺基亚的知识产权（包括专利、技术和诺基亚品牌）货币化。2022年，诺基亚技术业务收入同比增长6%。

第二十七章

消费电子设备行业重点企业

第一节　创维数字

一、总体发展情况

创维数字股份有限公司（以下简称"创维数字"）成立于2002年，是一家专注于为全球用户提供全面、系统的数字家庭解决方案和服务的国家高新技术企业。公司的主要业务如下：（1）智能终端业务，包括数字智能终端及相关软件系统与平台的研发、生产、销售及服务，主要向国内电信运营商和广电网络运营商、海外电信与综合运营商提供系统集成及2C消费渠道市场零售，其中数字智能终端产品包括4K/8K等各类数字机顶盒、融合终端、宽带连接PON/10G-PON、Wi-Fi路由器、Cable Modem、CPE等产品，虚拟现实解决方案及终端，网络摄像机等；（2）专业显示业务，包括智能车载显示（车载人机交互显示系统、车载智能显示仪表系统）、显示模组（Mini LED背光灯条模组、中小尺寸手机模组、商业大屏显示）；（3）运营服务业务，主要包括B2B售后增值服务、智慧城市业务等。

在数字机顶盒领域，2022年创维数字在欧洲、拉美、非洲、中东等地区的外部需求持续增长，全球订单可以稳定交付，主流电信运营商或海外综合运营商业务的覆盖率和市场份额逐步提高，海外业务保持增长。国内三大电信运营商机顶盒由高清向超高清、智能型及P60型升级，业务内容更为丰富多样化。创维数字在对国内三大电信运营商的机顶盒集体供货和省级供货方面取得了进一步的进展，中标份额和订单供货量持续增加。

在融合终端和宽带连接领域，2022 年受益于"十四五"数字经济发展规划和国家千兆宽带网络升级，数字化、超高清和 5G 应用的不断拓展，创维数字 PON 网关市场份额大幅提升，宽带连接领域也出现了强劲的增长和活力。创维数字多次中标国内三大电信运营商的标包。在过去的两年里，创维数字在印度、东南亚和欧洲等海外国家和地区的宽带连接业务也取得增长。随着宽带在海外国家和地区的持续推广、普及和渗透，创维数字多年来在海外积累的基于全球运营商、渠道等的资源和战略合作关系，将有助于其在海外宽带连接领域继续蓬勃发展。

在虚拟现实终端领域，2022 年创维数字 VR/AR 业务加速发展，公司布局并推出 Pancake 短焦产品，研发效益显著。其中，批量上市销售的全球首款 6 自由度短焦 VR 一体机 Pancake 1C，硬件参数与国际大公司产品相当，轻量化指标优于同类竞争产品。

在智能车载显示领域，在 2022 年车载行业整体供给尚未缓解的情况下，创维数字作为 Tier1 级别公司，产销超过 40 万套，集成显示组装业务实现营业收入 3.11 亿元，同比增长 57.90%。嵌入式产品赢得了几个大客户的重大项目，并与国内几家主机厂保持深入交流，以期达成合作意向。车载人机交互显示系统和车载智能显示仪表系统在市场上取得了竞争力和品牌效应。

2022 年，创维数字实现销售额 120 亿元，比上年增长 10.71%；归属母公司净利润 8.2 亿元，比上年增长 95.13%；毛利率 17.67%；经营活动产生的现金流量净额 16.1 亿元，比上年增长 747.74%。

二、企业发展战略

创维数字的核心业务和重点领域包括下一代信息技术、宽带通信和信息网络、VR/AR、汽车智能化、超高清视频等。在推进数字化建设战略的基础上，创维数字开展 VR/AR 与新业态应用融合发展行动，结合超高清视频和宽带网络通信及 5G 应用板块行动计划，开展基于宽带网络的 VR 技术、大数据和云计算、汽车智能化、智能家居和信息化建设。创维数字将继续深耕国内市场，进一步夯实产业基础，立足国际视野，抓住行业的新机遇，探索新商业模式、新应用和新服务。根据既定的发展规划，创维数字将基于以下两个维度来实施未来的发展战略。

（一）内生性增长与深耕服务平台

以智能系统的技术、平台和应用为基础，成为智能系统技术方案提供商、智能系统集成商和用户运营服务商。创维数字已经确定并形成了一定的行业优势，将业务主要集中在新一代数字融合智能终端、宽带接入网设备、新型专业显示及与上述行业领域相关的运营服务。

数字融合智能终端业务方面，随着 4K/8K 的迭代升级，实现新增内销，同时提高位于海外的供应链能力和制造水平，未来进一步扩大全球市场规模和市场份额，提高运营质量和效率，计划发展更有影响力和竞争力的全球品牌，并延伸到计算机视觉（CV）、自然语音处理（NLP）、生成式人工智能（AIGC）等技术，发展国际国内大型 AIGC 模型在智能家居、智能物联网等生态圈的应用。

虚拟现实（VR）/混合现实（MR）/增强现实（AR）设备及新生态的运营方面，创维数字定位 VR 设备及系统平台与内容分发为一体的产品及服务提供商，基于游戏、直播（体育、舞台艺术、才艺表演等）、运动、社交、教育、医疗、文旅等应用，为国内外运营商和 2C 市场提供定制化解决方案。继续开展 AR 和交互产品及技术的研发和设计，构建下一代空间计算和新型交互的底层核心。

专业显示业务方面，面向汽车车载显示系统（包括中控显示屏、数字仪表等）、Mini LED 背光模组，基于汽车智能电子和软件定义汽车，发展新型显示技术、超高清视频、5G 应用等，计划将其发展成未来业绩持续增长的业务领域，并在相关产业进行布局。

（二）外延式扩张与丰富生态链

为了利用新产品、新应用、新技术、新能源等新的动态机遇，进一步丰富公司的产业生态系统，创维数字基于效率、务实、转型和创新，进行投资、并购、战略联盟、跨境合作等，实施产业发展的延伸和扩张，特别是在宽带网络通信和光通信技术相关新材料、新型智能终端、新型专用储能等方面。以汽车智能企业和软件定义汽车为基础，创维数字在相关领域与汽车显示和装配硬件公司进行互动、补充、合作。在第三方内容和应用方面，扩展云平台生态系统，提供第三方应用和服务，特别关注 8K VR/MR/AR 生态内容、5G VR/MR 直播服务、与运营商的云游戏活动、教育和医疗服务。

第二节　海康威视

一、总体发展情况

杭州海康威视数字技术股份有限公司（以下简称"海康威视"）成立于 2001 年，总部位于浙江杭州，是中国领先的视频监控设备和解决方案供应商，是全球最大的视频监控设备供应商之一，提供广泛的安全产品和解决方案，包括摄像头、录像机、视频管理软件和智能分析系统。海康威视产品广泛应用于城市安防、交通管理、金融、教育、零售等领域，其专注于技术创新和研发投入，拥有强大的研发团队和创新能力，持续推出具有先进功能和高性能的产品，包括高清相机、基于人工智能的视频分析系统和云计算安全解决方案。海康威视还通过与高等院校、研究机构和行业协会的合作促进行业发展，积极推动技术合作和创新。海康威视已成为全球安防行业的领先企业之一。

海康威视全面实施智能物联网战略，致力于以物联网检测、人工智能和大数据技术服务数千个行业，引领智能物联网的新未来。海康威视的业务包括支持技术（物联感知技术、人工智能技术和大数据技术）、软硬件产品（物联感知产品、IT 基础产品、平台服务产品、数据服务产品和应用服务产品）、系统能力（系统设计和开发、系统工程实施、系统运营服务和系统运维管理）、商业组织（事业群和创新公司）和营销系统（国内和国际业务营销体系）。

2022 年，全球宏观经济波动加剧，地缘政治复杂性增加，欧美制裁升级；国内正面临需求下降、供应冲击和预期疲软等压力，给企业经营带来了巨大挑战。在此背景下，海康威视实现营业利润 83.166 万亿元，同比增长 2.14%；归属于上市公司股东的净收入为 128.37 亿元，同比下降 23.59%。

二、企业发展战略

智能物联网的需求是去中心化的和基于场景的。如何最大限度地提高整个企业的效率，满足定制化需求并形成场景解决方案，是行业所有利益相关者面临的挑战。海康威视持续构建满足碎片化需求的业务流程和组织体系，持续推动核心业务和标准业务的聚合、精细化和优化，满足定制化需求。在智能物联网战略的推动下，海康威视以技术、产品和解决方案探索市场机会，帮助人与人、人与物、物与物建立感知和连接，实现智能计算和应用。

（一）持续高强度的研发投入，构建全面的技术、产品体系

海康威视将可见光检测技术扩展到红外光、紫外光、X 射线和毫米波等领域，探索声波和超声波应用，并继续推广温度、湿度、压力和磁力等检测方法，拓展了感知多维融合的应用。海康威视不断积累人工智能和大数据领域的技术和产品，形成从感知到智能感知、从感知到认知、从产品到解决方案、从数据到应用的完整体系，融合技术能力和工程思维，不断提升项目落地能力，形成从研发到市场、从市场到研发的循环迭代体系。

2022 年，海康威视的研发投入占销售额的 11.80%，研发技术人员数量继续稳步增长，占公司员工总数的 50%。海康威视将继续保持高强度的研发投入，夯实物联网技术基础，不断丰富物联网设备类别，深入挖掘物联网应用机遇，巩固其在物联网领域的市场地位。

（二）推进国内以城市为重心、海外一国一策的营销布局

海康威视在国内省级购物中心和市级分支机构市场中占据着关键地位，并形成了以城市为单位、以经济总量为牵引的分层分级营销体系。在国外，公司建立了"总部—区域—国家"的营销网络结构，即：在总部建立业务支持能力；在区域内建立运营服务体系；面向不同国家则因地制宜深耕当地市场。海康威视长期致力于建立营销体系，坚持本土人才和工作战略，重视长期合作伙伴积累，为业务网络化、信息交互和资源优化奠定了坚实的基础。

（三）优化供应能力，维护合理库存，保障供应链安全

海康威视有超过 3 万台硬件设备可供销售，其业务特点是订单分散、需求变化频繁、一致性要求高。为此，海康威视不断构建灵活高效的制造系统，提高精益生产和自动化水平，以满足小批量、多批次和大规模产品制造的需求。海康威视在桐庐、杭州和重庆运营生产基地，有序推进新生产基地的建设和扩建计划，并通过在印度、巴西和英国的海外工厂进行生产，支持全球产品的持续供应。

（四）聚焦核心业务，优化协作机制

在业务定位和目标设定方面，海康威视每年更新战略计划和年度计划，销售团队和部门自上而下互联互通，确保目标清晰分解。在内部管理方面，海康威视将变革管理视为每年推进 100 多个变革管理项目、不断优化资源、提升整体能力的手段；在构建 IT 系统的基础上，不断优化业务流程，提高系统的运行效率。以提高内部运营效率为例，海康威视不断提高数字化管理水平，包括持续推进金融风险识别和控制，构建数字化质量管理体系，完善内部控制机制，加强对合规制度的实施和创新成果的保护。

（五）持续打造多元化的人才激励体系

海康威视秉承"以人为本，共享成长"的理念，充分汇聚全球人才。海康威视通过不断完善人才识别和绩效评估机制，科学识别和整合员工，调动员工的积极性和创造性，提高组织能力。通过工资优势、股权激励、创新和投资的有机结合，海康威视建立了全面的员工奖励制度。员工参与公司发展的分配机制逐渐成熟，参与激励和投资的员工获得了改善公司业绩的长期个人回报，公司的长期发展与人才的持续成长相辅相成。

第三节　大华

一、总体发展情况

浙江大华技术股份有限公司（以下简称"大华"），是全球领先的以

视频为核心的智慧物联解决方案提供商和运营服务商。大华基于"Dahua Think#"战略，聚焦城市和企业两大核心业务，坚定 AIoT、物联数智平台两大技术战略，全面推动城市与企业的数智化升级，为千行百业数智化转型创造更多价值。大华现拥有 23000 多名员工，其中研发技术人员占比超 50%。每年以 10%左右的销售收入投入研发，先后建立了先进技术研究院、大数据研究院、中央研究院、网络安全研究院和智慧城市研究院。同时依托对智慧物联的深入洞察与布局，大华持续探索新兴业务，延展了华橙、华睿、华感、华锐捷、华视智检、华消、华忆芯等创新业务。大华营销和服务网络覆盖全球，在亚洲、北美洲、南美洲、欧洲、非洲、大洋洲建立了 51 个境内外分支机构，在国内设立了 200 多个办事处。产品和解决方案覆盖全球 180 个国家和地区，广泛应用于智慧城市、交通、民生、制造、教育、能源、金融、环保等多个领域，并参与了北京冬奥会、中国国际进口博览会、G20 杭州峰会、里约奥运会、厦门金砖国家峰会、上海世博会、广州亚运会、港珠澳大桥等重大工程项目。

2022 年，在国内外诸多因素影响下，大华坚持精细化管理和高质量发展的经营理念，实现营业收入 305.65 亿元，比上年同期下降 6.91%；实现归属于上市公司股东的净利润 23.24 亿元，比上年同期下降 31.20%。

二、企业发展战略

（一）坚持研发创新投入，深化客户需求导向

大华在基于 Vision Transformer 模型的视觉类 AI 上有先发优势，具备行业应用和算法研发的经验积累，在场景应用和产业化上处于行业龙头地位。大华将往视觉大模型方向进行迭代升级，结合行业经验开发业内领先的视觉预训练大模型，基于视觉预训练大模型的算法实现产品化的落地，缩减公司智能化单品数量，提升智能化产品的渗透率，满足更多的数智化场景需求，同时不断迭代优化大模型的性能，让先发优势成为公司竞争力的"护城河"。大华始终坚持研发创新投入，以客户需求为导向，以产品与解决方案对客户的有效性为评判标准，持续提升关键

核心技术的自主创新性和领先性，夯实数智基础能力底座。经过多年的沉淀，大华在人工智能、AIoT、大数据、软件等方面的技术能力已经更加成熟，面对碎片化的市场，大华具备了面向具体场景解决客户问题的全套解决方案能力和相应的组织管理能力。

（二）持续优化全球化营销网络，加大客户覆盖投入

大华拥有覆盖全球的营销和服务网络，截至 2022 年年底，在国内设有 32 个省区级办事处。大华针对营销端加大客户覆盖投入，中小企业业务持续下沉，搭建共赢生态体系，行业客户合作不断深入，盲点客户不断得到挖掘，重点建设多维生态合作伙伴，构建综合利他服务平台，助力合作伙伴持续创新发展。大华在海外拥有广泛深入的分销网络，为基础业务的稳定增长打下了坚实基础，品牌影响力持续扩大。同时，面向海外中、高端的城市客户与行业客户开展解决方案销售和服务。依托于公司强大的技术实力、本地化的销售网络、全球化的物流和售后服务体系，大华不断深化业务机会点，加强解决方案与本地市场的适配，逐步提高解决方案占海外市场收入的比重。大华通过培育国际化的业务开拓和管理团队，持续提升本地业务拓展和组织运营能力，进一步深入拓展国际市场。

（三）推进智能制造，以供应安全为核心优化供应生态和供应布局

面对地缘冲突、贸易竞争、技术变革等复杂多变的经营环境，以及数字化时代的客户需求不确定性加剧的情形，供应链韧性及可持续性已成为企业核心竞争力要素之一。大华持续提升物料安全供应能力。首先，产品开发从源头上控减风险物料；其次，供应链优化管理降低物料供应风险，如在削减独家供应、增加多元化供应商源的过程中，战略性地加大跨界龙头企业比例，供应链安全管理策略拓展至关键供应商核心上游，健全海外供应商管理体系增强海外本地原材料采购能力，建立动态管理战略及风险物料备货策略，应用供应安全平台闭环管理策略等，多措施做强做韧物料的可靠供应。大华持续提升产品弹性制造交付能力，2022 年，新建长沙制造基地，实现杭州总制造基地与长沙制造基地双基地协同制造，增强国内市场的交付能力。同时，海外制造中心导入生产自动化设备及管理信息化系统、欧洲供应中心新建子集散中心、海外子仓导入标准化仓储系统等,进一步提升海外市场本地化制造能力与仓储物流运作合规性及高效性。大华持续提升风险预管能力,建立风险评估体系,定期端到端评审业务内外部风险系数值,建立各领域多个风险预案库,以及时响应和应对可能的风险事件,降低对供应链的冲击和影响。在供应链数智化、全球化发展背景下,大华通过构建从需求预测到供应交付的集成数字化平台,适配多基地、多物流中心、多业务模式,持续提升供应效能,保证供应可持续性。

(四)提升交付与服务能力,打造客户极致体验

大华以客户为中心,逐步构建面向全市场全业务的四大服务体系,包括集成交付体系、技术支持体系、运维管理体系及培训认证体系;同时整合公司资源、汇集生态的力量,面向市场提供产品及解决方案的全生命周期服务,加快客户响应速度,提高效率,致力于打造全球领先的高效专业交付平台,成为卓越的服务价值创造者。在全球化业务战略下,大华依托全球交付与服务中心的布局与能力,为客户提供精准、智慧的服务及解决方案。由总部、分公司、授权服务中心组成的多维服务网络,为全球用户提供高质量服务,提升服务体验度和用户感知,持续提升客户满意度。大华已形成三级服务网络向全球客户提供技术服务,服务网络覆盖 180 个国家和地区,在全球有 51 个分支机构、9 个备件分拨中心及 173 个备件站(国内 46 个备件站)、4000 多名项目经理和技术服务人员、超过 1000 家服务合作伙伴,为客户及市场提供高效的服务支撑和极致的服务体验。随着智慧物联向各行各业渗透,交付复杂度越来越高,为满足日益增长的软件需求和定制化需求,大华在国内主要省区设置软件能力中心,覆盖本省及周边省区的软件研发支撑,灵活快速满足客户个性化定制需求,以高效交付构建服务竞争力,提升客户满意度。

(五)坚持全生态战略,打造共建、共赢、共生的智慧物联生态共同体

2022 年,大华对全生态进行了升级。以生态合作共创价值为核心,

优化生态发展策略、场景化创新、行业数智化升级等。面向智慧物联万亿赛道，大华秉承开放共赢的理念携手生态合作伙伴打造全场景业务闭环能力，赋能千行百业数字化和智能化升级。大华致力于实现从硬件、软件、算法到服务、业务生态的全面开放，通过 DHOP（大华硬件开放平台）实现设备对接能力开放；基于物联数智平台底座打造丰富组件，实现从 PaaS 到 SaaS 能力开放；推出巨灵人工智能开放平台，提供一站式的算法训练服务。面向服务合作伙伴、业务合作伙伴，大华坚持"把方便留给合作伙伴，把复杂留给自己"的经营理念，围绕该理念把营销政策、资源支持及组织做相应的优化，构建良性的共享共赢生态，实现云联万物、数智未来的产业愿景。

（六）强化合规建设，营造公正廉洁的合作环境

在业务全球化经营的背景下，大华高度重视业务合规运营，持续优化公司治理和内部管理，进一步推动完善公司科技伦理治理体系，提升科技伦理治理能力，提升数据安全和隐私保护水平，强化产品质量体系管理，进一步完善遵循全球主要经济体出口管制和经贸规定的贸易合规体系，明确杜绝违反公平交易的行为，宣传公司合规竞争的立场。大华始终保持稳健的经营策略，开展"一国一策"的风险合规管理，同时，秉持"廉洁大华、正道成功"的宗旨，为员工、供应商和客户构建一个透明、公平、公正、廉洁和诚信的商务合作环境。

（七）秉承"以客户为中心、以奋斗者为本"，打造共同富裕的大华样板

大华始终坚持"以客户为中心、以奋斗者为本"为核心价值观，通过以客户为导向的业务流程与组织建设，深化组织能力，推进经营重心下沉；同时深耕高绩效文化，激发奋斗回报，持续推进"员工发展共同体计划"，积极为员工创造价值。大华启动共同富裕新征程，推进员工共同发展生态建设，在全员职业发展、收入增长、生活保障和体验提升、社会责任践行等方面不断做出努力，持续提升奋斗者的物质和精神双重富裕，希望通过五年努力，打造共同发展平台和共同富裕的大华样板。

第四节　小米

一、总体发展情况

面对复杂困难的宏观环境，小米集团各项业务保持稳健。2022 年，小米总收入为 2800 亿元，境外市场收入为 1378 亿元，占总收入的 49.2%，经调整后净利润达到 85 亿元。小米不断巩固"手机×AIoT"核心战略。根据 Canalys 数据，2022 年全球智能手机出货量同比下跌 11.3%，为 9 年以来的最低值。而小米在逆境中彰显韧性，全年全球智能手机出货量达到 1.505 亿部，在全球智能手机出货量排名中稳居第三，市占率达到 12.8%。与此同时，小米的全球智能手机用户规模再创新高。2022 年 12 月，全球 MIUI 月活跃用户数达到 5.821 亿，同比增长 14.4%。2022 年，小米研发支出达到 160 亿元，研发人员在员工总数中占比约 50%。小米于 2022 年 12 月发布了首份知识产权白皮书，充分展现了公司知识产权成果和技术创新能力；截至 2022 年 12 月 31 日，小米已在全球获得超 3 万件专利，覆盖 60 多个国家和地区。

二、企业发展战略

（一）规模与利润并重

小米将"规模与利润并重"定为集团 2023 年的经营策略。自小米集团成立以来，小米一直以规模为先，致力于将极具竞争力的智能产品带给世界各地的消费者。在集团已进入下一个经营周期的背景下，小米将利润提升至和规模同等重要的位置，优化内部管理结构、提高运营效率、优化资源配置，为深入尖端技术研发和发展创新业务蓄力。

（二）推动集团治理长期体系化建设

在过去的 5 年中，通过外部人才吸引和内部人才提拔，以及系统性的流程化管理，小米的整个管理团队完成了从早期创业团队到职业化管理团队的转型。同时，为进一步推动集团治理的专业化、提升决策效率，并推动集团治理长期体系化建设，小米于 2023 年年初成立集团经营管理委员会和集团人力资源委员会。其中，集团经营管理委员会将统筹管理业务战略、规划和重大业务决策；集团人力资源委员会将统筹管理人力资源战略、制定重大人力资源政策和审批重大组织结构调整及高级干部任免。两个委员会的成立将内部协同和决策效率提升到了新的专业化管理阶段。

（三）智能电动汽车研发持续推进

智能电动汽车方面，小米维持"2024 年上半年正式量产"这一目标不变。2022 年，小米在智能电动汽车等创新业务上的费用投入为 31 亿元，汽车业务研发团队规模约为 2300 人。

（四）持续推进"手机×AIoT"战略

截至 2022 年 12 月 31 日，小米 AIoT 平台已连接的 IoT 设备（不包括智能手机、平板电脑及笔记本电脑）数达到 5.894 亿，同比增长 35.8%；拥有 5 件及以上连接至小米 AIoT 平台的设备（不包括智能手机、平板电脑及笔记本电脑）的用户数达到 1160 万，同比增长 32.5%。小米持续深化智能硬件和软件的协同效应，不断夯实智能手机与 AIoT 产品的互联互通能力。

（五）提高线下渠道业务的运营效率

2022 年，小米着力提高线下渠道业务的运营效率。尽管新冠疫情给线下流量带来了巨大的冲击，"小米之家"全年客流量下降，但小米线下渠道的销售金额依然实现增长。截至 2022 年 12 月 31 日，小米在中国大陆的线下零售店数量保持在 10000 家以上。随着小米不断升级、优化线下门店产品结构和展示布局，加强 IoT 产品连带销售，2022 年，小米 IoT 产品线下渠道的支付金额同比增长超 27%。同时，线下渠道也是小米高端化的重要抓手，伴随着线下渠道的逐步复苏，小米将动态升级销售策略。

（六）坚持致力于开发有利于消费者和地球的环保产品

小米于 2023 年 2 月公布了首个产品碳足迹分析：小米与外部碳数

据分析和认证机构合作，对其旗舰智能手机 Xiaomi 13 Pro 进行了产品生命周期碳足迹分析，建立了评估智能手机产品碳足迹的综合流程和方法模型。这一举措是小米在减少碳足迹并确保产品对环境产生积极影响方面取得的重大进展。通过实施产品生命周期碳足迹管理系统，小米朝着实现可持续发展目标迈出了关键一步，并坚持致力于开发有利于消费者和地球的环保产品。

第二十八章

新型显示行业重点企业

第一节　京东方

一、企业总体发展情况

京东方科技集团有限公司（以下简称"京东方"）一直以来专注于为信息交互和人类健康提供智慧端口产品和专业服务，历经多年深耕，如今已发展成为新型显示领域的全球龙头企业及物联网领域的全球创新型企业。2022 年，京东方实现营业收入 1784 亿元，同比下滑 19.28%。营业收入下滑主要是显示器件业务下滑导致的，在过去一年显示器的出货价格呈现下跌的趋势。其中，京东方在 2022 年第四季度总营业收入为 456.7 亿元，同比下滑 18.5%。虽然第四季度营业收入仍有两位数下滑，但跌幅有所收敛。在环比层面，京东方收入已经开始回升，这一定程度上也能表明公司业务开始向好。

二、企业发展战略

京东方提出"屏之物联"发展战略，基于"1+4+N+生态链"发展架构，不断加速"显示技术+物联网应用"的深度融合，让屏幕集成更多功能、衍生更多形态、植入更多场景，利用 5G、XR、AI、IoT 等技术，把显示屏往行业应用和细分场景里渗透，在每一个专业深耕的细分场景做大做强；通过构建平台和开发应用，形成"屏+平台+应用"的解决方案，不断赋能千行万业，成为数字经济的赋能者，与联想、惠普、戴尔、康佳、创维等国内外一线品牌展开广泛合作。

三、重点领域发展情况

显示业务方面，2022 年实现营业收入约 1579.49 亿元。LCD 各主流应用稳居全球第一，创新应用领域整体销量同比增长超 40%，其中拼接、车载应用等领域出货量全球第一。大尺寸 LCD 方面，采用 ADS Pro 技术打造出媲美 OLED 的顶级画质，首次获得行业头部客户最高端旗舰产品技术认证。柔性 OLED 出货量逆势增长，实现车载、折叠笔记本电脑量产突破，高端产品比例持续提升。

物联网创新业务方面，创新业务布局取得突破，市场开拓成果显著，2022 年实现营业收入约 272.45 亿元。从智慧终端来看，TV 终端销量同比增长超 40%；TPC 终端通过创新 ODM 模式承接重点客户高端旗舰产品项目；低功耗 EPD 终端实现自主化设计；IoT 终端持续开拓细分市场；首款 ODM 投影仪累计出货量位列天猫"双 11"首日 LCD 投影仪销量排行榜第一名；3D 终端实现全球首款消费级 11 英寸 2K TN 光栅裸眼3D 和 27 英寸液晶光阀产品销售。"百城千屏"项目在北京已落地超 10个点位，业务模式在全国多地成功复制。

传感业务方面，市场开拓、客户导入、新产品研发等方面取得突破，2022 年实现营业收入约 3.07 亿元，同比增长 41.80%。医疗生物欧美头部客户销量提升；智慧视窗车载方面，调光窗快速上量，聚焦调光显示新场景，透明显示自研 OLED 产品批量出货；建筑方面，副中心图书馆、国家科技传播中心等地标建筑成功落地；苏州自主品牌生产线顺利落地。

MLED 业务方面，产品、技术、产业布局多领域取得突破，2022年实现营业收入约 8.47 亿元，同比增长 84.79%。直显 COG P0.9、COB P0.9～1.5 全系列产品实现多家品牌客户量产，LTPS 技术实现箱体点亮并送样；背光车载项目成功导入国内新能源客户 4.82 英寸 Mini 项目，VR 2.48 英寸、5.46 英寸项目顺利量产交付。

智慧医工业务方面，数字医院及健康管理专业能力持续提升，2022年实现营业收入约 22.03 亿元，同比增长 19.31%。数字医院总门诊量同比增长超 80%，总出院量同比增长超 100%，与成都医学院、中科院医工所等医学院校/科研院所达成合作。

"N"业务方面，子公司中祥英持续提升软硬融合能力，实现传统封测、先进封测客户"零"突破；精电成都车载基地实现量产，未来将与上下游联动，形成强大的规模化、集约化优势。

第二节　TCL 华星

一、企业总体发展情况

TCL 华星光电技术有限公司（以下简称"TCL 华星"）隶属于 TCL 科技集团股份有限公司，成立于 2009 年，是一家专注于半导体显示领域的创新型科技企业。作为全球半导体显示龙头企业之一，TCL 华星以深圳、武汉、惠州、苏州、广州、印度为基地，拥有 9 条面板生产线、5 大模组基地，投资金额超 2600 亿元。TCL 华星积极布局下一代 Mini LED、Micro LED、柔性 OLED、印刷 OLED 等新型显示技术，产品覆盖大中小尺寸面板及触控模组、电子白板、拼接墙、车载显示、电竞显示等高端显示应用领域，构建了在全球面板行业的核心竞争力。2022 年，TCL 华星进一步夯实行业地位，全年实现销售面积 4275 万平方米，同比增长 8.3%，半导体显示业务实现营业收入 657.2 亿元，电视面板市场份额稳居全球第二。同时，加速优化中小尺寸产能结构，实现从大尺寸龙头向全尺寸领先转型。

二、企业发展战略

2020 年 10 月，TCL 华星在其全球显示生态大会上正式宣布，未来 5 年 TCL 华星将从以 TV 面板为主向全技术、全产品、全场景进行战略转型，技术上包括 LCD、AMOLED、M-LED（包括 Mini LED 和 Micro LED）三大显示技术，产品上覆盖 5 英寸到 130 英寸全尺寸，应用场景包括 TV、商显、桌面显示器、移动显示器等，涉及医疗、工业、交通、广告等领域。

三、重点领域发展情况

TCL 华星作为全球领先的半导体显示企业，致力于大中小尺寸显示面板的研发、生产和销售。随着全球面板市场的复苏和技术进步，TCL 华星在面板行业的地位得到进一步提升，未来成长性和盈利能力可期。

在大尺寸面板领域，TCL 华星始终保持着规模领先优势。通过不断优化产品和客户结构，公司的 TV 面板业务在大尺寸面板市场中具备较强的相对竞争力，并在盈利能力上长期保持行业领先水平。

在中尺寸面板领域，TCL 华星通过产能布局和业务拓展，不断提升市场份额和盈利能力。目前，中尺寸面板市场的供给还有很大比例由 6 代及 6 代以下产品构成，公司在中尺寸面板业务的生产效率、技术能力还有提升空间。随着 TCL 华星 T9、T5 等高世代线产能不断释放，公司在中尺寸面板市场的份额还将进一步提升。

除此之外，TCL 华星还积极布局下一代柔性 OLED 折叠和 LTPO 等差异化技术，发力高端显示应用领域，优化产品和客户结构。未来，TCL 华星将继续把握数字化经济机遇，加速推进高端显示应用领域的产品研发和市场拓展，从而实现公司向全尺寸领先企业的快速转型。

第三节　天马

一、企业总体发展情况

天马微电子股份有限公司（以下简称"天马"）持续深耕中小尺寸显示领域，重点聚焦智能手机、智能穿戴等移动智能终端显示市场，以及车载、医疗、智能家居、工控手持等专业显示市场，同时积极布局以笔记本电脑、平板电脑为代表的 IT 显示市场，拓展基于 TFT 面板驱动技术的非显业务，并不断提升技术、产品和服务能力。天马在深圳、上海、成都、武汉、厦门、日本等地建有产业基地，在欧洲、美国、日本、韩国、印度等地设有全球营销网络，为客户提供定制化显示解决方案和快速服务支持。

2022 年，天马发布 2022 年年度报告。报告期内，受宏观经济和显示行业供需关系影响，在智能手机、IT 等电子消费品显示领域需求量和价格均出现明显下滑的情况下，天马全年实现营业收入 314.47 亿元，同比下降 6.87%；实现归母净利润 1.13 亿元，同比扭亏为盈。从销售区域来看，报告期内，天马加大了对国外市场业务的经营，营业收入达

128.55 亿元，占总营业收入比重从 2021 年的 28.96%上升到 40.88%，毛利率为 15.53%，同比上升 5.31%。而国内市场营业收入有所下滑，为 185.93 亿元，占总营业收入比重从 2021 年的 71.04%下降到 59.12%，毛利率也下滑了 1.84%，为 11.10%。分产品来看，天马 2022 年车载业务销售收入同比增长 27%，产品规格持续提升。其中，车载 LTPS 产品销售额同比翻番，车载 Mini LED 产品也进入量产阶段。

二、企业发展战略

为更好地把握数字经济带来的市场机遇，天马在保持高速发展的同时，一直坚持"2+1+N"战略。"2"是指把手机显示和车载显示作为两大核心业务，"1"是指将 IT 显示作为快速增长的一个关键业务，"N"是指把工业品、横向细分市场、非显示业务作为增值业务，开展产业链投资及生态拓展。在技术创新方面，天马基于在 Micro LED、Mini LED、柔性 OLED 领域的创新技术，持续面向车载、消费、医学、通信等领域推出产品及解决方案。

Micro LED 号称"下一代的显示技术"，除了成本偏高，在亮度、对比度、色域、功耗、寿命等显示特征上有着优秀的表现，更易做成透明、柔性显示，能够实现无边框、无缝拼接。随着商业化落地的不断推进，未来 Micro LED 有望在汽车智能座舱等场景得到大量应用。天马开发了透明度大于 70%的 Micro LED 产品，透明度实现全球领先，同时实现了 Micro LED 的柔性、无缝拼接。目前，天马正在积极推动和车厂的联合开发，推动 Micro LED 技术在汽车上的搭载。

Mini LED 能够针对不同显示内容，通过局部调光实现光线控制，使显示效果底色更黑、对比度更高，和黑色内饰融为一体，提升沉浸式驾乘体验感。天马在 Mini LED 技术上布局量产多年，产品已经大量应用在多款车型上。

随着汽车屏幕越来越大、数量越来越多，驾驶员会受到一定的干扰。天马针对安全驾驶需求，将全面屏概念引入车载，可以提供异形、打孔及屏下摄像头的设计，使 DMS（驾驶员监控系统）模块更紧凑，为汽车内饰造型设计提供更多空间。天马还开发了隐形显示技术，只有在操作时屏幕点亮，不操作时全黑，以减少对驾驶员的干扰，提高驾驶安全性。

在手机市场，折叠屏正逐渐受到消费者的青睐，华为、三星、小米、荣耀等都陆续发布了折叠智能手机，其背后正是柔性 OLED 技术。天马拥有国内体量最大的柔性 OLED 单体工厂，并积极开发适用于移动智能终端的技术。此外，随着屏幕越来越大，功能越来越多，节能变成众多消费者关注的关键性能之一，天马开发的低频 OLED\CFOT\MLP 等多组合低功耗技术，能更好地解决消费者对电池电量的焦虑。

在产业链协同方面，天马基于在 Micro LED 技术上的前瞻性和先进性，连同上下游 100 多家厂商成立了行业内首个 Micro LED 生态联盟，联合下游厂商、核心设备商及材料商、高等院校及行业组织等共同开发、共享资源、攻克难关，汇集全产业链创新资源加速 Micro LED 技术的商业化落地。

在产学研用融合方面，天马面向科创企业、高校和科研单位前期研发投入大、无量产订单等瓶颈问题，推出了 MPG（Multi-Project Glass）平台，助力相关企业、机构节约成本，加速技术落地，让优秀的想法、创新尽快来到消费者身边。

三、重点领域发展情况

车载业务被确定为天马两大核心战略之一。2022 年，天马车载业务全年营收同比提升 27%，其中车载 LTPS 业务营收同比翻番。汽车电子作为天马未来车载业务的重要增长引擎，将主要受益于汽车电子产品价值"量"的增长和"质"的提升。

2022 年，天马开拓出与多家国际头部车厂的高端项目，推动量的增长。在质的层面，将面向车厂直接交付显示总成产品，对工艺及模组复杂程度的要求更高，产品整体价值也会相应提升。面对国内新能源汽车市场的成长机遇，天马与华安鑫创开展产业链合作，通过成立合资公司，构建出创新的合作模式和稳固且可持续的战略合作伙伴关系，协力开拓新能源汽车市场。此外，天马车载 Mini LED 产品已进入量产阶段，并斩获国际头部车厂大额车载 Mini LED 项目，实现对海外车载大客户的商业化应用。

手机业务方面，尽管 2022 年行业景气度下行，但天马依然实现韧性成长。在 LTPS 智能手机面板出货量持续全球领先的同时，柔性

AMOLED 智能手机面板出货量同比增长近 60%，环比逐季持续提升，同时越来越多地参与高规格项目和旗舰项目，产品规格不断提升。

在快速增长的关键业务"1"方面，天马 LTPS 平板电脑和笔记本电脑面板的市占率持续提升，出货量同比增长 48%。另外，天马开案项目逐步增加，LTPS IT 客户开拓稳步推进。

天马"N"层面的生态拓展也取得了实质性成效。2022 年，天马已经在医疗、智能家居、人机交互、工业手持等多个细分领域保持全球领先，并持续开拓高价值细分市场。2022 年，天马刚性 OLED 穿戴产品市占率登顶全球第一，同时，柔性穿戴 HTD 产品也在 2022 年完成了首样点亮，为天马进军柔性穿戴领域打下了坚实基础。

第二十九章

电子元器件行业重点企业

第一节　江化微

一、总体发展情况

江阴江化微电子材料股份有限公司（以下简称"江化微"）成立于2001年，专业从事超净高纯试剂、光刻胶配套试剂等湿电子化学品的研发、生产和销售，是江苏省高新技术企业、中国电子化工新材料产业联盟副理事长单位，荣获2016年中国半导体材料十强企业、2019年中国电子化工材料专业十强企业、2021年国家级专精特新"小巨人"企业称号。2017年，江化微在上海证券交易所上市。

江化微率先突破光刻胶配套产品生产技术，具备平板显示、半导体及光伏太阳能三大领域全系列湿电子化学品供应能力。该技术实现了中电熊猫、京东方、TCL华星等面板客户在高世代线领域的湿电子化学品的国产化替代。此外，公司在半导体领域拥有士兰微、中芯国际、长电科技等知名企业客户，有望拓展至12英寸晶圆等高端市场。

2022年，公司实现营业收入93916.23万元，同比增长18.56%；实现归属于上市公司股东的净利润10570.43万元，同比增长87.06%；实现归属于上市公司股东的扣除非经常性损益的净利润9969.24万元，同比增长87.48%。截至2022年12月31日，公司总资产288376.70万元，较年初增长28.27%；归属于上市公司股东的所有者权益163875.18万元，较年初增长 41.87%。公司加大市场开拓力度，江阴工厂二期产能开工率逐步提高，公司营业收入相比 2021 年取得较大增长。

二、企业发展战略

江化微深耕湿电子化学品领域，专注于高纯湿电子化学品的研发、生产和销售，以技术为先导，综合自主研发、与客户共同研发及"产学研用"三种模式，不断实现产品的升级换代；以服务为依托，秉持"为客户提供价值"及"同客户共同成长"的理念，逐步增强综合配套服务能力，最终成为国际电子化学品研发的引领者和高端配套服务供应商。

三、重点领域发展情况

（一）注重研发打造核心竞争力，产品结构持续升级

江化微是国内为数不多的具备为平板显示、半导体及 LED、光伏太阳能等多领域供应湿电子化学品的企业之一。公司利用自身专业的研发团队，研发出具有国际水平产品的生产配方，先后有高效酸性剥离液、铝钼蚀刻液、低温型水系正胶剥离液、低张力 ITO 蚀刻液、高分辨率显影液、二氧化硅蚀刻液、钛—铝—钛金属层叠膜用蚀刻液等产品被江苏省科学技术厅评定为高新技术产品。公司还具备 G3～G4 等级产品的规模化生产能力，产品结构持续升级。公司在半导体、LED 领域拥有士兰微、长电科技、华润微电子、中芯国际、上海旭福电子、无锡力特半导体、方正微电子、华灿光电等知名企业客户；在平板显示领域拥有京东方、中电彩虹、龙腾光电、天马、TCL 华星等知名企业客户；在太阳能领域拥有通威太阳能、晶澳太阳能、韩华新能源等知名企业客户。

（二）新增产能逐步释放，销售收入稳步增加

目前，江化微拥有三座生产基地。一是江阴江化微，现有产能 9 万吨/年，在国内产能规模比较靠前。二是四川江化微，拥有"年产 6 万吨超高纯湿电子化学品项目及年产 3 万吨超高纯湿电子化学品、副产 0.2 万吨工业级化学品再生利用项目"，定位为服务川渝、西安地区的平板显示及半导体用化学品生产基地。其中一期项目"年产 6 万吨超高纯湿电

子化学品项目"已于 2021 年 12 月验收并投入生产，2022 年第一季度正式运营生产，并在 2022 年第四季度实现连续盈利。三是镇江江化微，拥有"年产 22.8 万吨超高纯湿电子化学品、副产 0.7 万吨工业级化学品及再生项目一期工程项目"，定位为高端湿电子化学品生产基地，产品等级定位于 G5 等级。其主要为国内 12 英寸高端半导体厂家进行配套生产，一期项目主要产线已于 2022 年 5 月验收，硫酸、氨水达到 G5 等级，并开始形成规模产能。

（三）光刻胶配套试剂营业收入加快，平板显示剥离液导入京东方

在光刻胶配套试剂业务上，公司 2022 年实现营业收入 29284.84 万元，同比增长 5.11%，毛利率 26.57%，同比增加 4.1 个百分点。江化微的光刻胶配套试剂主要用于下游半导体和平板显示领域，公司的客户结构继续优化调整，半导体和平板显示客户占比进一步提高；新开发的平板显示铜制程水系剥离液、溶剂型剥离液实现量产并成功导入京东方，边胶清洗剂在多家 8～12 寸半导体厂实现销售，Al 保护型正胶显影液通过长电先进的测试并成功销售，进一步扩大了公司产品市场占有率，巩固了行业领先地位。

第二节　TCL 中环

一、总体发展情况

TCL 中环指天津中环半导体股份有限公司，2022 年 6 月 20 日起由中环股份宣布更名为"TCL 中环"，是一家集科研、生产、经营、创投于一体的上市公司。TCL 中环成立于 1999 年，前身为 1969 年组建的天津市第三半导体器件厂，2004 年完成股份制改造，2007 年在深圳证券交易所上市。TCL 中环专注单晶硅的研发和生产，主营业务以单晶硅为起点和基础，形成半导体材料与器件、新能源材料与器件、光伏发电、金融及其他四大业务板块。TCL 中环先后突破 8 英寸、12 英寸集成电路用抛光片生产技术，并实现了批量供应。

2022 年，TCL 中环持续推动技术创新与制造转型，生产与经营活

力加速释放，业绩快速增长。2022 年，公司营业收入 670.10 亿元，同比增长 63.02%；经营性现金流量净额 50.57 亿元，同比增长 18.11%；含银行汇票的经营性现金流量净额 95.69 亿元，同比增长 9.87%；净利润 70.73 亿元，同比增长 59.48%；归属于上市公司股东的净利润 68.19 亿元，同比增长 69.21%。公司 2022 年年度报告期末，公司总资产 1091.34 亿元，较期初增长 39.95%；归属于上市公司股东的净资产为 376.18 亿元，较期初增长 18.77%。新能源光伏业务板块实现营业收入 623.61 亿元，同比增长 62.2%。2022 年，新能源光伏业务在上游供应链价格大幅波动的形势下，坚持技术创新与制造方式转型相结合，保障公司优势产能提升、产品结构升级，制造优势进一步凸显。

二、企业发展战略

TCL 中环重新制定了"9205"五年战略规划，提出了实现半导体光伏新能源产业全球领先、半导体材料中国领先的发展战略目标，以推进公司高质量发展。在半导体材料方面，公司坚定实施"国内领先、全球追赶"战略。公司把握战略机遇，围绕新能源光伏全球领先战略、半导体材料追赶超越战略推进公司高质量发展。

三、重点领域发展情况

（一）以"混"促改，实现跨越式发展

2019 年 9 月，中环集团启动混改；2020 年 7 月 15 日，国企摘牌转为民企，引入战略投资者。TCL 科技以 125 亿元收购中环集团 100% 股权，进而持有中环股份 25.55% 的股份，成为其最大股东，2020 年年底完成股东工商登记变更，混改正式完成。2022 年 6 月，公司正式更名为"TCL 中环新能源科技股份有限公司"，简称"TCL 中环"。混改落地，使企业充分回归市场：决策机制的转换，促进决策效率的提升；股权融资的灵活化，帮助企业引入更多资本；期间费用率的优化，助力降本增益的实现。TCL 中环通过混改实现了跨越式的发展，向全球领先目标迈进。

（二）注重研发投入创新，提升研发团队素质

公司重视研发，持续降本增效与前沿技术布局。2021—2022 年为公司研发投入的相对集中期，2021 年投入 25.8 亿元，同比增长 183%，占营业收入的比例高达 6.3%，2022 年前三季度研发投入占比保持较高水平，为 4.7%。公司重视技术研发团队的构建，拥有工程技术人员 800 余人，其中，4 人享受国务院政府特殊津贴，正高级职称 7 人、高中级职称逾 200 人，为公司保持行业领先地位与持续布局前沿技术提供关键支撑。技术与研发人员招聘数量持续增长，2021 年年底，公司在职技术人员 2350 人，同比增长 17%，在职研发人员 1070 人，占公司总人数的 8%，研发能力强劲。

（三）强技术壁垒高筑，夯实企业护城河

大尺寸制造技术精湛，实现"3+3+3"成本领先。大尺寸硅片制造对生产路线和设备提出了更高的要求，为更好地保障首发优势，公司累计申请 G12 相关专利 400 余件。公司牢牢把握强制造的核心理念，持续精进工艺降本增效：切片单台月产 2022 年第四季度预计同比提升 51%，G12 单位千克出片数 2022 年第四季度环比提升 13%。

工业 4.0 赋能，人均劳动生产率上升。"黑灯工厂"的持续布局与深化发展，有助于 TCL 中环"出海"的远大战略图景的实现。公司不断推进工业 4.0 在生产端的应用，提升了公司生产制造效率、工艺技术水平和满足客户需求的柔性化制造能力。截至 2022 年年底，公司人均晶体劳动生产效率为 67 吨/年，是同行效率的 3～5 倍。

薄片化势不可挡，持续降本增效。作为薄片化浪潮领航者，公司 P 型硅片主流厚度从 2021 年的 160μm 降至 2022 年的 150μm，且自 2022 年第四季度起取消了 150μm 以上硅片报价。

第三节　捷捷微电子

一、总体发展情况

江苏捷捷微电子股份有限公司（以下简称"捷捷微电子"）创建于

1995 年，是集芯片研发、芯片制造、封测和销售于一体的江苏省高新技术企业，主导产品为单、双向可控硅、MOSFET（SGT、沟槽、平面、超结等工艺）、低结电容 ESD、TVS、低结电容放电管等各类保护器件、高压整流二极管、功率型开关晶体管。捷捷微电子是国内领先的高品质功率半导体器件制造商和晶闸管龙头企业。在启东、南通、无锡和上海拥有四大研发中心。现有五条半导体功率器件产品线，2017 年在深圳证券交易所创业板上市。捷捷微电子主营产品为各类功率半导体芯片和器件，主要应用于家用电器、漏电断路器、电力模块、通信网络、IT产品、汽车电子等领域。

2022 年，捷捷微电子实现营业收入 182351.06 万元，同比增长 2.86%；营业利润 37272.75 万元，同比下降 34.66%；利润总额 37197.05 万元，同比下降 34.65%；归属于上市公司股东的净利润 35945.43 万元，同比下降 27.68%。基本每股收益 0.49 元，同比下降 27.94%。

二、企业发展战略

捷捷微电子以《国家集成电路产业发展推进纲要》等为指引，聚焦主业，基于顾客价值创造，正确认知与选择，砥砺创造与创新，保持对研发和创新的高投入；坚持以市场为导向，坚持创新驱动，坚持以质量为主要竞争优势，矢志不渝地深耕功率半导体器件领域，以期成为具有国际竞争力的功率半导体器件品牌制造商。

坚持"不同（定制化）优于更好"的价值取向，恪守"一技专长、生计无虞"专业、专注的工匠精神，努力将捷捷微电子建成一个具有国际竞争力的功率（电力）半导体器件制造商和品牌运营商。

三、重点领域发展情况

（一）强化产品竞争力，积极扩展产业链

捷捷微电子坚持以市场为导向，以平台和品牌为引擎，技术立足，创新引领、细分、优化、拓展业务板块，打造优秀团队和高效的组织架构与营运机制，提升产品应用领域，实现企业的转型升级。捷捷微电子加强生产线、产能和产品规划，推动可控硅（IDM）、二极体芯片及器

件和 FRD（IDM）、MOSFET（Fabless+封装测试→IDM）、IGBT（Fabless+封装测试→IDM）、光电耦合器件（Fabless+封装测试→IDM）、汽车用半导体功率器件（IDM），以及碳化硅、氮化镓等新产品发展。

（二）增强综合竞争力，提升行业地位

捷捷微电子强化创新发展能力，聚焦进口替代，打造具有国际竞争力的一流产品线，不断提升国内、国际市场影响力；积极拓展"方片式"塑封晶闸管器件、功率半导体防护器件的市场份额，布局特色 FRD、高端整流器产品线，加快功率 MOSFET、IGBT、碳化硅、氮化镓等新型电力半导体器件的研发和推广。公司现共获得授权专利 160 项，其中发明专利 26 项，实用型新专利 133 项，外观专利 1 项；已受理发明专利 107 项，受理实用新型专利 16 项目。

（三）实施知识产权提升战略，构建防护体系

捷捷微电子进一步强化企业的知识产权意识体系、知识产权开发（创新）体系、知识产权运用体系、知识产权管理体系、知识产权保护体系，将知识产权思维贯穿到企业发展和企业运营的全过程中；建立专利数据库，实时掌握竞争对手的专利状态，建立专利管理机制、专利奖励机制；制定企业商业秘密保护方案和规章制度，明确商业秘密内容和等级，通过教育、培训等多种方式强化企业全体员工的商业保密意识。

第四节　宁德时代

一、总体发展情况

宁德时代新能源科技股份有限公司（以下简称"宁德时代"）成立于 2011 年，是全球领先的动力电池系统提供商，专注于新能源汽车动力电池系统、储能系统的研发、生产和销售，在电池材料、电池系统、电池回收等产业链的关键领域具有核心技术优势，初步形成了全面、完善的生产服务体系。2018 年，宁德时代在深圳证券交易所创业板上市，成为我国动力电池领域上市第一股。

2022 年，宁德时代实现营业收入 3285.94 亿元，同比增长 152.07%；实现归母净利润 307.29 亿元，同比增长 92.89%；扣非净利润为 282.13 亿元，同比增长 109.88%；实现电池销量 289GWh，同比增长 116.6%，其中动力电池系统销量 242GWh，同比增长 107.1%。

根据 SNE Research 数据，2017—2022 年宁德时代动力电池系统使用量连续六年排名全球第一。2022 年，公司储能电池系统出货量全球市占率达 43.4%，同比提升 5.1 个百分点，连续两年排名全球第一。宁德时代动力电池系统毛利率为 17.17%，同比下降 4.83 个百分点；储能电池系统毛利率同比下降 11.5 个百分点，电池材料及回收业务和电池矿产资源业务毛利率则分别同比下降 2.36 个和 22.66 个百分点。

二、企业发展战略

宁德时代秉承"做世界一流的创新科技公司"的宗旨，专注于新能源汽车动力电池系统、储能系统的研发、生产和销售，致力于为全球新能源应用提供一流的解决方案。宁德时代以客户需求为价值导向，坚持面向应用的产品技术创新，深入理解并快速响应客户需求，同时积极布局锂电池回收业务，构建可持续发展的绿色产业链。宁德时代以坚持创新为驱动力，围绕材料体系、系统结构、极限制造、商业模式四大创新方向，持续强化技术、品质和成本优势；建立供应链上下游协同的创新体系，应用行业先进的设计理念，研究开发高能量密度、高可靠性、高安全性、长寿命的电池产品和解决方案，以产品在技术上领先同侪、实现卓越制造和精益管理的核心理念应对市场竞争。

三、重点领域发展情况

（一）锂电池产能加速扩张

动力电池系统销售是公司的主要收入来源，2022 年贡献收入 2365.93 亿元。根据 SNE 数据，2022 年宁德时代动力电池系统使用量全球市占率达 37.0%，比上年提升 4.0 个百分点；2017—2022 年动力电池系统使用量连续六年排名全球第一。公司加强产品研发，持续提升产品竞争力，第二代磷酸铁锂 CTP 产品实现大批量交付；高电压三元产品在 700km 续航以内的乘用车上得到大规模应用；磷酸铁锂电池量产供货，电芯能量密度最高达 200Wh/kg；第二代无热扩散的电池系统已获得多个国内外客户的认可。公司还推出"锂矿返利"合作计划，未来三年一部分动力电池的碳酸锂价格以 20 万元/吨结算给参与这项合作的车企，需要承诺将约 80% 的电池采购量给宁德时代。

此外，公司海外订单交付规模快速提升，海外业务逐渐成熟。公司深化与特斯拉、现代、福特、戴姆勒、长城汽车、理想汽车、蔚来等全球客户的长期战略合作。海外方面，位于德国图林根州的首个海外工厂实现锂电池模组及电芯的量产，增强了公司对欧洲客户的本地生产及供货能力。2022 年，宁德时代宣布在匈牙利建设欧洲第二座工厂，规划产能达 100GWh。

（二）动力电池全球龙头地位明确，进一步加大研发力度

2022 年，公司研发费用投入为 155.1 亿元，同比增长 101.66%，研发投入占总营业收入的 4.72%。截至 2022 年年底，宁德时代拥有研发技术人员 16322 名。其中，博士学历 264 名、硕士学历 2852 名。公司拥有 5518 项境内专利、1065 项境外专利，正在申请的境内和境外专利超过 1 万项。2022 年，宁德时代的主要研发项目有钠离子电池、麒麟电池、第二代无热扩散技术、M3P 多元磷酸盐电池、凝聚态电池等。宁德时代已发布第一代钠离子电池，正与客户推进落地中；宁德时代发布第三代 CTP——麒麟电池，系统集成度创全球新高，体积利用率突破 72%，实现了续航、快充、安全、寿命、效率及低温性能的全面提升；M3P 多元磷酸盐电池兼顾续航里程与成本优势，有利于提升公司在磷酸盐体系的竞争力，该项目也正与客户推进落地中。

（三）储能电池大批量出货，销量实现超高增长

2022 年，宁德时代储能系统营业收入为 449.80 亿元，同比增长 230.16%。在储能电池方面，公司基于长寿命电芯技术、液冷 CTP 电箱技术推出的户外 EnerOne 电柜和户外预制舱系统 EnerC 大批量出货，储能表后业务的 6C 高功率 UPS 新电池系统也已实现出货。在储能电池领域，宁德时代加大各环节客户覆盖，在国内，与国家能源集团、国家电

力投资集团、中国华能、中国华电、中国广核集团、中国长江三峡集团、中国能源建设集团等在新能源领域合作达成战略协议；在海外，与Tesla、Fluence、Wärtsilä、Flexgen、Sungrow、Hyosung 等企业深度开展多区域、多领域的业务合作。

第五节　横店东磁

一、总体发展情况

横店集团东磁股份有限公司（以下简称"横店东磁"）于 1999 年成立，主要从事磁性电子元件的研发、生产和销售，后扩展至光伏及其他领域，2006 年在深圳证券交易所上市。横店东磁目前是全球最大的永磁铁氧体生产企业，也是我国最大的软磁铁氧体生产企业之一。2022年，横店东磁实现营业收入 194.5 亿元，同比增长 54.28%；实现归属于上市公司股东的净利润 16.69 亿元，同比增长 48.98%；归属于上市公司股东的扣除非经常性损益的净利润 16 亿元，同比增长 77.07%。

截至 2021 年 12 月 31 日，公司磁性材料产业具有年产 20 万吨铁氧体预烧料、16 万吨永磁铁氧体、4 万吨软磁铁氧体、2 万吨塑磁的产能，是国内规模最大的铁氧体磁性材料生产企业；器件产业具有年产 4 亿只振动马达的产能；新能源产业具有年产 8GW 电池、3.5GW 组件的内部产能。

二、企业发展战略

横店东磁围绕"做强磁性、发展能源、适当投资"的发展战略，通过加大"磁性材料+器件产业""光伏+锂电产业"的资本开支，进一步提升产能和市场占有率；通过加大新材料、新领域、新器件等方面的研发支出，培育孵化新产业；通过智能化、自动化、信息化工厂的复制，进一步实现数字化转型引领公司智造升级。

围绕"做强磁性、发展能源"，公司将持续深耕"磁性材料+器件产业""光伏+锂电产业"两大产业板块，主要举措包括磁材板块在巩固龙头地位的基础上，持续延伸发展器件；光伏板块聚焦差异化产品和市场的竞争优势，加快新技术、新产能的投资，进一步提升市占率；锂电产业聚焦小动力，力拓细分市场，争取在部分细分市场做到数一数二。

三、重点领域发展情况

（一）"磁性材料+器件产业"稳健提质，持续高质量发展

横店东磁将磁性材料产业的发展往横向、纵向延伸，在做广材料的基础上，做深元器件，持续推进智能制造，优化产品结构，提升新基建等领域的扩展能力，强化自身技术、产品创新、成本管控能力，进一步打开产业增长空间。永磁产业通过"粘住"客户，进一步提升市场占有率；软磁产业通过 5G 新项目开发，使 MnZn 产品高速增长；塑磁产业也通过稳拓挖增积极抢占国内市场；振动器件产业在保持手机领域市场占有率提升的同时，开发大尺寸线性马达布局汽车电子、健康护理等领域；电感产业通过前期布局，已向汽车电子领域实现了批量供货；环形器/隔离器取得部分国际知名企业认可，实现小批量供货。

在项目建设方面，"未来工厂"项目建成达产后，可为横店东磁新增 12GW TOPCon 电池的产能。该项目总投资达 35.54 亿元，拟投入募集资金 20 亿元，项目一期 6GW TOPCon 电池计划于 2023 年 12 月底基本完成建设，项目二期 6GW TOPCon 电池将在一期调试期结束前启动，启动后预计 10 个月内完成项目建设；年产 10GW 光伏组件一期 5GW 生产线项目的投资总额为 8.99 亿元，拟投入募集资金 3 亿元，项目将于建设开工后 8 个月内建成并逐步投产。

（二）"光伏+锂电产业"高速发展，注入高质量发展活力

横店东磁光伏产业持续聚焦电池和组件环节，打造差异化竞争优势，在深耕优势市场的同时，加大其他市场的拓展力度，使出货量、收入和盈利均同比实现大幅增长。该公司的光伏业务销售收入从 2020 年的 34.68 亿元快速增至 2022 年的 125.93 亿元，两年增长 2.63 倍，营收占比也从 2020 年的 42.8%提升至 2022 年的 64.7%。横店东磁光伏产品主要为太阳能组件、单晶硅电池，锂电池产品包括锂电池电芯、储能及 PACK 模组。近年来，受益于行业景气度较高，横店东磁凭借差异化产

品和市场的布局，实现了产销两旺，收入和净利润持续增长。横店东磁持续加大技改升级力度，产品质量、转换率大幅提升；高效电池和组件项目建成投产；通过提升产量良率，降本效果显著；积极开拓组件差异化市场。

（三）科技创新激发高质量发展新动能

横店东磁以自主研发为主，建立了事业部级以客户需求为核心的研发、研究院以前瞻性新兴产业和高端产品研发相结合的模式。研究院在不断的探索和尝试中逐步理顺研究方向，重点布局新材料、新领域、新市场、新器件，培育孵化新产业，组织技术创新项目 40 余项。研究院以飞地建设了上海研发中心，让公司立足长三角，放眼全世界，与更多高层次人才合作。

第六节　长飞光纤

一、总体发展情况

长飞光纤光缆股份有限公司（以下简称"长飞光纤"）创建于 1988 年 5 月，原名为长飞光纤光缆有限公司，2013 年 12 月完成股份制改造，正式更名。长飞光纤由中国电信集团公司、荷兰德拉克通信科技公司、武汉长江通信集团股份有限公司共同投资建立。总部位于武汉东湖高新技术开发区关山二路四号，是我国目前产品规格最齐备、生产技术最先进、生产规模最大的光纤光缆产品及制造装备的研发和生产基地之一。长飞光纤拥有最完备的光纤及光缆产品组合，为全球通信行业及其他行业提供各种光纤光缆产品，涉及广播及电视通信网络、公用事业、运输、石油化工及医疗。2014 年 12 月，长飞光纤在香港联交所正式上市。2018 年 7 月，长飞光纤在上海证交所上市，成为中国光纤光缆行业唯一一家也是湖北省首家 A+H 两地上市的企业。

2022 年，长飞光纤营业收入 138.30 亿元，同比增长 45.03%，利润总额 11.61 亿元，同比增长 55.17%；归属于上市公司股东的净利润 11.70 亿元，同比增长 65.20%；归属于上市公司股东的扣除非经常性损益的净利润 10.53 亿元，同比增长 239.02%；基本每股收益 1.55 元，同比增长 64.89%；加权平均净资产收益率 11.88%，同比增加 4.36 个百分点；主要原因是公司产品需求持续增长，产品销量提升，综合推动公司业绩向好。

二、企业发展战略

长飞光纤秉承"智慧联接　美好生活"的使命，通过实施全业务增长、多元化、国际化等战略举措，致力成为全球领先的信息传输与智慧联接领域产品与解决方案的提供商。

三、重点领域发展情况

（一）强化技术创新化研发，探索新增长点

公司在成功实现光纤产业链完全自主的基础上，加大 5G 用新型光纤的研发，在通信光纤领域，全球首创用于 5G 前传的色散平坦光纤，自主研发的多芯少模光纤全球领先。同时，由长飞光纤制定国际标准的超低衰减大有效面积光纤，助力中国移动研究院完成了目前全球最长的 800Gbit/s 长距离传输技术研究和测试，为 5G 网络规模商用奠定基础，接下来公司将强有力地支持国家"双碳"目标和"东数西算"工程中的网络互联。随着"东数西算"工程正式启动，公司作为新基建代表，数据中心产业链条长、覆盖范围广、带动效应强，有望充分受益于"东数西算"工程推进，有利于公司 2022 年至 2023 年的毛利率和盈利的提升。

（二）持续拓展多元化业务，巩固市场地位

2022 年，受益于国内市场以 5G 部署、千兆宽带、"东数西算"等举措为代表的数字经济持续推进，以及海外发达国家和发展中国家市场光纤入户等通信网络建设举措的广泛实施，公司主要产品需求持续增长，行业供需结构稳健。在光模块及光器件领域，公司持续改善预制棒、光纤及光缆生产工艺，提升智能制造水平，拓展新型产品的应用场景。在多模产品领域，2022 年销量和收入均实现较快增长。

（三）深度实施国际化战略，拓展发展空间

2022 年，全球数字化进程加速，各国不断强化对通信网络基础设施建设投资。公司深入实施多元化、国际化等战略举措，其中海外业务以较快速度增长，对公司 2022 年度利润水平产生正向影响。根据东南亚、非洲、拉美等各海外主要目标市场区域的需求状况及利润水平，合理统筹产能规划，实现海外业务收入的快速增长。

第七节　中航光电

一、总体发展情况

中航光电科技股份有限公司（以下简称"中航光电"）隶属于中国航空工业集团有限公司，其前身是洛阳航空电器厂，成立于 1970 年，2002 年 12 月实施整体改制，2007 年在深圳证券交易所上市。中航光电一直致力于国际先进的光电连接器技术研究，是国内最大的光电连接器专业化制造企业，公司专业从事中高端光、电、流体连接技术与产品的研究与开发，专业为航空及防务和高端制造提供互联解决方案，自主研发各类连接产品 300 多个系列、25 万多个品种。主要产品包括电连接器、光器件及光电设备、线缆组件及集成产品、流体器件及液冷设备等。产品广泛应用于防务、商业航空航天、通信网络、数据中心、新能源汽车、石油装备、电力装备、工业装备、轨道交通、医疗设备等高端制造领域，产品出口至德国、法国、瑞典、美国、韩国、越南、印度等 30 多个国家和地区。

2022 年，中航光电实现营业收入 158.38 亿元，同比增长 23.09%；实现归属于上市公司股东的净利润 2.72 亿元，同比增长 36.47%；实现扣费后净利润 2.62 亿元，同比增长 36.95%。

二、企业发展战略

坚持"聚焦主业、价值延伸、强军优民、高端拓展"的发展思路，推动公司经营规模、质量持续提升。中航光电编制"十四五"规划，明

确迈向"全球一流"目标路径;集团化国际化布局加速,重组轨交业务,子公司兴华华亿实现"混改",建立轨交业务新平台,规划筹建华南产业基地,积极推进海外布局。

三、重点领域发展情况

(一)构建产业发展新格局,开创市场发展

2022 年,中航光电优化产业布局,探索融合发展新模式。中航光电践行创新驱动发展战略,科学编制"十四五"规划及 2035 年技术产品发展规划,明确未来产业发展方向;推进"领先创新工程",高速传输、深水密封等关键技术比肩国际先进水平。国内方面,中航光电设立南昌子公司,全面提升公司航空 EWIS 领域领先竞争力;上海子公司、广东子公司区位人才聚集、产业聚集优势初现;国际方面,越南子公司正式进入国际重点客户全球供应链资源池,坚实迈出海外本地化交付第一步;德国子公司全面实现本地化运营,欧洲市场开拓进入新阶段。洛阳基础器件产业园项目主体工程顺利封顶,华南产业基地一期工程如期完工,一总部多中心能力格局初步构建。子公司高质量发展成绩斐然,沈阳兴华、中航富士达、翔通光电经营业绩再创新高。

(二)转型升级,提质增效,实现持续发展

中航光电持续推进"供应链管理提升工程",建立供应链系统自评价机制,完善差异化采购管理模式;开展"质量提升工程",优化公司质量管理体系架构;推进"成本效率工程",深入经营管理活动开展全价值链成本管理,降本净额成绩突出,系统建立效率提升管理机制,人均销售收入有效提升;构建多元化薪酬分配体系,优化公司薪酬分配机制,创新薪酬分配策略与模式,完善以价值创造为分配基础、薪酬分配驱动价值创造的薪酬体系;加速推进两化融合。

(三)全面夯实基础管理,保障高质量发展

推进保密与业务深度融合,建立保密管理体系平台,强化商密管理;深入推进审计全覆盖,持续加强审计制度体系建设,狠抓审计发现问题

整改；坚持依法治企，合规经营，推动事业部法治合规体系建设。全年风险管理、信访维稳、情报档案、计量管理、设备管理、节能环保、安全生产、保卫保密等各项基础管理工作有序开展，为公司实现高质量发展提供了强有力保障。

第八节　生益科技

一、总体发展情况

广东生益科技股份有限公司（以下简称"生益科技"）成立于 1985 年，是我国最大的覆铜板生产企业；1998 年在上海证券交易所上市，是目前国内唯一一家覆铜板上市公司。主要产品有各类覆铜板和黏结片、印制线路板。生益科技技术力量雄厚，是东莞为数不多的拥有国家级企业研究开发中心的企业之一，产品质量始终保持国际领先水平。

2022 年，公司实现营业收入 180.14 亿元，同比下降 11.15%；实现利润总额 17.73 亿元，同比下降 46.44%；实现归属于上市公司股东的净利润 15.31 亿元，同比下降 45.89%。

二、企业发展战略

生益科技紧紧围绕"以客户为中心，以价值为导向"的核心理念，不断夯实管理基础，提升竞争力。通过工作分析及流程诊断，并辅以绩效推动，整体效能获得了实质性的提升；深入实践具有自身特色的阿米巴经营模式 STPCM，结合持续改善管理概念及智能制造，创造了可观的直接经济效益，并为更精益的生产管理和更稳定的产品品质提供强有力的支持。

三、重点领域发展情况

（一）坚持技术创新引领，不断提升技术能力

2022 年，公司进一步完善 NPI（新产品导入）管理制度，对所有 NPI 项目进行全面分析、系统跟进和闭环管理，并重点对封测产品、Mini LED、"高厚径比+深微盲孔"、高层对准度等项目进行技术攻关。

公司的研发费用率位于行业前列，研发人数远超行业平均水平。从研发端来看，生益科技较为注重研发投入，2018—2021 年期间研发费用率维持在 4.4%～4.8%，长期处于行业前列。从研发人数上看，2016—2021 年期间生益科技研发人数由 1066 人增长至 1579 人，呈现逐年递增态势，研发人数相较于同行处于绝对领先。

（二）公司产能规划饱满，未来三年产能逐步释放

公司产能充沛，覆铜板年产能达 1.2 亿平方米。公司目前在全国已形成广东、陕西、苏州、常熟、江苏、江西六大生产基地，实现覆铜板产能 1.2 亿平方米/年，其中广东生益为主要生产基地，产能贡献占比达 50%。公司产品结构布局完善，种类涵盖刚性覆铜板、挠性覆铜板，其中 FR-4 产品已深耕下游市场，近几年高频高速覆铜板产品不断发力，带动公司向高端化稳步迈进。

产能规划饱满稳步扩产，2260 万平方米产能待释放。公司未来产能规划充足，目前广东生益、常熟生益、陕西生益三大生产基地均稳步推进产能扩产，未来产能满产后预计将有 2260 万平方米覆铜板产能释放，较目前产能增幅达 15.0%。

（三）覆铜板全品类布局，产品向高频高速稳步拓展

公司产品结构布局全面，高频高速领域稳步推进。生益科技目前在覆铜板、半固化片、绝缘层压板、金属基覆铜箔板、涂树脂铜箔、覆盖膜类等高端电子材料领域均具备深厚技术积累，产品在稳定性、性能、可靠性等维度已达到全球一流水平，下游广泛用于家电、手机、汽车、计算机及各种中高档电子产品中。目前，公司的覆铜板凭借其高质量与稳定性切入了博世等全球一流 Tier1 厂商供应链，高频高速材料也进入中兴、英特尔等国际头部厂商供应链之中，产品技术已达到全球一流，下游客户资源积累深厚。

政　策　篇

第三十章

2022 年中国电子信息产业政策环境

2022 年，国家高度重视电子信息产业发展，在加快推进关键核心技术攻关、推进产业链供应链现代化、加快推进产业生态打造、提升产业公共服务能力、推进产业提质升级、大力发展光伏产品和系统等方面出台扶持政策，加快推进产业创新发展。

一、加快推进关键核心技术攻关

关键核心技术自主可控能力代表着一个国家技术产业核心竞争力，关键核心技术受制于人，不仅会危及产业安全发展，还会影响国家安全。国家高度重视关键核心技术攻关，做出了系列部署。党的二十大报告提出，要加快实施创新驱动发展战略，加快实现高水平科技自立自强，以国家战略需求为导向，集聚力量进行原创性引领性科技攻关，坚决打赢关键核心技术攻坚战，加快实施一批具有战略性全局性前瞻性的国家重大科技项目，增强自主创新能力。《数字中国建设整体布局规划》提出，要构筑自立自强的数字技术创新体系，健全社会主义市场经济条件下关键核心技术攻关新型举国体制，加强企业主导的产学研深度融合；要强化企业科技创新主体地位，发挥科技型骨干企业引领支撑作用；要加强知识产权保护，健全知识产权转化收益分配机制。《"十四五"数字经济发展规划》提出，要补齐关键技术短板，优化和创新"揭榜挂帅"等组织方式，集中突破高端芯片、操作系统、工业软件、核心算法与框架等领域关键核心技术，加强通用处理器、云计算系统和软件关键技术一体化研发；强化优势技术供给，支持建设各类产学研协同创新平台，打通贯穿基础研究技术研发、中试熟化与产业化全过程的创新链，重点布局5G、物联网、云计算、大数据、人工智能、区块链等领域，突破智能制造、数字孪生、城市大脑、边缘计算、脑机融合等集成技术；瞄准传感器、量子信息、网络通信、集成电路、关键软件、大数据、人工智能、区块链、新材料等战略性前瞻性领域，发挥我国社会主义制度优势、新型举国体制优势、超大规模市场优势，提高数字技术基础研发能力。《虚拟现实与行业应用融合发展行动计划（2022—2026年）》提出，要围绕近眼显示、渲染处理、感知交互、网络传输、内容生产、压缩编码、安全可信等关键细分领域，做优"虚拟现实+"内生能力，强化虚拟现实与5G、人工智能、大数据、云计算、区块链、数字孪生等新一代信息技术的深度融合，叠加"虚拟现实+"赋能能力。《智能光伏产业创新发展行动计划（2021—2025年）》提出，要推进智能光伏产业链技术创新，加快大尺寸硅片、高效太阳能电池及组件等研制和突破；夯实配套产业基础，推动智能光伏关键原辅料、设备、零部件等技术升级；开展智能光伏与建筑节能、交通运输、绿色农业等领域相结合的交叉技术研究。

二、推进产业链供应链现代化

产业链供应链现代化水平是保障一个国家产业链供应链安全的重要标志。党中央高度重视推进产业链供应链现代化，做出了一系列部署。《"十四五"数字经济发展规划》提出，要着力提升基础软硬件、核心电子元器件、关键基础材料和生产装备的供给水平，强化关键产品自给保障能力；实施产业链强链补链行动，加强面向多元化应用场景的技术融合和产品创新，提升产业链关键环节竞争力，完善5G、集成电路、新能源汽车、人工智能、工业互联网等重点产业供应链体系。2022年国务院政府工作报告要求加快发展工业互联网，培育壮大集成电路、人工智能等数字产业，提升关键软硬件技术创新和供给能力。《虚拟现实与行业应用融合发展行动计划（2022—2026年）》提出，要提升全产业链条供给能力，全面提升虚拟现实关键器件、终端外设、业务运营平台、内容生产工具、专用信息基础设施的产业化供给能力；研发高性能虚拟现实专用处理芯片、近眼显示等关键器件，促进一体式、分体式等多样化终端产品发展，提升终端产品的舒适度、易用性与安全性；加大对内容生产工具开发的投入力度，提高优质内容供给水平。

三、加快推进产业生态打造

产业竞争已经从技术产品竞争、产业链竞争发展到了产业生态竞争，打造完善的产业生态有利于提高一个国家的产业竞争力。党中央高度重视产业生态打造，做出了一系列部署。《数字中国建设整体布局规划》提出，要培育壮大数字经济核心产业，研究制定推动数字产业高质量发展的措施，打造具有国际竞争力的数字产业集群。《"十四五"数字经济发展规划》提出，要协同推进信息技术软硬件产品产业化、规模化应用，加快集成适配和迭代优化，推动软件产业做大做强，提升关键软硬件技术创新和供给能力；鼓励发展新型研发机构、企业创新联合体等新型创新主体，打造多元化参与、网络化协同、市场化运作的创新生态体系；发挥数字经济领军企业的引领带动作用，加强资源共享和数据开放，推动线上线下相结合的创新协同、产能共享、供应链互通。

四、提升产业公共服务能力

产业公共服务能力是产业发展完善程度的重要标志，也是推动产业健康发展的重要保障。近年来，针对云计算、物联网、大数据、虚拟现实等产业，国家出台多项措施，加快提高产业公共服务能力。例如，《虚拟现实与行业应用融合发展行动计划（2022—2026 年）》提出，要提升产业公共服务能力：一是建设共性应用技术支撑平台。聚焦行业共性技术，挖掘行业领域关键技术需求，依托行业龙头企业、高等院校、科研院所建设行业共性技术平台，开展关键技术联合攻关，提供标准与知识产权相关服务，解决制约行业应用复制推广的技术瓶颈，提升跨行业的虚拟现实应用基础能力。二是建设沉浸式内容集成开发平台。开展沉浸式内容生产工具及流程优化研究及培训，为内容开发者提供全景拍摄、三维重建、直播分发、开发引擎、虚拟化身、沉浸式音频、终端外设等虚拟现实摄制软硬件工具箱，支持三维化、强交互内容创作与规模生产；支持建设沉浸式内容开发开源软件社区，鼓励向社会开放，扶植用户生成内容（UGC）生产；鼓励创作者经济，构建优质内容共建共享平台。

三是建设融合应用孵化培育平台。鼓励有条件的地方、企业建设一批虚拟现实体验中心，集中展示先锋应用场景；搭建覆盖产业链多环节的用户体验测评环境，开展虚拟现实重点标准研制与宣贯。建设孵化器、众创空间等服务载体，打造专业化、全流程覆盖的创新创业服务体系。

五、推进产业提质升级

近年来，国家大力推进电子信息产业提质升级，做出了系列部署。《"十四五"数字经济发展规划》提出，要以数字技术与各领域融合应用为导向，推动行业企业、平台企业和数字技术服务企业跨界创新，优化创新成果快速转化机制，加快创新技术的工程化、产业化；深化新一代信息技术集成创新和融合应用，加快平台化、定制化、轻量化服务模式创新，打造新兴数字产业新优势；要以园区、行业、区域为整体推进产业创新服务平台建设，强化技术研发、标准制修订、测试评估、应用培训、创业孵化等优势资源汇聚，提升产业创新服务支撑水平。

六、大力发展智能光伏产品和系统

智能光伏产业是基于半导体技术和新能源需求而融合发展、快速兴起的朝阳产业，智能光伏产品和系统已经成为电子信息产业增长的重要引擎，大力推进智能光伏产品和系统发展，已经成为当前众多电子企业转型的方向。《智能光伏产业创新发展行动计划（2021—2025 年）》提出：一是发展智能光伏产品，面向智能光伏发电建设，结合多场景终端用电需求，运用 5G 通信、人工智能、先进计算、大数据、工业互联网等技术，开发一批智能化、特色化、类型化光伏产品；二是建设智能光伏系统，支持智能光伏产品在光伏发电系统踏勘、设计、集成、运维、结算、交易中的应用，开发应用各类电网适应性技术，增强智能光伏系统自感知、自诊断、自维护、自调控能力。三是发展智能光储系统，突破智能光储关键技术，平抑光伏发电波动，跟踪发电计划出力、电量时移，提升对新型电力系统的支撑能力。

第三十一章

2022 年中国电子信息产业重点政策解析

2022 年，国家围绕虚拟现实、北斗卫星导航系统、锂离子电池产业链供应链、光伏产业链供应链出台了一系列扶持政策，既体现了对以往政策的衔接，又体现了新的政策取向，突出了电子信息产业高质量发展主线，为落实新型工业化发展提供了有力支撑。

一、接续出台虚拟现实发展政策

虚拟现实（含增强现实、混合现实）是新一代信息技术的重要前沿方向，是数字经济的重大前瞻领域，将深刻改变人类生产生活方式。经过多年发展，虚拟现实产业初步构建了以技术创新为基础的生态体系，正迈入以产品升级和融合应用为主线的战略窗口期。党中央、国务院高度重视虚拟现实产业发展。《中华人民共和国国民经济和社会发展第十四个五年规划和 2035 年远景目标纲要》（以下简称"'十四五'规划"）将"虚拟现实和增强现实"列入数字经济重点产业，提出以数字化转型整体驱动生产方式、生活方式和治理方式变革，催生新产业新业态新模式，壮大经济发展新引擎。面对新形势、新使命，为贯彻落实我国"十四五"规划要求，工业和信息化部、教育部、文化和旅游部、国家广播电视总局、国家体育总局在深入调查研究、广泛听取意见的基础上，联合制定发布《虚拟现实与行业应用融合发展行动计划（2022—2026 年）》（以下简称《行动计划》）。

《行动计划》提出五大重点任务。一是推进关键技术融合创新。提升"虚拟现实+"内生能力与赋能能力，加快近眼显示、渲染处理、感知交互、网络传输、内容生产、压缩编码、安全可信等关键细分领域技术突破，强化与 5G、人工智能等新一代信息技术的深度融合。二是提升全产业链条供给能力。面向大众消费与行业领域的需求定位，全面提升虚拟现实关键器件、终端外设、业务运营平台、内容生产工具、专用信息基础设施的产业化供给能力。提升终端产品的舒适度、易用性与安全性。三是加速多行业多场景应用落地。面向规模化与特色化的融合应用发展目标，在工业生产、文化旅游、融合媒体、教育培训、体育健康、商贸创意、演艺娱乐、安全应急、残障辅助、智慧城市等领域，深化虚拟现实与行业有机融合。四是加强产业公共服务平台建设。面向行业共性需求，依托行业优势资源，重点建设共性应用技术支撑平台、沉浸式内容集成开发平台、融合应用孵化培育平台，持续优化虚拟现实产业发展支撑环境。五是构建融合应用标准体系。加强标准顶层设计，构建覆盖全产业链的虚拟现实综合标准体系。加快健康舒适度、内容制作流程等重点标准的制定推广，推动虚拟现实应用标准研究。

《行动计划》提出三大专项工程。一是关键技术融合创新工程。提出近眼显示技术、渲染处理技术、感知交互技术、网络传输技术、内容生产技术、压缩编码技术、安全可信技术的具体发展方向。二是全产业链条供给提升工程。提出关键器件、终端外设、业务运营平台、内容生产工具、专用信息基础设施的具体发展方向。三是多场景应用融合推广工程。选择规模化、成熟度潜力较高的行业领域优先布局。

二、推动北斗卫星导航系统在大众消费领域的应用

北斗卫星导航系统是我国自主建设运行的全球卫星导航系统，是为全球用户提供定位、导航和授时服务的国家重要空间基础设施。"十四五"是北斗推广应用的关键时期，是拓展应用、培育生态、促进融合的关键阶段，尤其在大众消费领域的发展面临着新形势、新机遇、新挑战。一是北斗卫星导航系统全面建成，推广应用前景广阔。2020 年 7 月，北斗三号卫星导航系统正式开通。2021 年 9 月，习近平总书记向首届北斗规模应用国际峰会致贺信，指出"北斗规模应用进入市场化、产业化、国际化发展的关键阶段"。二是北斗融入生产生活，赋能作用日益显著。北斗应用和关联产业融合趋势更加明显，产生显著的经济效益和

社会效益。三是北斗推广应用任重道远，需要政策指导支持。当前正处于北斗二号向北斗三号过渡的关键时期，进一步完善北斗三号产品、提升部分终端北斗渗透率和用户体验，政策引导至关重要。工业和信息化部发布《关于大众消费领域北斗推广应用的若干意见》（以下简称《若干意见》)，为新时代新形势下大众消费领域北斗产业持续健康发展提供指引，促进北斗产业创新发展、拉动信息消费、助力数字经济发展。

《若干意见》着眼提高产业创新能力，夯实大众消费领域北斗应用的基础，提出两方面任务。一是突破关键核心技术和产品。重点突破系列关键技术，加快推进北斗芯片及关键元器件研发和产业化，形成北斗与新一代信息技术融合的系统解决方案，确保产业链供应链稳定。二是构建北斗应用服务基础设施。推动北斗网络辅助公共服务平台、北斗高精度定位服务平台、北斗车联网应用服务平台的建设和创新服务，推动不同地基增强系统的数据互通和业务协作，拓展北斗高精度定位在大众消费领域的应用场景。

大众消费领域产品丰富，对北斗的应用需求强烈，结合差异化应用场景，《若干意见》选取智能手机、穿戴设备、车载终端、共享两轮车等产品，积极拓展北斗新应用，扩大北斗用户规模，提升北斗普及程度。一是丰富智能终端北斗位置服务。开展智能手机高精度定位试点示范，提升智能手机、穿戴设备在室内等遮挡区域的多源融合定位能力，探索北斗高精度、短报文等功能的应用场景，推动北斗成为应急通信手段。二是扩大车载终端北斗应用规模。鼓励车辆标配化前装北斗终端，探索车辆北斗定位+短报文+4G/5G 的一键紧急救援模式，在车联网中推广应用北斗高精度定位技术。三是赋能共享两轮车有序管理。引导共享两轮车运营企业加大北斗应用力度，提升定位准确度，规范共享两轮车在市政道路上的停放秩序，支撑城市智能化精细管理。四是培育北斗大众消费新应用。丰富北斗产品形态，培育北斗大众消费应用新模式新业态，举办北斗大众消费领域应用征集大赛和创新论坛，拓宽北斗应用服务新航道。

《若干意见》从三方面提出健全完善北斗产业生态的举措。一是扶持企业做优做强。鼓励企业结合自身特点实现差异化发展，强化产业链上下游协同，打造健康可持续发展的大众消费领域北斗产业链和供应链。二是加强标准制定和实施。有序推进国内标准制定工作，推动北斗标准国际化发展，充分发挥标准的引导作用，督促企业重视产品质量。三是激发产业发展新活力。形成产学研用相互配合、密切协作的良性循环生态，鼓励地方政府推动北斗产业创新集聚发展，充分挖掘北斗时空大数据价值，助力提升治理体系和治理能力现代化水平。

三、保障锂离子电池产业链供应链稳定、推动光伏产业链供应链协同

工业和信息化部办公厅、市场监管总局办公厅、国家能源局综合司2022年8月发布了《关于促进光伏产业链供应链协同发展的通知》。通知明确，各地工业和信息化、市场监管、能源主管部门要围绕碳达峰碳中和目标，科学规划和管理本地区光伏产业发展，积极稳妥有序推进全国光伏市场建设。统筹发展和安全，强化规范和标准引领，根据产业链各环节发展特点合理引导上下游建设扩张节奏，优化产业区域布局，避免产业趋同、恶性竞争和市场垄断。优化营商环境，规范市场秩序，支持各类市场主体平等参与市场竞争，引导各类资本根据双碳目标合理参与光伏产业。在光伏发电项目开发建设中，不得囤积倒卖电站开发等资源、强制要求配套产业投资、采购本地产品。为促进削峰填谷和产业链稳定，鼓励有关企业及公共交易机构等合理开展多晶硅及电池等物料储备，严禁囤积居奇。各地市场监管部门要加强监督管理，强化跨部门联合执法，严厉打击光伏行业领域哄抬价格、垄断、制售假冒伪劣产品等违法违规行为。落实新增可再生能源和原料用能不纳入能源消费总量控制的精神，统筹推进光伏存量项目建设，加强多晶硅等新增项目储备，协调手续办理工作，根据下游需求稳妥加快产能释放和有序扩产。鼓励硅料与硅片企业，硅片与电池、组件及逆变器、光伏玻璃等企业，组件制造与发电投资、电站建设企业深度合作，支持企业通过战略联盟、签订长单、技术合作、互相参股等方式建立长效合作机制，引导上下游明确量价、保障供应、稳定预期。

2021年，我国新能源汽车市场实现爆发式增长，全年乘用车上险量达到290.3万辆，同比增长145%。国内动力电池出货量也水涨船高，达到历史最高的220GWh，在锂电行业中的比重达到68%，成为锂离子

电池行业的主力军。国内电池级碳酸锂价格也一度触及 60 万元/吨，再创新高。在此背景下，主管部门连续出台相关政策规范和管理办法，通过政策手段提升准入门槛，抑制潜在的投资过热和产能过剩，促进行业健康可持续发展。同时，加大监管力度，维护市场秩序。工业和信息化部办公厅、国家市场监督管理总局办公厅于 2022 年 11 月发布《关于做好锂离子电池产业链供应链协同稳定发展工作的通知》，从推进锂电产业有序布局、保障产业链供应链稳定、提高公共服务供给能力、保障高质量锂电产品供给、营造产业发展良好环境五方面着力，保障锂电产业链供应链协同稳定发展。

展望篇

第三十二章

主要研究机构预测性观点综述

AI、元宇宙等新技术、新概念为电子信息产业带来新的活力。Gartner（高德纳）、德勤、腾讯研究院等国内外机构对 2023 年信息技术科技趋势做出展望，认为 AI 应用、高性能超级计算、超级应用等将成为 2023 年技术创新的热点。

第一节　Gartner：2023 年十大战略技术趋势

一、可持续性

可持续性贯穿 2023 年的所有战略技术趋势。根据调查，环境和社会变化已成为投资者的三大优先事项之一，仅次于利润和收入。这意味着为了实现可持续性目标，高管必须加大对满足 ESG 需求的创新解决方案的投资力度。为此，企业机构需要新的可持续技术框架来提高 IT 服务的能源和材料效率，通过可追溯性、分析、可再生能源和人工智能等技术实现企业的可持续发展，同时还要部署帮助客户实现其可持续性目标的 IT 解决方案。

二、元宇宙

Gartner 将元宇宙定义为一个由通过虚拟技术增强的物理和数字现实融合而成的集体虚拟共享空间。这个空间具有持久性，能够提供增强沉浸式体验。Gartner 预计完整的元宇宙将独立于设备并且不属于任何一家厂商。它将产生一个由数字货币和非同质化通证（NFT）推动的虚拟经济体系。Gartner 预测，到 2027 年，全球超过 40%的大型企业机构将在基于元宇宙的项目中使用 Web 3.0、增强现实云和数字孪生的组合来增加收入。

三、超级应用

超级应用是一个集应用、平台和生态系统功能于一身的应用程序。它不仅有自己的一套功能，而且还为第三方提供了一个开发和发布其微应用的平台。Gartner 预测，到 2027 年，全球 50%以上的人口将成为多个超级应用的日活跃用户。

四、自适应 AI

自适应 AI 系统通过不断反复训练模型并在运行和开发环境中使用新的数据进行学习来迅速适应在最初开发过程中无法预见或获得的现实世界情况变化。这些系统根据实时反馈动态调整它们的学习和目标，因此适合外部环境快速变化的运营或者因为企业目标不断变化而需要优化响应速度的运营。

五、数字免疫系统

数字免疫系统通过结合数据驱动的运营洞察、自动化和极限测试、自动化事件解决、IT 运营中的软件工程及应用供应链中的安全性来提高系统的弹性和稳定性。Gartner 预测，到 2025 年，投资建设数字免疫系统的企业机构将能够减少多达 80%的系统宕机时间，所减少的损失将直接转化为更高的收入。

六、应用可观测性

在任何相关方采取任何类型的行动时，都会产生包含数字化特征的可观测数据，如日志、痕迹、API 调用、停留时间、下载和文件传输等。应用可观测性以一种高度统筹和整合的方式将这些可观测的特征数据进行反馈，创造出一个决策循环，从而提高组织决策的有效性。

七、AI 信任、风险和安全管理

许多企业机构未做好管控 AI 风险的充分准备。Gartner 在美国、英国和德国开展的一项调查显示，41%的企业机构曾经历过 AI 隐私泄露或安全事件。但该调查也发现积极管控 AI 风险、注重隐私和安全的企业机构在 AI 项目中取得了更好的成果。与未积极管控 AI 风险的企业机构的 AI 项目相比，在这些企业机构中有更多的 AI 项目能够从概念验证阶段进入生产阶段并实现更大的业务价值。企业机构必须开发新的功能来保证模型的可靠性、可信度、安全性和数据保护。AI 信任、风险和安全管理（Trust, Risk and Security Management，TRiSM）需要来自不同业务部门的参与者共同实施新的措施。

八、行业云平台

行业云平台通过组合软件即服务（SaaS）、平台即服务（PaaS）和基础设施即服务（IaaS）提供支持行业应用场景的行业模块化能力。企业可以将行业云平台的打包功能作为基础模块，组合成独特、差异化的数字业务项目，在提高敏捷性、推动创新和缩短产品上市时间的同时避免单一厂商锁定。Gartner 预测，到 2027 年，超过 50%的企业将使用行业云平台来加速其业务项目。

九、平台工程

平台工程是一套用来构建和运营支持软件交付和生命周期管理的自助式内部开发者平台的机制和架构。平台工程的目标是优化开发者体验并加快产品团队为客户创造价值的速度。Gartner 预测，到 2026 年，80%的软件工程组织将建立平台团队，其中 75%将包含开发者自助服务门户。

十、无线价值实现

由于没有一项技术能够占据主导地位，企业将使用一系列无线解决方案来满足办公室 Wi-Fi、移动设备服务、低功耗服务及无线电连接等所有场景的需求。Gartner 预测，到 2025 年，60%的企业将同时使用五种以上的无线技术。网络的功能将不再仅限于纯粹的连接，它们将使用内置的分析功能提供价值，而其低功耗系统将直接从网络中获取能量。这意味着网络将直接产生商业价值。

第二节　德勤：2023 年度技术趋势

一、穿越屏幕：打造沉浸式的企业互联网

人们与数字世界产生连接的模式随着不断缩小的屏幕持续演变。如今，技术专家意识到，屏幕不能无限制地缩小下去，于是，连接的模式又发生了转变。技术专家开始利用界面让用户透过屏幕获得沉浸式虚拟体验，包括被称为"元宇宙"的数字世界。未来几年，可触摸、对话式与虚拟界面可能会产生从技术到娱乐设备再到企业工具的迅速演变。一些公司利用"无限现实"带来的独特能力建立了有助于增加营收的商业模式，还有一些公司则为员工提供沉浸式工作环境，以简化运营或促进协作与学习。未来十年，随着技术的进一步发展，各企业应做好准备，利用混合现实扩展交互技术，实现在线化。

二、敞开心扉：学会信任我们的 AI 同事

随着人工智能工具日益标准化和商品化，很难有企业能够通过设计出更好的算法而获得真正的竞争收益。实际上，被人工智能赋能的企业与普通企业的区别在于，在全流程中对人工智能的利用程度。其中的关键要素是信任，而信任的建立过程比机器学习技术的实现要慢得多。如今，人工智能可完成的任务早已超出基础数字运算范畴，已经进入洞察与决策的层面，因此，商业世界不得不重新审视信任人工智能的意义。

三、云上有云：驾驭多云环境的纷繁芜杂

为简化多云管理，一些企业正在其迅速发展的多云架构之上，建立抽象和自动化层。这一系列工具和技术也被称为"超云"或"元云"，通过支持对存储和计算、人工智能、数据、安全、操作、治理及应用程

序开发和部署等公共服务的访问能力，以减少多云环境的复杂性。超云为受困于多云复杂性的企业提供了统一集中的云控制面板。

四、弹性至上：数字化人才新模式

2022 年，一众企业为抢夺有限的技术人才资源彼此展开激烈竞争。然而，人才的技术能力每隔几年便会过时，为眼前的需求招聘人才显然不是长久之计。与其盲目争夺稀缺资源，精明的领导者会更重视建立多元化的人才策略框架，以此选拔、发掘和培养技术人才。企业应避免被所谓的正统 IT 观念束缚，应把灵活性视作技术人才的最佳能力。通过构建技能型组织，开辟发现人才的新途径，并为人才提供极具吸引力的体验，企业自然能够实现自己的人才目标。从长远来看，企业应重视提升人才的人文素养，因为今天消耗了 IT 团队大量时间和精力的初级工作，未来可以由人工智能技术来完成。

五、公信之力：去中心化架构及生态圈

区块链驱动的生态系统不仅是数字资产开发和货币化的关键，也是建立数字信任的关键。在不断了解区块链实用性的过程中，企业开始意识到，建立利益相关者的信任是其中主要的好处之一。从日常企业应用到区块链原生商业模式，去中心化的架构与生态系统实现了信用认证的去中介化，信用信息不再仅存于某一人或某一个组织中，而是遍布于整个用户群体。企业可以帮助重塑更加去中心化的互联网——Web 3.0，以此来加固其信用度，在 Web 3.0 中，关于事实信息的唯一且不可篡改版本是基于公有链的。在这个网络中，数字原住民越来越倾向于要求更具说服力的证据和更有条理的事实。基于代码、密码学和技术协议的分布式账本技术和去中心化商业模式表明，"我们"比我们中的任何个人都更值得信任。

六、连接与扩展：核心系统融入新架构

企业越来越希望通过连接与扩展的方式打通核心遗留系统与新兴技术，实现遗留系统的现代化，而非直接抛弃和取代这些系统。许多企

业正在采用经过实践验证的方法来实现核心系统的现代化,利用核心系统及其宝贵的数据来推动企业数字化转型。

第三节　腾讯研究院:2023 年十大数字科技前沿应用趋势

一、高性能计算迈向"CPU+GPU+QPU"时代

算力,是数字经济时代一种新的生产力,广泛融入社会生产生活各个方面。高性能计算,是先进算力的代表,也是"国之重器"。高性能计算前沿技术的发展和应用,引领着整个计算领域的发展走向,甚至引发划时代的飞跃,值得产业和社会持续关注。近年来,AI 大模型、AIGC、自动驾驶、蛋白质结构预测等各类人工智能应用大量涌现,对高性能计算的发展产生重大的影响。2022 年,是高性能计算技术发展的蓄力之年。高性能计算在架构、硬件和软件等方面的迭代和积累,将在应用驱动的持续塑造下,加速完成 2.0 的代际过渡,进入 3.0 新时代。

二、泛在操作系统加速"人-机-物"全面融合

操作系统是计算机系统中最为关键的一层系统软件,是计算机系统的核心。人类社会、信息空间、物理世界深度融合的泛在计算时代正在开启,融合"人-机-物"海量、异质、异构资源的新场景正在涌现,所需管理的资源复杂度呈指数级增加。构建一个对下管理各类泛在设施/资源、对上支撑各类场景下数字化与智能化应用的泛在操作系统已成为发展趋势。

三、云计算向精细化、集约化和异构计算演化

云平台从计算、网络、存储等基础能力的提升,到大数据、人工智能、数字孪生、AR/VR 等数字技术与云紧密耦合形成的云原生服务,再到混合云、专有云、无服务器计算、分布式云等不断形成精细化的交付模型,伴随全真互联的需求,云上融合 GPU、DPU 等加速形成丰富的计算服务,云计算不断向精细化、集约化和异构计算演化。

四、城市复杂系统的时空人工智能应用将会普及

时空人工智能是一组数字工具、模型和方法的集合,可以增加我们对如何走、在哪里及为什么我们能在城市中定位和移动的理解。它还帮助我们设计和管理未来的城市,使其变得更加可持续、公平和高效。作为人工智能的新技术,时空人工智能将在城市计算、分析和预测方面释放出巨大潜力。基于数字技术实现设施与服务的高效供需匹配,是数字技术背景下未来城市的核心特征。而实现这种基于动态时空的资源供需匹配所需要的核心技术之一,就是时空人工智能。

五、软件定义能源网络成为电网平衡先决条件

软件定义能源网络(SDEN)通过综合运用相关数字技术,支撑业务应用远程部署,组织方式和运行模式灵活调整,按需定制能源网络的运行状态和功能,实现软件定义能源系统,从而实现灵活组网的技术手段。随着新能源市场发展,当下是软件定义能源网络的重要发展契机。在新能源转型的背景下,电网波动性加剧,无法单纯凭借电气装置达到平衡,需要依靠数字化手段进行调节,数字技术从原本的降本增效手段转向成为实现电网平衡的刚需。因此,软件定义能源网络是未来数字化能源系统基础设施的一个核心,代表了未来能源电力系统,尤其是新型电力系统的发展方向。

六、隐私和扩容技术突破加速应用向 Web 3.0 迁移

2021 年,伴随海外以太坊等公链上的应用和交易剧增,Web 3.0 的概念受到广泛关注。随着 NFT 市场的火热,区块链应用层被进一步打开。2021 年被业界认为是 Web 3.0 飞速发展的元年,Web 3.0 产业层面的发展拉开序幕。目前,业界就 Web 3.0 的概念形成的初步共识是:Web 3.0 是区块链技术出现后,基于 Web 技术框架产生的概念,是一个由用户和建设者共同拥有的互联网,具有资产上链及可编程、可组合的特点。

七、柔性材料革新推动机器人仿生精进

触觉感知是目前机器人感知补全领域的攻关重点。作为五种感觉形

式之一，触觉在机器人理解作业环境（压力、滑动、接触等）、获取接触对象特征（形态、质地、光滑程度、温湿度等）并与之交互等关键环节发挥着无可替代的作用。尽管触觉获取的信息仅占所有模态的 1.5%，但对于机器人实现智能感知和人机交互，执行家庭等非结构化场景的复杂真实任务至关重要。

触觉感知体系分为传感器和执行器。受益于柔性材料的突破性进展，触觉传感技术在科研界屡有代表性成果发布，已在机器人手、触觉手套、健康监测设备、智能座舱等领域研发测试。触觉执行器复杂性更高，在个人穿戴设备场景向市场化走得较远，利用机械制动的力反馈手套迈入个人消费品时代；此外，利用微流体技术研发的触觉手套已经在 CES 年展亮相。

未来 1～3 年，随着柔性电子技术和机器学习算法的发展，触觉传感器的空间分辨率和精度有望大幅提升。对提高机器人灵巧操作水平、带来人机交互体验升维意义重大，从而进一步拓展智能机器人应用空间和服务能级。工业机器人遥操作、医疗手术机器人、仿真培训、空天探索、智能座舱等场景将更多补足触觉感知，并将向虚拟现实下一代交互终端、末端假肢器等场景扩展。

八、数字人成为全真互联交互新入口

目前数字人产业正处于快速发展期：离线渲染、非交互类型的数字人仍是主流，在数字化营销、文娱等领域广泛应用；而 AI 驱动的数字人在行业服务领域及虚拟分身数字人在虚拟空间的应用都处于爆发前期。近年来，光场扫描、AI 等技术不断推动数字人提高制作效能，并让数字人"大脑"更加智慧，随着全真互联时代的到来，数字人将会成为其重要的元素和新入口。

九、数字办公加速走向在场协同和知识共创

数字办公协同正风靡全球，据远程工作空间供应商 IWG 估计，全球 70%的员工每周至少远程工作一次；此外，IDC 数据显示，至 2023 年，全球 2000 家企业或组织中，70%的企业或组织采用远程或混合办

公优先的工作模式。云平台、音视频处理、数字协同、数据操作、人工智能、表达渲染基本构建了数字办公技术栈。同时知识数字化、数字协同工具的广泛应用也进一步推动数字办公协同的发展，使得未来数字办公日益走向"多模态"（包括文本、图像、视频、音频等信息）与"大协同"（包含设计、研发、生产、管理等环节），并引发知识共创的范式革新。

十、多元技术促进产业安全一站式和场景化

随着"数实融合"的深入发展，数字技术在各行业中广泛应用，引发了潜在的新型基础设施安全、数据安全、数字产业链安全、网络安全等一系列安全问题。面对挑战，一体化防护和一站式数据治理、零信任安全体系、威胁情报、AI、大数据、隐私技术等技术及理念提供驱动解决新型安全问题的新思路、新方法和新路径。

第三十三章

2023 年中国电子信息制造业
发展形势展望

第一节　整体运行发展展望

一、全球电子信息产业持续承压，产业格局即将迎来加速

　　展望 2023 年，全球经济衰退预期进一步加大，多家组织和机构预测几大主要经济体可能出现经济下行风险。为应对全球需求低迷期，半导体制造商开始削减成本并调降资本支出计划，根据 Statista 数据，2022 年全球半导体资本支出达到历史新高 1855 亿美元，但 2023 年半导体资本支出将下降至 1381 亿美元，较过去两年大幅下降。电子信息制造业历来在市场低迷阶段容易出现大规模并购重组"抱团取暖"现象，加之新冠疫情造成物流阻断引发供应链管理思路转变、"逆全球化"思潮促使各国推出制造业回流政策，产业链供应链本土化、区域化倾向加剧，产业格局或将进一步加速重构。元器件领域供需结构矛盾可能长期存在。消费电子下行压力依然较大。消费电子产品近年来技术迭代减缓，换机周期延长，在新冠疫情暴发前已进入"平台期"。疫情期间"宅经济"带动市场短期大幅回暖，但也透支了部分消费需求。加之 2021 年全球物流紊乱、货运价格异常导致渠道存货积压。未来全球经济短期难以恢复，各国消费者在食品、能源价格高企，经济预期悲观时更倾向于减少电子产品和家电等类型的消费支出，下游消费电子终端需求持续疲

软，"砍单"现象多发。虽然虚拟现实、汽车电子等新兴领域产业化市场化进程提速，但整体市场规模仍然有限，短期难以复制过去十年智能手机产业化的引领效果，消费电子整体预期仍然偏弱，发展存在较大不确定性。产业链"缺芯"问题在 2022 年从全面短缺向结构性失衡转变。部分电子元器件因下游需求出现分化，主要表现在应用于汽车、工业控制、先进计算的电源管理、微控制器（MCU）、传感器等芯片仍然不足；而应用于消费电子的面板驱动、处理器、存储等芯片则供过于求，价格持续下跌。高端 CPU、FPGA、DSP、IGBT、高速 A/D 变换器、高速 D/A 变换器、激光器件、红外器件等对外依存度较高的高端元器件保持短缺状态，价格大幅提升、供货时间大幅延长。2023 年，消费电子产品需求预期依旧疲软，汽车行业加速电动化转型，下游市场需求分化还将进一步加大。半导体产业投资建设周期长、起量慢，全球产业链供应链重构进一步加剧供需渠道对接不畅，供给结构短期难以转变，产业链供应链供需不匹配问题可能长期持续。

二、我国电子信息制造业稳健增长，"双碳""新基建"将持续带动产业高质量发展

展望 2023 年，我国社会经济数字化、智能化转型速度进一步加快，电子信息制造业进一步与其他行业深度融合，持续推动产业高质量发展。庞大的工业体系与数字化浪潮持续催生孕育信息技术新增长点与新经济形态，"新基建"效能持续显现，政府、企业、资本对半导体产业上游国产化投资热情依然高涨，预计投资仍将成为 2023 年拉动我国电子信息制造业增长的重要力量，固定资产投资增速保持 20% 以上。汽车电子、新能源等领域也将持续带动我国内需和出口市场。新兴技术领域商业化有望驶入快车道，虽然消费电子市场整体消费不振，但高端新兴产品仍逆市实现超高速增长。近年来，电子信息领域多项基础技术创新经长期迭代孵化，也已进入产业化"前夜"。近眼显示、数字人、虚拟人等虚拟现实的传感、交互、建模、呈现技术不断取得突破，用户在交互、显示、佩戴舒适感等方面的体验逐渐提升。以人工智能、先进计算、量子通信等为代表的新兴领域热点频出。预计未来几年，电子信息制造业技术创新商业化有望实现爆发式突破，新兴领域将不断使用科技提升

业务能力，提高其业务价值，进一步加快产业化和市场化进程，推动一批新产品、新业态兴起。上游需求持续强劲，产业链供应链韧性和可靠性稳步增强，我国电子信息制造业将迎来布局调整与发展破局的关键机遇期。过去两年新建、扩产的上游材料、设备和元器件项目陆续投产，下游汽车电子、能源电子、工业互联网、物联网等应用市场持续拓展，半导体、光通信、人工智能、先进计算等领域创新能力不断加强，产业链供应链韧性和可靠性将随着我国在重点领域产能和市场份额的提升而进一步增强，成为支撑产业转型升级高质量发展的坚实基础。

三、挑战与机遇

新冠疫情及地缘政治的影响仍在持续，从需求和供给两方面对我国电子信息产业链供应链造成系统性影响。我国经济有望实现恢复性增长，给我国电子信息制造业带来更大发展机遇，但国际政治经济不确定性因素仍然较多，科技脱钩、国际竞争加剧及我国自身产业链供应链不完备等问题依然突出，产业面临风险挑战依旧严峻。一是美西方国家对我国打压仍持续加码，重点企业发展严重受制。2022年下半年以来，美西方国家出台一系列针对我国半导体产业的打压政策，对国内重点企业造成影响，对我国人工智能、半导体等产业影响巨大。二是产业链供应链安全仍需持续关注。在国产化替代浪潮下，我国产业链供应链韧性和可靠性得到极大增强。但电子信息制造业产业链条长、细分领域多，部分领域技术门槛高，国外已拥有数十年先发优势，我国在产业链供应链关键核心部分仍存在诸多不足，先进制程芯片供给保障严重受限，MLCC、射频滤波器、MEMS传感器等重要高端电子元件刚刚起步，显示面板、LED、锂电等国内已具有较大产能优势的领域上游材料和设备仍有很多依赖进口。前面提到，美西方国家仍在持续加大对我国高技术领域的打压力度，全球产业链供应链也在加速重构，由此带来的安全问题仍需持续关注，亟待不断提高电子信息产业链供应链自主可控能力，保障产业安全和国家安全。三是企业出海前后"险阻"重重。伴随整机客户产能"外迁"影响，我国部分零部件企业也面临跟随前往海外建厂压力，但电子信息制造业固定资产投资大、技术门槛高、回报周期长，部分企业在还未做好扩张准备前被迫仓促"出海"，资金、人力面临较大压力，出海之后也可能出现竞争力下降，投资难以回收的困境。同时近年我国部分率先"走出去"的优势领域企业也多次遭遇当地政府"责难"。尤其是印度、越南等国执法部门通过审查、罚款等方式，"围猎"我国的跨国企业。小米在印度的分公司曾数次被印度财务部以违反当地法律为借口被冻结账户。2022 年 5 月初，印度以支付版权费的名义扣押了小米公司 555 亿卢比（约合 47 亿元人民币）的资金。2022 年 7 月初，印度执法局突击检查了我国手机制造商 vivo 及相关企业在印度的生产经营场所，涉及门店据称超过 40 家。

展望 2023 年，全球经济衰退阴影加剧，"黑天鹅""灰犀牛"事件仍将频繁出现，我国电子信息制造业还需进一步深化供给侧结构性改革、打通需求侧堵点、强化创新效能、增韧产业链供应链，全面推进产业高质量发展。

第二节　重点行业发展展望

一、计算机行业发展展望

国务院《"十四五"数字经济发展规划》提出大力推进数字经济发展，预期到 2025 年，数字经济核心产业增加值占 GDP 比重达 10%，软件和信息技术服务业规模达 14 万亿元。重点关注建设数据资源体系、推进产业数字化转型、提升数字技术自主创新、数字化公共服务融入生活、完善数字经济治理体系五个方面。在延续"十三五"规划中的制造强国战略、保障产业自主可控和安全的基础上，持续加速推进行业数字化转型升级。电力信息化方面，电能清洁化是"双碳"必经之路，信息化是实现清洁能源接入与高效用电的核心；空天信息化方面，国家空间信息基础设施逐渐完备，相关产业公司发展壮大，高精尖人才逐渐涌入卫星产业链各环节；公共事业信息化方面，水价调整政策和"双碳"相关政策正驱动水务、供热企业利用信息化手段实现降本增效；金融信息化方面，数字人民币的发展为银行体系带来变革，围绕数字人民币生态建设带来银行信息化升级需求。

工业和信息化部连续发布三份重磅规划——《"十四五"软件和信息技术服务业发展规划》《"十四五"信息化和工业化深度融合发展规划》《"十四五"大数据产业发展规划》。根据《"十四五"软件和信息技术服务业发展规划》，到 2025 年，规模以上企业软件收入突破 14 万亿元，年均增长 12%以上；对基础和工业软件等关键软件的供给能力提出明确要求，如工业 App 要突破 100 万个；强调"软件定义"赋能实体经济新变革，开源重塑软件发展新生态，建设 2～3 个有国际影响力的开源社区。

新基建自"十三五"期间被提出后，成为 2020 年后拉动我国经济发展的重要动能。自 2021 年国家发展改革委、中央网信办、工业和信息化部、国家能源局联合印发《全国一体化大数据中心协同创新体系算力枢纽实施方案》起，"东数西算"成为新基建的接力棒，将在京津冀、长三角、粤港澳大湾区、贵州、成渝、甘肃、宁夏、内蒙古地区建设八大国家算力枢纽节点，作为我国算力网络的骨干连接点，发展数据中心集群，推动算力资源有序向西转移，促进解决东西部算力供需失衡问题。这一工程的正式启动将为计算算力产业带来巨大增量市场。

二、通信设备行业发展展望

5G 转入收获期，运营商有望开启新一轮增长。在"5G+云网"背景下，运营商更多地强调商业逻辑和市场化，依靠网络基础和客户黏性优势，提供更多的网络增值服务，赋能各行各业数字化转型升级，提升了社会数字化水平。考虑 5G 基础网络重点投入已有三年，运营商业务陆续进入 5G "收获期"，电信企业有望乘 5G 通信技术变革之大潮，迎来业绩的边际改善。从成本端来看，成本压力有所减小，三年的 5G "投入期"效果显著，用户数和渗透率提升，资本开支企稳结构优化降低成本压力，同时资本开支由 CT 侧逐步转向 IT 服务侧，符合数字经济发展和新基建发展需求；从收入端来看，运营商经营收入有望实现两位数增长，5G "收获期"到来，包括 APRU 持续提升，2B/2C 端齐发力经营业绩有望再超预期，基于"5G+"背景下拓宽商业模式和市场化方向，依靠网络基础和客户黏性优势，提供更多增值服务有望带来新的业绩增量。

运营商"提速降费"政策于 2015 年 4 月第一次由国务院提出，在 2022 年 3 月的两会报告中首次未重点提及。在过去 7 年中，电信运营商是"提速降费"战略的具体执行者，在向社会经济释放巨大产业红利的同时，推动了传统通信产业升级；运营商数字化转型不断突破，总体保持经营收入的稳步增长。伴随"提速降费"政策收敛，以及推进 5G 规模化应用政策的提出，运营商有望赶上中国数字经济信息发展变革的大时代，市场化程度持续优化，并迎来行业复苏，经营业绩有望上涨。

三、消费电子行业发展展望

全球消费电子增长乏力态势或将延续。在复杂国际形势和新冠疫情等因素作用下，全球经济增长预期下调，全球消费电子终端需求下滑趋势明显。大多数消费电子企业无颠覆式创新技术产品，对发展预期偏向保守。消费需求方面，消费者换机周期明显变长，智能手机、笔记本电脑等市场需求仍在饱和期，下游消费性电子终端需求持续疲软。新兴领域方面，虚拟现实、元宇宙、汽车电子、智慧健康养老等产业化市场化进程虽然提速，但整体市场规模仍然有限，短期难以复制过去智能手机、个人计算机等产品产业化的引领效果。

多技术多行业跨界融合成为消费电子领域创新热点。AI、5G、8K、VR/AR 等技术在消费电子领域持续渗透，新技术融合创新引领消费电子升级，单一产品功能呈现多样化趋势。与 AI 技术深度融合的消费级机器人既可以成为智能家居的控制端口，也可以与用户互动，将为专业开发者发挥创造力提供更多可能。跨界融合方面，更多汽车厂商选择利用 VR/AR 技术提高生产效率与驾驶体验，可用虚拟仿真平台进行智能驾驶功能的测试和验证。消费电子产品与智能健康技术联系更加紧密，具备新陈代谢、生理周期、睡眠周期等更多生理指标监测功能的健康类产品成为研发热点。净零碳排放、可回收等绿色低碳技术产品将成为消费电子企业解决电子垃圾处理问题、实现高质量发展的研发重点。

四、新型显示行业发展展望

2023 年，供应链积压库存逐渐消纳，主要企业加大产能控制力度，显示面板价格有望小幅回暖，但下游消费电子市场在全球经济下行压力下复苏缓慢，全年产业仍将继续处于低位运行状态。我国企业在 TFT-LCD 领域将持续保持领先优势，在 AMOLED 领域市占比有望进一步提升，但受行业整体影响，盈利压力仍然偏大，仍需持续加大创新投入力度，进一步提升竞争实力。

受全球交流逐渐恢复、市场竞争持续激烈影响，新型显示产业转型升级步伐有望进一步加快。TFT-LCD 和 AMOLED 主流技术仍将持续推进工艺和性能改进提升；Mini LED 背光、折叠屏、硅基 OLED 等高端产品出货量预计保持快速增长；激光电视、彩色电子纸等细分领域新产品、新模式不断涌现；车载显示、智能家居显示、工控显示等新兴应用空间持续拓展；Micro LED 等技术产业化步伐加速，全产业整合协同创新趋势持续。

我国新型显示产业生态体系建设还将继续稳步推进，材料、设备、元器件国产化率持续提升。国内上游企业在完成"从无到有"的过程后，持续推进扩产建设，与面板及下游整机企业形成"集团化"作战能力，有望在未来几年逐渐提升中高端产品生产能力和竞争力，加速"由小到大"发展进程，进一步增强我国新型显示产业链供应链韧性和可靠性。

五、电子元器件行业发展展望

电子元器件是支撑信息技术产业发展的基石，也是保障产业链供应链安全稳定的关键，电子元器件行业总产值占电子信息产业总产值的比重达到 1/5。在数字经济飞速发展、行业间加快融合的态势下，加快电子元器件及配套材料和设备仪器等基础电子产业发展，对推进信息技术产业基础高级化、产业链现代化，实现数字经济高质量发展具有重要意义。近年来，随着我国消费电子、汽车电子、计算机、智能家居、工业控制等行业的发展和新能源汽车、物联网、可穿戴设备等领域的兴起，叠加国产替代的政策红利，我国电子元器件市场需求不断扩张，带动行业规模迅速扩张，同时电子元器件行业表现出了良好的盈利水平和经营获利能力。

第三节　重点领域发展展望

一、智能手机发展展望

（一）5G 技术的商用和普及为智能手机带来新的增长点

在未来很长一段时间里，智能手机仍将是个人娱乐、消费和社交最重要的载体，其轻生产力属性也在不断强化，尚未出现能够真正替代智能手机的新的科技终端。5G 技术的普及和商用，将加快手机用户的换机周期，为智能手机带来新的增长点，根据 CINNO Research 给出的 5G 智能手机激活设备数占比分析显示，2023 年第一季度 5G 手机市占率近 50%，增长迅速，可见使用 5G 手机的用户越来越多。具体数据上，2023 年第一季度，5G 手机在智能手机市场的占有率达 48.2%，较 2022 年第一季度 36.3%的市占率，增长 11.9 个百分点。

（二）大规模人工智能模型为智能手机提供更多发展可能

随着人工智能技术的引入和不断发展，智能手机也迎来了新的发展机遇。智能手机终端可以利用人工智能技术的发展，推进智能化进程，提供更加智能化、人性化的服务。以语音识别技术为例，随着语音识别技术的发展，人们可以通过对智能手机终端的语音指令，完成语音识别和语音合成，在手机端实现智能菜单点餐、语音搜索、智能家居控制等应用。未来，智能手机在人工智能技术带动下的应用和发展趋势会更加多元化，其中最受人关注的一个方向是 AR 和 VR 技术的发展。利用 AR 和 VR 技术，人们能够更加贴近虚拟现实环境，并在这些虚拟环境中享受更加丰富多彩的娱乐和沟通服务。此外，智能手机也将不断实现"万物互联"和"智慧城市"的愿景，通过传感器等多种手段对周边环境进行监测和分析，提供人性化的服务和便利。智能手机还可以应用于健康医疗、自动驾驶等领域，推进世界的智慧化进程。

二、虚拟现实发展展望

（一）应用范围扩大叠加消费级产品规模化上市助推 VR/AR 设备出货量增长

2022 年，全球 VR 设备出货量有所下滑主要是由于 Quest 2 产品定价策略影响顾客购买体验及动力，销量下滑导致海外出货量放缓；而国内厂商增大营销推广力度，产品曝光度提升大幅带动销量，2022 年国内 VR 设备出货量达 120.6 万台。随着 Pancake 光学方案成为主流，设备轻便化从而有效提升设备佩戴体验及便捷性；VST（Video See

Through）能有效解决 VR 封闭性问题，开拓新应用场景，叠加 VR 产品定价策略优化及新产品迭代，全球 VR 设备出货量有望恢复较快增长态势。预计 2025 年全球 VR 市场规模将达到 209 亿美元。

AR 设备注重于功能性使用与应用范围扩展，并为现实世界用户提供差异化体验。AR 应用范围的不断扩大，以及 Micro OLED 显示屏与光波导光学方案的大规模应用，将推动消费级 AR 产品规模化上市，全球 AR 设备出货量与市场规模将保持较快增长态势。预计 2025 年全球 AR 市场规模将达到 770 亿美元。

（二）人工智能解放内容生产力，有望推动虚拟现实内容及应用迎来供给拐点

虚拟现实内容研发流程较复杂，涵盖前期策划、中期内容制作、后期测试等环节，现有人工生产模式下内容输出效率无法有效满足虚拟现实内容生态边际扩张需求。2023 年，以 ChatGPT 为代表的 AIGC 在各行业的数字化应用成为风口。生成式人工智能（AIGC）是利用人工智能在现有文本、音频或图像等基础上创建新内容的技术，被认为是继专业生产内容、用户生成内容之后的一种全新内容创作方式。在 AIGC 加持下，人工智能可以使文字内容实现多模态跨越，输出为图片、音视频甚至 3D 内容，能够有效解放虚拟现实内容生产力，人工智能技术带来内容研发的效率提升有望推动虚拟现实内容及应用迎来供给拐点。

（三）高性能需求下，技术不断迭代推动产品专用化、高端化

虚拟现实的发展，主要围绕沉浸感、交互性、想象性这三大特点展开，涉及一系列软硬件技术的创新突破和迭代升级。显示输出设备是人们进入虚拟世界的入口，也是 VR 产业的核心终端设备和主流产品。从产品演进看，早期的 VR 眼镜日渐淡出市场，而 VR 一体机、外接头戴显示等高端产品更新加速，逐步为市场所接受成为市场主流。目前，显示输出设备已步入放量增长期。交互输入设备开始广泛应用，应用场景涉及文化娱乐、医疗健康、工业制造、教育培训等领域，相关的技术创新一直是人机交互的热点。跑步仓、操控手套、手柄、外设方向盘等第三方产品不断出现，体感感应、手势识别、脑波感知、眼球追踪等新技

术都在加速研发突破。原有的 VR 设备更多地采用通用电子元器件，难以满足高速运算、快速灵敏感应的需求，导致眩晕、反应滞后等问题，大部分厂家已经开始聚焦专用芯片、智能传感器等专用核心器件的技术和产品加速迭代，赋予 VR 设备更好的体验和更大的市场空间。同时 VR 软件系统步入快速增长期，应用软件、操作系统、VR 引擎、数字孪生等迎来广阔市场。由此可见，VR 已经进入技术迭代、高端化发展时期。

三、超高清视频发展展望

（一）技术趋势方面，由二维视频向多维视频发展

随着采集、制作、渲染等技术不断向多维发展，以全景相机为代表的产品持续推陈出新，实时计算能力日趋成熟，二维视频逐渐向三维、沉浸式、多维视频发展。一方面，以数字孪生为代表，利用数字建模、3D 实时渲染等多项技术，将真实世界映射到虚拟空间的实时、移动化视频逐步兴起，谷歌沉浸式地图为其典型应用。另一方面，以体积视频为代表，通过捕捉、建模将生成的视频映射到任何空间中实现跨空间互动的视频技术日渐成熟。未来，视频技术与虚拟现实、仿真模拟、实时渲染、自由视角等技术深度融合，虚拟现实世界相互交融，视频将无处不在。

（二）产生来源方面，由个人消费者向行业应用迁移

根据预测，全球数据量将以年增长率 30%的速度增长到 2025 年的 175 Zb，其中 85%的新增数据量来自非娱乐行业，摄像头采集的行业视频以及机器视觉、数字孪生的应用将成为视频和流量的重要来源。一方面，随着超高清视频与各行各业的结合，通过摄像头采集的交通、工业制造、安防等实时数据将成为视频内容的主要来源，同时，基于机器视觉技术的分析需求，行业流量将实现爆发性增长。另一方面，面向消费者的娱乐类流量增长将主要来自 UGC 与 PGC 媒体。

（三）消费模式方面，由随时转发向实时互动转变

随着 5G 普及，分发网络技术、流媒体技术、人工智能技术日趋成

熟，基于超高清、低时延互动的沉浸式音视频业务场景不断演化，成为视频行业主力之一。新冠疫情以来，直播带货、演唱会线上直播、互动K歌、线上网课等新业态兴起，用户视频消费已从随时转发转向低延时、高还原性、沉浸式的实时互动迁移。据 IDC 预测，2025 年实时视频将占据 30% 的比例。同时，在智能交通、安防监控等实时采集、分析的行业应用驱动下，实时视频数据量将进一步增长。

（四）生产模式方面，由线下制作逐步向云端迁移

随着云计算、云存储、通信技术的不断成熟，视频剪辑、渲染、修复、导播、编码等视频制作环节逐渐向云端迁移。据 IDC 数据，2021年中国视频云市场规模约为 91.4 亿美元，预计 2025 年其规模将接近 300亿美元。从供给端看，以 5G、数据中心为代表的数字新基建的建设，以及边缘计算、实时计算等先进计算技术的快速发展奠定了技术基础；从需求端看，视频从娱乐向办公、教育、医疗、制造、交通等各个场景的快速渗透，以及视频超高清化、移动化、实时化带来的带宽与存储需求的增长都催生了视频云的发展。

（五）行业应用方面，由文化娱乐向民生、安全等多领域逐步扩展

超高清视频技术不再局限于传统的广播电视、文教娱乐，其通过与5G、热成像、3D 渲染、机器视觉等技术的结合，不断扩展应用领域。随着行业应用需求企业与超高清视频产业链企业合作的持续深化，针对不同行业痛点的技术、产品、解决方案不断推出，面向医疗、教育等民生领域，以及卫星遥感、地理测绘等国家重大领域亟须的超高清视频应用将持续扩展。

四、5G 网络及终端发展展望

（一）5G 网络及终端生态完善依赖底层网络部署升级

持续坚持以建促用、建用结合的 5G 网络底层设施部署原则，除 5G宏基站的持续规模化部署外，2023 年仍将加快两方面建设。一方面，未来将继续提高面向大众的消费级终端网络覆盖完善度，如 2021—2022

年运营商 5G 室分系统集采持续推进，持续强化 5G 室内无线覆盖性能和服务支持能力，为 5G 终端消费级应用发展奠定网络高速基础。另一方面，当前美日德等国已先行开展 5G 专网的应用探索，2022 年我国首次向上海商飞发放 5G 工业专网的试验频段①，未来我国仍将进一步加快面向行业级应用的 5G 专网发展模式的探索和建设，持续拓展高价值 5G 产业发展应用场景。中长期看，按照通信技术发展十年一周期的频率，B5G（Beyond 5G）及 6G 技术将不断满足后 5G 技术的演进发展。

（二）以技术迭代演进持续夯实产业高质量发展基础

技术创新是终端产业发展的主旋律，2022 年 5G R17 标准正式冻结，5G R18 标准作为 5G-Advance 发展的首个标准也正提上日程，预计将于 2024 年上半年冻结。5G 终端产业所依赖的关键芯片、传感器、基础软件等底层技术的前期研发成本巨大，需要企业长期大幅投入，也需要政府加强引导和鼓励，未来需要持续加大基础核心技术攻关，加速先进芯片、核心器件研发和产业化进程制造工艺迭代升级；同时，面向 R17、R18 等 B5G、6G 等应用场景，强化 RedCap、卫星互联网等泛终端技术、产品创新，提升我国 5G 终端产业做大做强的竞争优势。

（三）5G 网络及终端市场开拓需警惕相关专利战升级

当前全球 5G 进入高速发展期，面向手机终端的专利博弈也日渐升级。例如，欧洲诺基亚电信设备厂商对我国 OPPO 等手机终端厂展开诉讼，因未达成高昂专利使用许可费用的一致，目前 OPPO 已退出德国手机终端市场。未来，警惕国际科技巨头依托先发优势和持续迭代布局，对我国终端企业发起诉讼、胁迫、谈判等不利局势。同时，我国终端行业仍需集聚"产学研用"创新资源联动发力，强化移动通信、物联网等相关技术创新研发，并推动核心专利族群布局，提升专利交叉授权话语权，构建企业自主知识产权保护能力。

---

① 5925～6125MHz 和 24.75～25.15GHz 为 5G 工业无线专网频段。

（四）To B/C 双侧发力构筑数字经济新业态新模式

5G 所依赖的关键核心技术处于不断演进升级阶段，运营模式、商业模式、市场定位等不断探索发展。推动 To B 和 To C 双侧发力，加快技术、应用双向融合，以终端制造、应用开发和推广等积极推动 4G 用户向 5G 迁移，持续提升 5G 与人工智能、物联网、VR、超高清视频等新一代信息技术的融合应用能力，多技术、多场景、跨行业联动发力，以 5G 赋能工业制造、医疗健康、文化娱乐、教育培训千行百业，催生出数字经济新业态、新模式。

五、人工智能发展展望

（一）AI 已开启"大模型"时代，NLP 领域上的通用人工智能是划时代的巨大进步

自 2018 年 GPT-1.0 模型首次发布以来，OpenAI 不断迭代发布 GPT-4 模型，其拥有更大的参数量、更长的迭代时间和更高的准确性。ChatGPT 仅是初期产品，10 万亿～100 万亿规模的多模态 GPT-4 可完成的 NLP 多任务，已从 1000 个增加到 2000 个左右，且更加接近于人类水平。考虑到 ChatGPT 本身具有的持续学习能力，以及目前全球上亿用户狂热且高频度的人机交互使用所进行的"调教"，可以预见其后续版本解决多任务、多模态的能力与准确性还会继续提升。

（二）ChatGPT 将为各行各业带来颠覆性变革

作为一个变革性的知识型文本内容生产与补全工具，ChatGPT 能提取并记住用户提出问题中的关键词或关键信息，通过融合整体知识图谱进行结构化理解，并可据此进行高维特征空间的序列映射、转化与具有很强整体把控感的内容自回归学习及生成、补全与预测等，进而可自然、流畅且快速地进行多轮对话聊天，完成机器翻译，生成文字资料（例如，摘要生成，做作业，参加考试，草拟商业计划书、广告、文案、食谱、论文、诗歌、剧本、小说等），还可以增强搜索引擎，编写与调试程序代码等。通过大量人机对话交互，叠加人类价值与常识导向的闭环反馈，ChatGPT 的文字不仅整体逻辑性强、语法准确，还可进行持续学习，可

在与人类的大量真实交互中自动矫正纠偏，对提问前提进行质疑、拒绝不当请求等，实际已达到中低级知识型脑力劳动者的文字表达与组织水平。

（三）大模型推动经济社会加速 AI 自动化，带来生产力与生产效率的极大提升

内容生成的机器化、自动化与人工智能化，赋能经济社会发展，带来整体生产力与生产效率的极大提升。ChatGPT 大规模语言模型为人工智能带来"iPhone 时刻"，为经济社会的 AI 自动化带来革命性的转折点。例如，ChatGPT 必将大大缩小世界各国人民进行交流时的语言障碍，带来母语交流的 AI 自动化。通过接入定制化 ChatGPT 的能力，内容生成的人工智能化必将带来流程内容的 AI 自动化、营销内容的 AI 自动化和文创内容的 AI 自动化等，同时也将基于对文本实体及其关系的构建与理解，赋能跨模态的图像、视频、语音、点云与程序代码。通过自动完成人类水平的跨界内容互联与融合，有望推动智能制造等千行百业的创新发展。面对应用场景高度碎片化的传统制造业以及交通、医疗健康等实体经济的数字化转型升级需求，ChatGPT 与 AIGC 等内容生成式人工智能产业的发展，可自动进行人类水平的跨界内容互联与融合，这不仅可以大大促进传统产业的数字化转型升级，也必将催生新模式的数字产业发展。

六、汽车电子发展展望

（一）舱驾跨域融合趋势越发明显

当前，随着汽车 E/E 架构的集中化升级，传统分布式电子电气架构向域集中式架构演进，座舱域、智驾域、动力域、底盘域及车身域五大功能域之间开始尝试跨域融合。而智能驾驶与智能座舱作为智能网联汽车的两大核心功能域，舱驾融合也成为车企探索的主流方向。自 2022 年开始，零束科技、哪吒汽车、特斯拉、德赛西威、中科创达、大陆等车企和 Tier 纷纷入局提出舱驾融合解决方案。其中，德赛西威发布车载智能计算平台"Aurora"，通过搭载英伟达 Orin、高通 SA8295 和黑芝麻智能华山 A1000 三大 SoC 芯片实现了从域控制器向中央计算平台的

跨越；哪吒汽车的浩智超算 2.0 平台支持智能驾驶和座舱功能一体化的
L4 级自动驾驶；中科创达基于高通 SA8795 芯片布局座舱和智能驾驶的
跨域融合方案，计划于 2024 年实现量产。此外，英伟达、高通等芯片
厂商也先后发布大算力舱驾一体芯片，为舱驾一体化落地提供有力支
撑。2022 年 9 月，英伟达发布新一代芯片 Thor，算力 2000TOPS，支持
"舱驾一体"，计划于 2024 年量产，将搭载于极氪汽车和联想舱驾融合
域控制器产品；2023 年 1 月，高通推出首款同时支持数字座舱和 ADAS
的可扩展系列 SoC 芯片，预计于 2024 年量产，将搭载于新一代保时捷
Macan。

（二）车载 Mini LED 进入发展快车道

智能座舱作为人车交互的重要端口，车载显示的多屏化、大屏化、
高清化、全屏化、轻薄化、差异化也成为车企竞争的关注重点。当前，
随着 Mini LED 芯片技术趋向成熟，且相较于传统的 LCD 屏在亮度、对
比度、分辨率、视场角、光学指标、色域、响应速度、异形等方面更具
优势，Mini LED 在智能座舱领域开始崭露头角。一方面，自 2022 年以
来，搭载 Mini LED 屏的量产品牌车越来越多，小鹏汽车、蔚来、奔驰、
宝马、凯迪拉克等车企纷纷将 Mini LED 用于车载显示屏作为重要卖点，
其中奔驰 Vision EQXX 搭载了全球第一款横贯 A 柱曲面的车载 Mini
LED 显示屏，具有 8K 分辨率和 3000 多个局部调光区域。另一方面，
我国企业不断在 Mini LED 车载显示领域取得技术突破，京东方、隆利
科技、聚飞光电、群创光电、聚积科技、海微科技、瑞丰光电、晶科电
子、华引芯等一批企业的 Mini LED 背光产品先后通过车规级认证，预
计 2023 年 Mini LED 车载屏有望迎来真正起量，到 2024 年 Mini 背光车
载显示器的渗透率有望达到 10%。

七、锂离子电池发展展望

（一）在能量密度及安全性的大力驱动下，固态电池成为研发热点

固态电池的原理与液态锂离子电池相同，但其电解质为固态。与液
态锂离子电池相比，固态电池优势显著。一是固态电池电解液具有不可
燃、无腐蚀、不挥发、不漏液、耐高温等优良特性，可以取代传统液态

电池的电解液、电解质盐和隔膜，将彻底解决液态有机电解液的自燃风险。二是固态电池能量密度高，有望突破液态电池的能量密度天花板，突破 500Wh/kg 关口，将电动汽车续航里程拉高至 800～1000km。加之固态电池工作温度范围宽，对大电流超快速充电耐受度高，是实现"加电比加油方便"的最短渠道。三是固态电池可大幅降低系统自身体积和重量。传统液态锂离子电池必需的隔膜和电解液，占据了电池近 40% 的体积和 25% 的重量。将隔膜和电解液替换为固态电解质后，电池正负极的间距可大幅缩短，电池的厚度随之显著降低。也正是由于在液态锂离子电池战场的失势，美国、日本企业纷纷跳过当前主打液态锂离子电池的阶段，直接投掷重金押注固态电池赛道。日本为应对中韩两国电池产业的快速崛起，自 2017 年以来以举国之力研发下一代固态电池，投入了巨额研发经费。其中，日本丰田公司是目前固态电池技术最先进的汽车公司，在持有专利数量方面位居全球第一。

（二）钠离子电池在全球储能经济性诉求驱动下加速实现量产

全球低碳转型背景下，电化学储能需求高速发展。但 2022 年以来锂电上游原材料价格大幅上涨，成本压力逐级传导至下游储能电站运营商。电源侧/电网侧储能注重投资回报率，成本上涨导致部分电力储能项目建设出现不同程度的延期。长期来看，在碳酸锂供需趋紧的预期下，钠离子电池成本优势显著。未来钠电池产业链逐渐成熟，材料成本日益降低，技术持续迭代，循环寿命不断改善，钠电池电力储能度电成本下降空间显著，储能项目盈利能力有望增强。目前，锂离子电池三元材料厂商开发钠电正极材料的意愿逐渐增强，创业公司凭借技术优势抢跑市场，转型新能源企业扩产积极，国内钠离子电池产业链配套逐渐成形。基于锂离子电池成熟的产业基础，钠电池产品的研发事半功倍，进展迅速。此外，由于锂电、钠电部分环节产线兼容，更加灵活和弹性的产能为钠离子电池的增长注入潜力。

（三）"双碳"引领的新能源应用及新型电力系统建设将推动锂离子电池产业规模大幅增长

2023 年，汽车、电动自行车、船舶和飞机等各种交通工具的电动化率有所提升，依旧是锂离子电池重要的增长引擎。此外，受益于 5G 基站建设、光伏和风能等可再生能源储能需求和其他移动储能市场的带动，储能锂电池市场也将取得快速增长。万物互联时代来临，各种移动智能终端设备市场成长，如智能穿戴、无线耳机、电子烟、智能手机、智能电脑等，消费类锂电池的应用领域将不断拓宽和挖掘，带动锂电池市场规模继续提升。在应用方面，能源电子技术及产品在工业、通信、交通、建筑、农业等领域皆有广泛应用，2022 年 1—11 月，全球锂离子电池装车量前十名中，中国电池企业占据 6 个席位，合计市场份额达 60.5%。电力电子、柔性电子、传感物联、智慧能源信息系统及有关的先进计算、工业软件、传输通信、工业机器人等适配性技术及产品正在面向新能源领域加速开发和应用，互联网、大数据、人工智能、5G 等信息技术已经与绿色低碳产业深度融合。

八、智能传感器发展展望

中国智能传感器行业的发展展望比较乐观。随着智能化和物联网技术的快速发展，各领域对智能传感器的需求也在增加。智能家居、工业自动化、智慧城市、农业物联网等领域的快速发展将持续推动智能传感器市场的增长。作为世界上最大的制造国和消费市场之一，中国拥有巨大的市场规模，为智能传感器行业提供了广阔的市场空间。在技术创新的驱动下，中国智能传感器企业在科研方面投入不断增加，加强芯片设计和制造、封装技术、物联网应用等方面的研发。这些技术创新措施将不断推动智能传感器行业的发展，同时为企业提供更多发展的机会。在国内，政府高度重视智能传感器行业的发展，并出台了一系列支持性的政策及措施。这些政策将为智能传感器企业提供资金、税收等方面的支持，促进行业的健康发展。在国际上，中国智能传感器企业在产品质量、技术水平和成本优势等方面不断提升，增强了国际竞争力。越来越多的中国智能传感器产品正在走向国际市场，实现了出口扩张和全球化发展。伴随着技术的进步和创新，人工智能、大数据分析等技术的应用将使智能传感器在预测分析、智能决策等方面发挥更大的作用。

中国智能传感器行业存在着合作与竞争并存的格局。通过合作，企业能够共同推动行业发展和技术进步。包括传感器设计、芯片制造、封装和系统集成在内的各个环节，需要各方合作才能实现完整的解决方案。各个环节的企业常常进行合作，共同推动产品的开发和创新。在技术研发方面，智能传感器企业之间需要更加紧密地进行技术合作，分享经验和知识。这有助于加快创新速度，共同突破技术瓶颈，提高整个行业的技术水平。智能传感器行业涉及广泛的应用场景，需要与其他行业和领域合作，建立一个生态系统。通过竞争，企业能够提升自身竞争力和市场地位。这种合作与竞争并存的格局促使整个行业保持活力，不断创新和进步。智能传感器行业的市场竞争十分激烈，企业之间会争夺市场份额和客户资源。竞争主要体现在产品性能、质量、价格和服务等方面，企业通过不断提升自身竞争力来获取更多的市场份额。智能传感器行业的技术发展迅速，各家企业在芯片设计、封装技术、物联网应用等方面进行技术创新和突破，争夺技术领先地位。智能传感器企业之间也存在品牌竞争，企业努力建立自己的品牌形象和声誉，以在市场中脱颖而出，吸引客户和合作伙伴。

总的来说，中国智能传感器行业展望充满机遇和挑战。随着市场需求的增长、技术创新的推动及政府支持政策的落实，中国智能传感器企业有望在全球舞台上发挥更重要的角色，推动行业的快速发展，并为社会经济的智能化进程做出贡献。

九、数据中心发展展望

（一）生成式 AI 引爆算力需求，持续推动我国数据中心建设

2022 年，生成式 AI 迅猛发展，大模型的训练推理对算力提出更高的要求，为数据中心产业带来了新的机遇和挑战，支持 ChatGPT 时代的新型基础设施蓬勃发展。一是要求数据中心提供强大的计算能力来处理大模型的参数优化、训练及实时快速的推理，未来，数据中心通过增加服务器数量、提升服务器性能及采用高效的并行计算技术，满足高算力需求；二是生成式 AI 的发展带动了数据中心在存储和网络方面的建设。生成式 AI 对大规模数据的训练和推理都需要高效的数据存储和传输。数据中心通过增加存储容量、优化存储技术，以及提升网络带宽和传输速度，满足数据存储和传输的高要求。持续加速的数据中心建设将

进一步推动生成式 AI 技术的发展，并为人工智能的应用提供更强大的支持和基础设施。

（二）海量数据成为数据中心重要资源，超大规模数据中心或成主导

随着数据量的指数级爆炸式增长及人工智能和深度学习等技术的快速发展，大数据已经成为企业和个人的重要资产，数据中心作为大数据存储、处理和分析的关键基础设施，将面临更多海量数据的处理和管理需求。未来，数据中心将更加注重大数据的挖掘和应用，为企业和个人提供更好的大数据服务。超大规模数据中心未来或将占据数据中心产业的主导地位，以其强大的计算能力和低延迟的连接满足科技巨头创建和分析海量数据的需求。

（三）模块化、预制化的数据中心极简架构成为主流

供配电、温控等系统的预制化技术可以将数据中心的基础设施按模块化的方式设计和制造，构建一体化融合的极简架构，从而实现快速部署和灵活性，大大减少数据中心的建设时间和成本，帮助数据中心快速适应业务的变化和增长，提高资源利用率和效率。未来，随着模块化和预制化技术的应用，数据中心也将趋向于自动化和智能化，从而提高数据中心的可靠性和效率，并减少人工干预和维护成本，数据中心将具备快速交付、易于维护、分期部署、低总体拥有成本（TCO）等特点，不断推动数据中心行业向更高效、可持续和智能化的方向发展。

十、智能安防发展展望

安防行业一直以技术创新为驱动力，不断加速融合和快速变革。过去 20 年，安防系统实现了从标清到高清、从模拟到数字、从传统到智能等重大技术的跨越与创新。这些创新实现了智能安防系统的全面升级，推动了安防行业的快速发展。近年来，随着深度学习架构、算法、AI 芯片及开源学习平台等一系列人工智能技术的突破，点燃了新一代人工智能技术助力安防行业发展的浪潮，使得安防领域最早实现了人工智能的落地应用。

2022 年 12 月 1 日，OpenAI 发布了自然语言生成式模型 ChatGPT，通过引入新技术 RLHF（Reinforcement Learning with Human Feedback），即基于人类反馈的强化学习，自动理解用户的问题，提供更精确、更有价值的信息。2023 年 2 月 17 日，在 2023 AI+工业互联网高峰论坛上，百度智能云宣布"文心一言"将通过百度智能云对外提供服务，为产业带来 AI 普惠。2023 年 3 月 15 日，OpenAI 发布多模态模型 GPT-4，可根据给定文本和图像的组合输入进行分析与文本生成，意味着 GPT-4 具备与计算机视觉相关产业整合的空间。可以说，多模态 GPT 开启了 AI 新纪元，与安防行业技术相融合极具想象空间。

目前，大模型在安防领域的落地和提升已经开始，相信未来 1～2 年会实现快速突破。届时，AI 能力的应用场景将从以往高频需求场景，覆盖到更多的碎片化、低频、长尾场景中。智慧城市、智慧社区、智慧养老、智慧园区、智慧农业、智慧水利、乡村安防、科技兴警等相关应用场景的解决方案、产品甚至是技术将被业内人士持续关注，新一轮安防产业链市场机遇显然已在路上。

当前，智能安防行业竞争暗流涌动，进入深水整合期。随着行业技术水平的提高，行业内企业合作、融合、竞争将不断加剧，整体产业格局有望升级重塑，在新兴技术的加持及国内经济逐渐恢复的背景下，庞大的市场空间有望加速释放，为智能安防企业的发展带来重要发展机遇，继而为智能安防万亿产业增添多条成长赛道。

十一、北斗应用发展展望

（一）产业创新体系不断升级

基于北斗应用需求和产业基础条件，继续着力突破关键技术，提升定位精度、导航准确性和服务能力，以创新应用带动技术突破。北斗应用产业还将加强与其他前沿技术（如人工智能、大数据、物联网等）的融合，以实现更智能化、高效化的位置服务和数据分析。此外，随着北斗系统的广泛应用，对系统的安全性和鲁棒性要求也越来越高。北斗应用产业将加强系统的安全保障措施，包括加密技术、防篡改技术、抗干扰技术等，确保系统的可靠性和稳定性。同时，北斗应用产业还将加强系统的鲁棒性，提高系统在复杂环境下的定位和导航能力。

（二）规模化应用、产业化发展持续推进

随着我国北斗卫星导航系统建设的日益完善，市场需求的不断增长以及芯片小型化、低功耗、低成本的发展，北斗应用与物联网、大数据、云计算不断深化融合，应用市场呈现爆发式增长的局面。时空信息作为智能感知的刚性需求，是未来智能服务发展的核心技术，北斗带来的高精度位置服务将进一步赋能各行各业，"北斗+"和"+北斗"两种融合创新模式的推进将成为应用市场规模的主要增长点，打造新模式、新业态。在应用深度层面，结合人工智能、云计算等领域，基于深度学习方法，进一步修正、优化定位数据和定位算法，以提高北斗应用的准确性和可靠性；在应用广度层面，赋能产业数字化建设，在数据安全层面，保证在不侵犯用户隐私的前提下进行位置数据的采集，保障北斗应用服务的安全性是未来研究和发展的重要方向。

（三）国际合作与市场拓展逐步深化

北斗应用产业将积极开展国际合作，加强与其他国家和地区的交流与合作。通过技术交流、标准制定、共同研发等方式，推动北斗应用产业的国际化发展。同时，北斗应用产业还将进一步拓展海外市场，为海外用户提供全球化的定位和导航服务。国际合作和市场拓展将为北斗应用产业带来更多的合作机会和市场前景，形成北斗全球服务保障体系，发挥北斗短报文等特色优势，建立覆盖全球的公共应急服务平台，为海内外用户提供优质服务。

后　记

　　《2022—2023 年中国电子信息产业发展蓝皮书》由中国电子信息产业发展研究院赛迪智库电子信息研究所编撰完成。2022 年，新冠疫情对电子信息产业扰乱持续加深，美国等主要发达经济体纷纷出台电子信息产业扶持政策和对华脱钩政策，扰乱全球电子信息产业正常运行秩序，但我国也迎来了新能源等电子信息产业发展的新契机，产业承压发展，韧性十足。本书是赛迪智库一年一度的电子信息产业全景式研究成果，展现了赛迪智库对疫情下电子信息产业的跟踪和思考。

　　参加本书课题研究、数据调研及文稿编撰的人员有中国电子信息产业发展研究院的张立、温晓君、陆峰、张金颖、高雅、王凌霞、马蓓蓓、李旭东、徐子凡、宋籽锌、李雅琪、陈炎坤、谭卓、赵燕、郑子亨、张甜甜、许世琳、杨先情、王丽丽、卢倩倩、苏庭栋、李想、张哲、秦靓、胡恩龙、龚力。在研究和编写过程中，本书得到了工业和信息化部电子信息司领导，中国超高清产业联盟、中国虚拟现实产业联盟等行业组织专家，以及各地方工信部门领导的大力支持和指导。本书的出版还得到了中国电子信息产业发展研究院软科学处的大力支持，在此一并表示诚挚感谢。

　　期待本书能为读者了解中国电子信息制造业提供有益参考。本书虽经过研究人员和专家的严谨思考和不懈努力，但由于能力所限，疏漏和不足之处在所难免，敬请广大读者和专家批评指正。

赛迪智库

面向政府·服务决策

奋力建设国家高端智库

诚信　担当　唯实　创先

思想型智库　国家级平台　全科型团队
创新型机制　国际化品牌

《赛迪专报》《赛迪要报》《赛迪深度研究》《美国产业动态》

《赛迪前瞻》《赛迪译丛》《舆情快报》《国际智库热点追踪》

《产业政策与法规研究》《安全产业研究》《工业经济研究》《财经研究》

《信息化与软件产业研究》《电子信息研究》《网络安全研究》

《材料工业研究》《消费品工业研究》《工业和信息化研究》《科技与标准研究》

《节能与环保研究》《中小企业研究》《工信知识产权研究》

《先进制造业研究》《未来产业研究》《集成电路研究》

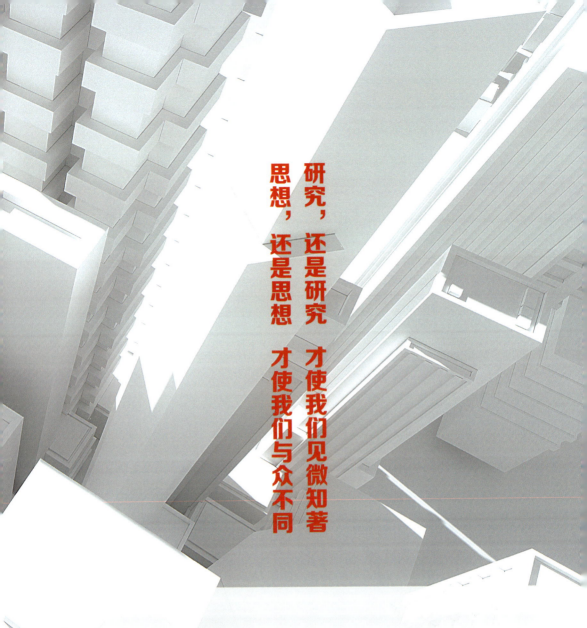

研究，还是研究

思想，还是思想

才使我们见微知著

才使我们与众不同

政策法规研究所　规划研究所　产业政策研究所（先进制造业研究中心）

科技与标准研究所　知识产权研究所　工业经济研究所　中小企业研究所

节能与环保研究所　安全产业研究所　材料工业研究所　消费品工业研究所　军民融合研究所

电子信息研究所　集成电路研究所　信息化与软件产业研究所　网络安全研究所

无线电管理研究所（未来产业研究中心）世界工业研究所（国际合作研究中心）

通讯地址：北京市海淀区万寿路27号院8号楼1201　邮政编码：100846
联系人：王　乐　　　联系电话：010-68200552　13701083941
传　真：010-68209616
电子邮件：wangle@ccidgroup.com